南洋人文丛书

南洋大学历史研究 2

南大图像

历史河流中的省视

李元瑾 主编

“南洋人文丛书”总序

“南洋人文丛书”是新加坡南洋理工大学中华语言文化中心的第二套丛书，第一套即继续出版中的“南大语言文化丛书”。

中华语言文化中心于2003年年终归入大学新成立的人文与社会科学学院，与该院旗舰系——中文系分工，在研究与教学两方面相辅相成。人文与社会科学学院是在大学热烈回顾半世纪校史和积极朝向综合性学府目标迈进的时刻诞生。这有两层意义：第一，大学溯源固本，发扬“南大精神”，塑造学府独特气质与风格；第二，大学在理工学科基础上，加强“人文教育”，提供全方位的教学课程，开拓多元化的研究领域。人文与社会科学学院旗下各系和研究中心，紧随大学的理想与目标前行。

经历半世纪，大学的发展从南洋大学到南洋理工学院，再到南洋理工大学，校名一直保留“南洋”二字。“南洋”具有浓厚的本土色彩。南洋大学创办时，创办人陈六使虽多次表达发扬中华文化的决心，但时时不忘大学的本土特色，于是定名“南洋”，并将发展本土文化纳入办校方针内。中华语言文化中心基本上继承这一宗旨，重视中华文化在中国内外的发展，更关注它在本土/本地区的调适与演变，以及如何与世界文化碰撞与接轨。本丛书“南洋”二字，取自校名，既具历史意涵，也突出内容特色。

近年来，大学确立综合性学府的发展方针，加强非理工色彩，人文与社会科学学院更被誉为“大学的灵魂”（大学徐冠林校长之语）。学院除了培养人文和社会科学的人才，也为全校学生开课，“使他们能了解人文课题并欣赏文化，不会成为狭窄的、只会解决技术问题的大学生”（新加坡总理李显龙在南大创校五十年庆典上的演辞）。在这功利主义挂帅、语言苍白、文学贫瘠、历史浅薄、哲学架空、文化断层的年代，大学之于人文教育与人文研究，自有其不可推卸的责任。本丛书“人文”二字，取自院名，既反映学术使命，也传达出版旨趣。

“南洋人文丛书”从2006年起陆续出版，分成系列和单本两种形式，每本书都经过内外部评审，以确保作品质量。我们要感谢各书主编和撰写者的辛劳，也希望更多专家学者加入丛书队伍，共同为学术耕耘和人文建设而努力。

李元瑾

2005年12月

“南洋大学历史研究”缘起

随着1953年“南洋大学”校名的选定、“南洋大学创校宣言”的发布，以及“南洋大学有限公司”法人地位的确立，海外华人第一所中文大学在新加坡云南园诞生了。这所民办学府经历了50、60和70年代的颠簸岁月，即于1980年匆匆告别历史，结束新马华人教育史上富有传奇色彩与悲剧特性的章节。

这一章节如何建构，学术界涉猎不多。从历史研究的立场来看，现当代历史当然可以探索、值得书写，如果及时获得历史直接参与者的口述资料和各种重要文献资料，研究成果自然丰硕。但是，如果研究的课题处处触碰社会忌讳或轻易即跨进政治禁区，则动辄得咎、寸步难行。总之，对某些历史课题进行研究，时间和空间距离的远近，优势和缺点同时存在。无论如何，两者都值得尝试，长短将可互补。

就因为近距离的压力和限制，学者们对新马现当代某些课题的探讨，或不愿着手，或自我设限。有关南洋大学历史（以下简写为南大史）的研究，更是少人问津。70年代后，新加坡本地大学出现了几篇跟南洋大学有关的荣誉学位毕业论文，但没有公开发表；另外，一些研究新加坡教育、文化、社会和政治的学术论文和专著也出现有关南洋大学的论述，不过为数不多。至于有计划、有系统、有深度的南大史研究，更是付诸阙如。这种情况持续到1990年代末期，终于有了变化。

90年代初期发生了两件事，跟南洋大学息息相关，引起人们的注意和讨论。第一件事是1991年7月南洋理工学院升格为南洋理工大学，当时政府肯定南大精神，呼吁南洋大学校友协助新大学的发展，建议将南大校友名册从新加坡国立大学迁入南洋理工大学，带来了新旧南大历史衔接的契机。第二件事是1992年6月在多伦多举行的第一届全球南大校友联欢会，名作家、前南大讲师韩素音在会上呼吁复办南大，引发了校友们母校凤凰再生的梦想。此后“复办南大”、“续办南大”和“南大复名”之呼声不绝于耳。于是，整个90年代至21世纪前面5年，有关南洋大学的种种课题，受到政府、大学、校友、媒体和社会的关注。南大史的研究与书写，就在这过程中逐渐酝酿。

90年代末，南大校友和华社针对恢复南大牌坊旧貌、保存南大历史建筑物、收集南大史料、书写南大历史，以及在南洋理工大学开办南大史课程发出呼吁，并得到回应。1998年，政府批准将南大三景（南大牌坊、南大建校纪念碑和前行政楼）列为国家历史古迹。同年，时任南洋理工大学校长詹道存博士就校友呼吁南大史的研究与教学向报界说，大学早已有进行南大史研究的构想，如今愿意尝试；时任中华语言文化中心主任周清海教授则表示欢迎有志者到中心进行南大史研究。这之后，在媒体、校友和大学的互动下，南大史研究受到了广泛的关注。就在这样的背景下，中华语言文化中心担负起开展南大史研究计划的责任。

我们愿意承担南大史研究计划，因为这项研究无论从新马研究、东南亚研究、东南亚与中英两国的关系研究来看，或从海外华人教育、移民、社会、文化等研究来看，或从填补新马历史空白，以及为其他社会科学研究，如社会学、教育学、人类学、文化学等提供有价值的微观研究来看，都具有重大的学术意义。身处云南园学府的研究机构，对于早期校史的探究，更是义不容辞。而近年来，发扬“南大精神”呼声处处响彻云霄，倘若不知南大历史，也就谈不上发扬南大精神了。

南大史研究计划必须靠团队的力量来完成。2000年6月，中华语言文化中心通过报界，呼吁有关人士支持和协助南大史口述计划，同时鼓励有志者申请研究生奖学金钻研南大史。2001年，南大史研究计划的核心队伍诞生，由主持人、三名博士生和一名硕士生组成。研究生分别来自新加坡、马来西亚和中国，从南大创办人、南大学生会、南大与政府的关系和南大左倾思想四个课题着手展开研究。他们在搜集资料的过程中也进行口述历史的工作。2003年，研究队伍进一步扩大，我们邀请到新加坡、马来西亚、香港、台湾的学者加入，组成第一个工作坊，并在2004年6月中华语言文化中心主办的"国家疆界与文化图像"国际学术会议上宣读各自的研究心得。会后不久，第二个工作坊成立，由主持人、研究生、新聘研究员和校外学者组成，大家分工合作，从不同角度，撰写南大历史。

南大史研究需要学者们的学识、道德和勇气。南洋大学匆匆20余载，多少政治忌讳，多少感情纠葛！仅仅是书写的动机就引起一些人的质疑，他们猜测这项研究背后是否有人挥动指挥棒，怀疑研究者会找什么样的资料、能说多少真话？在史料搜集的过程中是一波三折，许多相关人士不愿参与口述历史计划，或者受访时遇到敏感问题则避而不谈；许多官方和民间机构的重要档案无缘翻阅，即使是名义上已公开的资料，借阅时也困难重重。至于历史的谱写更不易为了，好些人心中都有一部南大史，他们有个人的经历、情感和看法，对南大史的建构有各自的想象，于是不知不觉地要求研究者去印证他们心中的结论。南大史研究团队的成员时时互相督促和勉励，要求对历史和学术负责，尽量做到符合科学与客观的准则。队员们常常提醒自己：如果刻意为哪一个对象树碑表功，就会影响选材和书写的客观性，削弱这项研究的学术价值。或许，我们的研究会因为资料的匮乏而有不足之处，需要时日来补充，但是必须尽量避免以情治史或因为压力而随意改变历史。

"南洋大学历史研究"编入中华语言文化中心出版的"南洋人文丛书"之中，自成一个系列，这意味着南大史研究成果经过修订与评审之后陆续出版。此一系列以专书、论文集、史料编析和校史编撰等不同类别呈现。专书方面包括研究者的专题研究成果；论文集则收录学者们围绕共同主题而撰写的单篇论文；史料编析是将重要课题的资料加以选择、编辑和论析；校史编撰则由多位学者分工合作书写南大历史，并以中、英两种语文面世。

南大史研究计划有所进展，我们要感谢愿意提供口述资料和文献资料的人士，也要感谢应邀加入队伍的学者。这是一块值得专家学者们有计划、有规模地去开拓和耕耘的园地。可喜的是，马来西亚南洋大学校友会也于2001年成立南洋大学历史编撰工委会，积极展开南大史研究，并陆续出版了史料选编和论集等，彼岸的热忱令人感动和鼓舞。我们热切盼望今后会有更多地方、更多不同学科训练的学者，从不同层面、不同角度、不同课题，进行有关研究与论述；相信经过众多学者的努力和长期不懈的积累，南洋大学往昔的面貌将会越来越清晰。

李元瑾

2005年12月

目 录

南大故事
解读、反思、建构

李元瑾

图像的反思　往昔的勾勒

每一幅图像，诉说不止一个故事；每一个故事，必由许许多多个别图像组成。历史图像有时人勾勒的，也有后人建构的。图像与真相之间的距离，可以接近，也可以遥远。图像的意涵，既受到勾勒者和发出者的意图所左右，也会因为接收者的解读而转化。历史图像，需要不断检视与反思、追究与建构。

南洋大学（简称南大，以下“南洋大学”和“南大”在适当的情况下交替使用）的故事，道不完也说不清，官方的、民间的，不同国家的、不同族群的、不同语群的，还有真实的、想象的、真实与想象混淆的，图像既灰暗，又缤纷。南洋大学的故事，其实不长，历史之河不过流经四分之一个世纪（从1953年至1980年），但是情节曲曲折折，从奔腾、经起伏、渐趋平静，水中倒影自是千变万化，似相当清晰，却又十分模糊。1980那年，南洋大学落幕，但故事并没有终结，时光匆匆又绵延了另一个四分之一世纪。在这没有南洋大学的二十多年岁月里，从官方、大学到民间，从新加坡、马来西亚到世界各地的南大校友，都还在咀嚼南洋大学的故事，或争论它的现状与未来。

南洋大学的兴衰见证了一个重要时代的演变，它的浮沉也深深影响一个新兴国家的发展、新加坡的华文教育前途和一大群南大人的人生。南洋大学的故事，跟它所处的时空紧紧结合，二战后国际冷战与意识形态的对抗、东南亚区域的反共与排华、西方大国的介入、新加坡与马来亚的合分、新加坡本土的政治斗争、政治与教育的纠葛、国家文化与族群文化的矛盾、华文教育与英文教育的对立……脱离了错综复杂、环环相扣的史实，故事没法说清楚。而南洋大学作为一个研究的个案，如果进行深广的探索，必然有助于一个大时代大历史的建构。

本书十位作者，分别在新加坡、马来西亚、香港、台湾和中国大陆出生、受教和任职，因为对南大研究有一份共同的兴趣和关怀，于是集聚在一起，各自从不同角度回望历史之河，审视不同的图像。在书中，南大创办人陈六使、首任校长林语堂、发动学潮的南大学生陆续登场，评议大学的其中两份报告书——《白里斯葛报告书》和《王赓武报告书》——先后亮相，南洋大学文化符号——旧牌坊、前行政楼和裕廊校园——也成为焦点。另一方面，作者们还通过国际与中国元素的考察、新港两所华文大学的比较、新马国家疆界虚实的论析、新加坡华文教育者情态的探索，回溯往事。其中有宏观的论述，更多是微观的探讨，还有比较研究。书中第一手资料纷呈，连漫画和木刻也进场。南大往昔，经过一番解读与梳理、反思与勾勒，过去一些不为人注意的事件，或一些刻板的论述，或一些想当然尔的评结，获得关切、质疑、讨论、补充和纠正。

历史的错配　现实的反差

有人用“先天不足，后天失调”来形容南洋大学的创办与发展，这是一句非常浅易但十分贴切的评语，它反映了影响大学发展的客观与主观、外在与内在的种种因素。

南洋大学具有先天性的悲剧基因。它的诞生，既是、也不是顺应时代的需要。二战后，在新马华文教育的继续发展、高中生升学无门和华校师资来源断绝等诸多因素的推动下，南洋大学应运而生，成为华语群社会的宠儿。但是，它又生不逢时。当时国际上的反共、区域内的排华，以及英国殖民地的英语优势，使这所华文大学饱受猜疑与攻击、孤立与冷遇。英国原本不赞同南洋大学的倡办，如果加以坚持，它可能就胎死腹中，历史也就无从延伸。但是，权衡当时的外交与政治利益，英国决定不阻挠南洋大学的成立，只是采取不支持、不承认的姿态，任由它自生自灭。

上述战后内在外在的气候与境况，持续到新马独立之后，直至1970年代仍未完全消退。由人民行动党组织的新加坡政府也有自己的政治考量，眼看东南亚国家对未完全撤退的共产党势力忧心忡忡，周遭马来国家对新加坡浓厚的“华彩”疑虑重重，建国后即刻对一切标志华族属性和彰显中国元素的语言、教育、文化、社团、报章等加以约束，南洋大学自然也在监督之中。与此同时，东南亚华文教育的发展已经进入迅速衰落的时期，南洋大学的存在显得那么孤立和不协调。政府按部就班地让四大语文源流的中小学合并为以英文为主要教学媒介语的国民型学校，南洋大学也面临同样的命运，于1980年跟当时的新加坡大学合并，成为新加坡国立大学。南洋大学就这样匆匆结束其四分之一世纪的风雨路。本书首章作者黄康显就认为，“其发展过程，与其说是受新加坡政府的政策所影响，不如客观一点，考虑到这个时期，国际的大气候与地区的小环境所产生的变化。”[1]

历史的极大反讽在于：南洋大学篇章完结之后，外在的气候与环境又起了变化，华文教育与中华文化在东南亚再度发展起来，令人为南洋大学的悲剧命运发出“历史错配”的感叹。[2]

---

1 本书第一章〈国际因素、中国元素、南大发展〉，黄康显从宏观角度——国际的大气候与地区的小环境，论述南洋大学的兴衰。

2 本书第一章，最后一节的小标题即“南大的命运与历史的错配”。

如果把新加坡的南洋大学跟同时期另一个城市——香港的另一所华文教育最高学府——香港中文大学放在一起考察，那么前者的历史错配和悲剧色彩更为明显。本书第二章作者黄庭康为两所大学进行了对照，让我们看到两种不同的命运。[3] 新港两地都曾经是英国殖民地，人口都以华人为主，政治和文化都受中国影响，二战后都因为中国政治的变化而有创办华文大学的迫切需要。于是，两所大学分别在1950年和1960年创立，前后相差不过十年，但因为两地历史发展阶段不同、地理政治环境不同、社会族群结构不同，两者的命运也完全不一样。

共产党统治中国后，香港继续维持殖民地现状。对伦敦和香港政府来说，在香港成立一所华文大学可以减少学生到中国大陆和台湾深造，也可以防止当地华校采用大陆或台湾的课程，因此乐观其成，而且扮演积极角色。另一方面，香港是一个单一种族的社会，殖民地政府在处理华文大学问题时，不必面对其他族群的压力，可以采取怀柔的政策。[4] 反观新加坡，历史已来到了国家建构的阶段，但多元种族的社会结构和马来海洋的地理环境，使其进程变得复杂而艰辛，族群认同与国家认同，形成一道道难题。南洋大学作为一间华人创办的华文大学，它的动机、宗旨、性质、课程、活动等，无不引起政府的担忧和其他族群的猜忌。各阶段的政府既然无法阻止它的成立和发展，惟有想方设法去改变它，在必要时甚至使用强硬的手段。

两所大学，两种命运。香港中文大学克服种种困难后茁壮成长，如今在祖国崛起的氛围下大步前进。反观新加坡南洋大学则历

---

[3] 本书第二章《双城记：新加坡与香港政府的华文大学政策》，黄庭康通过两所大学的成立背景和创办过程，探讨族群因素如何影响二战后新加坡和香港两地政府的华文政策。

[4] 本书第二章第三节，小标题“香港”。

尽沧桑，在中国元素开始活跃时却走入历史。香港中文大学的历史反衬了南洋大学的悲剧色彩，令人深深感叹造化弄人。

族群的分歧　人物的冲突

南洋大学这种由内外因素交织养成的悲剧特性在历史开卷时就已预示。重要人物一登场，各种长期性的矛盾已迫不及待地曝光。

陈六使透视华社对高等教育的需求，发动众多支持者历尽艰辛，终于完成自办大学的壮举。但是在反共排华和英语至上的历史时刻，英殖民政府、马来族群，甚至是英文教育者，实在难以忍受华族社会发展华文教育的热忱。于是，在倡议过程中反对声音即此起彼落，政治利益、意识形态、种族矛盾、语群分歧等与华文教育事业纠缠不清。反对者提出的理由包括华文大学将沦为共产主义的温床、阻挠马来亚的团结、破坏种族间的关系、影响马来亚大学的发展等等，而背后自然还有不能明言的各自利益在作祟。[5]

南洋大学终于排除万难成功创立，显示了陈六使个人对华人教育的极大热诚、号召商民的超凡能力、以及运筹帷幄的卓越表现，也见证新马华社商、社、报、学、政各界的团体和组织为办学而团结一致的精神。问题是，万难虽被排除，但英殖民政府和马来政党的“让步”实有其各自的政治考量，这种“静默”不过是暂时的“隐忍”。过后政府的漠视，马来族群的猜忌、英文教育者的疑虑，使南洋大学之路，越走越艰辛。政治现实与种族关系，或为阻力、或为助力，交相轮替，始终与教育纠葛在一块，本书第三章作者利亮时论述陈六使倡办南洋大学时，即以此矛盾为副题。[6]

---

[5] 本书第三章〈陈六使倡办南洋大学：种族、政治、教育的纠葛〉，利亮时探讨陈六使倡办华文大学的过程、支持与反对者的立场，以及陈六使如何化解阻力成功办学。

[6] 本书第三章的副题“种族、政治、教育的纠葛”。

陈六使是一位杰出商人，具备巨商的眼光和才干，但他不是政治家，没能透视整个大气候与大环境的变化。他顺应和引导华文教育的走势，完成创办中港台以外第一所华文大学的壮举，为新马两地栽培大量的华文人才，但却没能意识到华教工程的地基已动摇，周遭不利华教发展的暗流正在寻找缺口。另一方面，他也不是教育家，没有规划或管理一所大学的知识和经验。他的办学理念与治校方式，确实存在许多问题。如果说“先天不足”指的是外在无法改变的大气候与小环境，那么“后天失调”则是南洋大学开办时就累积的内部的种种问题了。作为大学草创时期强势的领导人，其功其过对大学的影响同样深远。

大学创办人固然重要，但大学校长的角色也非同小可。南洋大学创立后，陈六使即刻为它寻找创校校长。于是，林语堂登场了，成为陈六使之外南大另一位举足轻重的人物。这两位领导人各有所长，正可互补，为大学的发展奠下坚固的基础。可惜，历史再次错配了，这次是人物的错配。陈林的出身背景、文化面貌和行事作风截然不同，共事半年后便不欢而散，是为“林语堂事件”。两人的分歧在于办学理念、管理校务方式、董事会与校长职权分配、经费的处理，而政治立场的不同则使问题复杂化。[7]

陈林的冲突对个人和大学而言，都不是好事。两人交恶时，各自的短处立即显露；而两人的对立，不仅仅是六个月的内耗，还给大学带来长期性负面的影响。“林语堂事件”是是非非，需要从不同角度去审视，给予客观的评价，从而探索历史意义。本书第四章作者何启良，尝试在爱护南大的“家谱论述”和爱护林语堂的亲友论述之外，重新审视“林语堂事件”，包括探究林语堂与陈六使之间的文化差异、林语堂与新马华人的社会隔阂、林语堂个人的强处

---

7 本书第四章〈南洋大学史上的林语堂〉，何启良比较陈六使与林语堂的背景和作风的不同、办学和行政的分歧等。

与缺点等；并检讨这“南大文化痛史的第一道伤痕所”遗留下来的诸如校长与董事会的权力分配、董事会逃避聘用新校长、南大学术水平诸问题。[8] 重审历史人物，追究历史事件的来龙去脉，可以纠正人们对往事解读和传播的一些偏差，使模糊的历史图像变得比较明晰。

政治的较劲　语言的对立

林语堂离场后，外患内忧继续困扰着南洋大学。随着学生迅速增加，南大迫切希望得到政府的资助和承认，因此主动要求或愿意接受政府委任的委员会对大学进行评议或审查，以鉴定大学的水平。于是从1959年到1965年，前后有三个报告书出台，即《白里斯葛报告书》（1959年7月22日公布）、《魏雅聆报告书》（1960年2月6日公布）和《王赓武报告书》（1965年9月12日公布）。这几个报告书对南大的管理、行政、设备、师资、课程、生源、水平等提出批评与建议，掀起了一波波的反对浪潮，影响了南大与政府的关系和南大的发展。其中《白里斯葛报告书》批评南大职权不明、校长职位悬空等，提出不承认南大学位的建议，给大学带来极大的打击，形成南大史另一道深刻的伤痕；而《王赓武报告书》中收纳各源流学生、调整院系、更改学制等建议，则受到强烈的抗议，引发南大史上最强烈的学潮。

南大的维护者不满这些报告书，视之为政府打击南大前途或改变南大本质的工具。在当时的政治语境里，这是一种很自然的解读。不过，如果将这几个报告书放在不同的历史场景里，它们将呈现更缤纷的图像，将释放更多样的信息。本书第五章和第六章的两位作者从不同角度论述《白里斯葛报告书》和《王赓武报告书》，

[8] 本书第四章作者跳出南大“官方叙事”，从受聘、分歧、冲突、离去和事后，反思“林语堂事件”。

让读者看到新加坡各种内外政治力量的介入和华人社群分裂的图景，而画面中南大“后天失调”的镜头因此更为清晰。

《白里斯葛报告书》的政治角力色彩鲜明。从南大评议会的成立到《白里斯葛报告书》公布，几种政治力量互相较劲。[9] 新加坡政府与政党即摆弄这份报告书，以捞取政治资本。林有福政府为了1959年5月的议会选举而接受陈六使设立评议会的要求，行动党则提出评议会应该考虑社会环境而非单纯根据学术水平来评定南大。不幸，《白里斯葛报告书》最后否定了南大，成了烫手的山芋，林有福政府于是拖延公布时间。但是行动党获胜上台后，报告书随即变成新政府改革南大的有利工具。

除了本地政治力量的操弄，英国也在《白里斯葛报告书》背后指手划脚。白里斯葛跟英国保持密切联系，并极力维护英国的教育制度。在围绕南大而产生的英美教育制度之争的时刻，《白里斯葛报告书》发挥了维护英国教育制度的作用。本书第五章作者周兆呈认为，在战后两国势力此消彼长的格局下，英国不愿看到自己的殖民地出现美国制度的大学，并作出这样的评议：“过去的研究或人们的印象都将南大的问题集中在南大华文大学的性质以及英国政府和自治政府重视英文教育的矛盾上，却忽略了南大作为大学本身的美国式制度，与英国政府及其在殖民地建立的英国式制度的矛盾。而这一矛盾的失察，往往又误导人们在分析和解读《白里斯葛报告书》时产生偏差。”[10]

继《白里斯葛报告书》（及紧随的《魏雅聆报告书》）之后，《王赓武报告书》也不可避免地成为政府的工具。《白里斯葛报告

[9] 本书第五章〈跨越国家疆界的意识形态角力：以南洋大学《白里斯葛报告书》为例〉，周兆呈以报告书为个案，考察林有福政府与人民行动党如何利用报告书和处理报告书公布事宜，还有报告书背后的英国力量以及英美的教育制度之争。

[10] 本书第五章第三节“围绕南大的英美教育制度之争”第三段。

书》在林有福政府时代交差，到人民行动党执政时才发表；而《王赓武报告书》在新马合并时期完成，却在新马分家后公布。当时，人民行动党政府认为改组南大的时机已成熟，于是推出《王赓武报告书》，不料却激起比前两个报告书更大的反弹，酿成南大史上最壮烈的学运，招致政府更强硬的镇压行动。这武斗的场面，在许多南大维护者的脑海中留下深刻的记忆，多年来一再将南洋大学历史篇章的终结归罪于《王赓武报告书》。王赓武教授近年来在几次受访时也作出辩解，他反复强调报告书是在马来西亚的语境下书写，随着新马分家后国情的变化而应当作废。

这段历史"公案"需要放在历史长河中审视。华人捍卫华文教育与中华文化是一条主线，由英文教育精英领导的政府维护自身政治权益和国家生存发展是另一条主线。理想与现实的矛盾便是南大生与政府冲突的根源，而两方一次又一次的斗争也折射了华社语群（华文教育者与英文教育者）长期的对立。本书第六章作者黄坚立(Huang Jianli) 即围绕《王赓武报告书》，集中讨论南洋大学与语群分裂之间的关联。[11] 其中一个重要信息是：在马来亚的语境里，王赓武及其组员虽非政治人物，但是他们确信在去殖民化和建国的时期，必须加强马来亚化和社会和谐，报告书因而提出广招各族学生以及将文化焦距从中国转向本土；在这个阶段，王赓武团队跟英文教育者领导的人民行动党政府，对"大熔炉"（求同去异）的文化建构在想法上是有一些共识的。但是，华文教育者不以为然，他们坚持各族之间求同存异，共同建设马来亚。可以说：国家认同与族群认同的争议贯穿于1950年代和1960年代政府颁布的系列报告书及其所引发的连串回响之中。

[11] 本书第六章〈南洋大学与新加坡的语文分立：1965年《王赓武报告书》论争〉，黄坚立追溯报告书的登场，叙述报告书的内容及其引发的冲突，讨论报告书中马来亚化途径、三语或双语中的华文地位以及英化引起的疑虑。

另一重要信息是：华文教育者因为感受到华文受到排挤而对“英化”的措施加以抗拒，以致在他者眼中形成一种排他的、沙文主义的刻板印象。其实，李光耀政府、王赓武及其委员会、陈六使和华文教育者，对南大在建设国家、认同本土、沟通各族文化、学习中英巫三语等的认知上原本没有太大差距，但是几个报告书带来的挫折感和政府强硬的态度，激起华文教育者抗拒英化和捍卫华教的强烈心理。因此，《王赓武报告书》中关系到语文的建议，很容易被视为包藏英化南大的意图。在作者看来，“将《王赓武报告书》和南大最终的关闭做跟历史发展无关的联系，即忽略了报告书的真正意义。其真正价值在于它让我们审视新加坡小岛国内华人社会在语言上的分立。”[12]

学生的怒吼　华教的悲唱

语言的分化确实是新加坡华人社会的特色，这种分化又因为政治的牵扯而转为对立。华文教育者经历了殖民地时代中国政治的牵引和二战后反殖民运动的洗礼，维护民族教育与文化的意识十分强烈。1950年代和1960年代的学潮，华文教育是症结所在。当英文教育精英领导的政府采取淡化华族色彩以融入马来亚/马来西亚、偏重英语以适应现实需求的政策时，华校生的民族教育危机感加重了。当政府以南大改革作为承认学位和资助大学的条件时，南大生最忧心的就是影响南大本质的语文问题。

行动党政府迫切希望改组南大，与大学针对南大问题谈判多年不果，增加南大生的疑虑和不满。1960年代初南大毕业生和在籍学生在校外的许多活动，诸如反对政府的中学华文改革卷入中四罢考学潮、反对马来西亚计划、以社会主义阵线身份参加1963年的

[12] 本书第六章最后第二个标题“对英化的谴责”（Accusations of Anglicization）下的论述，引言出自该章“结语”（Conclusion）。

竞选等，即引起政府的猜忌与不安，加强了解决南大问题的决心。1963年大选获胜后，行动党政府马上采取行动，剥夺陈六使公民权、逮捕南大生。政府的强硬手段激怒了南大生，引发了1963年至1966年的学运，过程中抗争与镇压轮替，学潮无法平息，而1965年的反《王赓武报告书》学潮便是抗争的高峰。[13]

本书第七章作者丘淑玲回顾往昔，勾勒1960年代学潮酝酿和爆发的轨迹，反思其历史意义。题目〈变革的阵痛〉指向学潮对南大改制的影响及其象征意义。“它标志着南大生‘捍卫南大’行动的失败，政府在学潮过程逐一去除其眼中的障碍后，得以落实改组南大的政策。南大也从此告别颠簸的1950年代和1960年代，步上改革之路。”另一方面，她指出：1960年代的学潮是华校生抗争精神的高峰，知识分子不畏强权和追求理想的集中表现；它也见证了华校学运由盛转衰、华校生黯然退出学运舞台的变化。因此，1960年代的南大学潮可说是新加坡华校学生运动的高峰，也是它的终结。[14]

新加坡华校学运的浮沉，折射出新加坡华文教育的挣扎历程。新加坡华文教育是一部沧桑史，是一首悲壮诗，富有使命感的华文教育者因为母语教育长时期遭受不平等待遇而焦虑、而悲痛。如前所述，华文教育者认同马来亚化，也重视英文和马来文，但坚持这一切不能以牺牲华文教育本质为代价。不幸，他们的意愿和行动经常被扭曲，以致态度趋于强硬，而给人愈来愈偏激的印象。本书第八章作者林增如 (Lim Cheng Tju) 借用漫画与木刻作品，带我们走入当时华校生/南大生的心灵世界。文中所呈列的虽然只是1955年至1961年的艺术作品（1956年新加坡的《各党派华文报告书》和1960年的《达立报告书》正是构成这些作品的政治背景），却已能

[13] 本书第七章〈变革的阵痛：1960年代的南大学潮〉，丘淑玲探究1960年代南大学潮的背景和意义，考察南大生在参与建校建国所经历的挣扎和矛盾。

[14] 本书第七章第三节“南大学潮的意义”。

让我们感受到华校没落中华文教育者的时代焦虑与悲叹，还有非华文教育者的猜忌与不安。

本章六幅作品中，四幅跟南大有直接关联，另两幅因为围绕华文教育自然也没离开南大。第二幅南大前行政楼前的支架象征着保卫南大的必要，以及南大人的意愿和行动；第四幅即回应1956年新加坡的各党派华文报告书，指向有勇有谋的华文教育者正在奋力抵抗林有福政府和英文教育者的袭击，阻止他们攻下保卫华文教育的长城。第五和第六幅发表在南大学生会出版的《学生论坛》，前者要传达的讯息是，马来亚文化的建立绝对不能单靠外表的拼凑达成，而是需要各族之间的真正了解和努力；后者针对1960年马来亚的《达立报告书》，该报告书也影响马来文教育的发展，南大学生会对马来亚教育政策变迁的关注说明了他们对马来亚前途也具使命感。[15]

这些漫画与木刻的创作者利用中国庙宇和万里长城分别比喻华文教育和华文教育的防御工具，很能引起华文教育读者的共鸣，但也容易招致非华文教育者的反感，被视为“沙文主义”的表征。林增如认为，这样的解读是不可避免的，也是不幸的。他也强调，漫画家其实也很关心建构多元文化的马来亚认同，并反对表面的拼凑方式，因此所谓“沙文主义”的指责是不十分正确的。可惜这样的刻板印象至今还没完全消除，然而往事已矣，“最重要是过去如何被重现和表述”。[16]

---

[15] 本书第八章〈从漫画与木刻走入1955年至1961年的新加坡华文教育〉，林增如探讨华文教育艺术家和漫画家勾勒的华文教育和华校生图像，并讨论这些图像被英文教育者作片面的解读，忽略了华文教育者对建构马来亚文化的诚意和构想。

[16] 本书第八章的“结语”（Conclusion）一节，作者概叹：“至今一些有关1950年代华校与华校生的描述，仍然采取单一的角度。”

永恒的拷问 不朽的图腾

华文教育者对“沙文主义”一词自是抗拒，在他们看来，维护母语和族群文化是天经地义的事，族群文化可以丰富国家文化，故而发扬华族文化跟发展国家文化一点都没有矛盾。他们常常感到遗憾，这种合乎情理的想法没能得到非华族和非华文教育者的谅解。许多非华族或非华文教育者认为，华族文化会妨碍马来亚文化/新加坡文化的建构，不应该提倡。当华文教育者感到族群文化深受威胁时，便将它抱得更紧，如此又加深对方的印象，让“沙文主义”的谴责得到证实。

如何建构文化？哪种方式最适宜？一直是人们关心和争辩的课题。本书第九章作者游俊豪借用社会学的“文化本质论”和“文化建构论”，诠释南大的三大文化符号——南大牌坊、前行政楼和校园——以及各别符号之间的嬗变时，思考的正是相关的课题。[17] 作者认为南大校园出现了两道历史轮回：1953年至1980年为第一道，校园内充斥“文化本质论”与“文化建构论”的对抗；1981年至今为第二道，校园内已看不到“文化本质论”的踪影。作者也传达了类似上段的讯息：即南洋大学为文化建构做了努力，但在政府急迫的压力下，其爱护者担忧南大本质受到破坏，使用的语言于是回到“文化本质论”，偏离“文化建构论”。[18] 二道轮回阶段的前行政楼，在1995年改为华裔馆，南大中华语言文化中心和中文系也先后在同一栋建筑内设立。作者认为这象征着华文从整个校园退守到一座建筑物，但也说明华文因为具有实用价值而站稳一席之地。掌握话语权的政府就在这里反复发出“文化建构论”的讯息。

---

[17] 本书第九章〈向永恒拷问：南洋大学的文化符号〉，作者以“文化本质论”与“文化建构论”为该章的理论架构，并在第二段阐释了两者的意涵。

[18] 本书第九章第三节“裕廊校园：二道轮回”。

虽然二道轮回阶段，校园内看不到“文化本质论”的踪影，但是校园外校友们却一再为“文化本质论”和“文化建构论”争辩，牌坊搬迁的争议是一显例。南大牌坊于1986年因为南大版图的变化而被遗弃在学府之外，由“守护神”变成“孤魂野鬼”，象征着南洋大学的悲凉遭遇。2003年南大牌坊是否迁回校园引起一番反对与赞同的争议，作者视之为“文化本质论”与“文化建构论”的辩论。其实，同一时期南大复名的争辩也具有同样意义。21世纪的前面四年半，南洋理工大学两位校长詹道存和徐冠林相继为南大复名而努力，不少校友表示支持，但也有一些人加以反对，掀起另一场“文化本质论”与“文化建构论”的争辩。或许，过去国家文化蚕食族群文化的恶劣印象让一些校友久久无法释怀，于是遇到相关课题时会选择回到“文化本质论”，坚守南大本质的理念。

南洋大学不仅留下许多文化符号，也留下连串文化问号。对于南大爱护者来说，建构国家文化为何必须牺牲族群文化？后殖民地时代的新加坡语言和文化为何更殖民化？南大的改组为何是一个去南大化的过程？都是些个不愉快的问题。对于文化建设的关怀者来说，族群文化与国家文化之间应当如何调适？族群文化如何自我发展而又不断丰富国家文化？（或者）“文化本质论”如何自我松绑？“文化建构论”又如何提升？都是值得不断探索的课题。

整个南洋大学就是一个不易解读的文化符号，也是一个难以解答的文化问号。一个单纯的教育课题，一旦卷进政治漩涡就变得难解难答，何况它诞生在二战后国际冷战形成、英国殖民地争取自主独立的历史转型大时代。南大的经历，不仅跟美国、英国、中国和台湾有牵扯，跟本地区印尼、马来亚／马来西亚也脱离不了关系，跟二战后60多年来新马两国分分合合的历史更是交织在一起。本书最后一章（第十章），作者李元瑾从新马国家疆界的虚拟与现实，分四个历史时段，窥探南洋大学的复杂图像。该章将南大放置在新马两地分分合合的政治纠葛中，[19] 此处我们不妨把焦点集中在文化主线上。

第一时段（1950–1955），南大在虚拟的“马来亚国家”疆界内创办，它传达维护民族文化的意愿，但也充分表现对建设“马来亚国家”的想望和发展“马来亚文化”的热忱。可惜殖民地政府、英语社群和马来社群的领袖未能相信和理解，对他们来说，南洋大学似乎是一幅充满中国色彩和华族意识的图腾。第二时段（1955–1965），南大在新马摆脱殖民统治、建构共同国家疆界的阶段进行马来亚化，虽然建国热情洋溢，却还是受到英国官员和新马政府的猜忌。而新马合并前后的对抗与镇压经历，使南大人维护族群文化的热望越来越迫切，导致“他者”感觉到这幅“华文沙文主义”的图腾越看越真实。第三时段（1965–1980），南大在新马划分国家疆界后走向新加坡化，这表现在：理事会、学生和老师的“本地化”、教学媒介语的“英语化”，最后竟是整所大学的“去南大化”。这变化过程激起新马两地华人的焦虑和愤怒，马来西亚华人的反应特别强烈，新马国家疆界已变得模糊，南洋大学成为两地华人共有的文化图腾。第四时段（1980–），南洋大学实体消失了，“南大精神”变成了校友们的心灵支柱。1980年代新马南大校友会开始了超越两国疆界的“南大之夜”，1992年则跨出新马疆界，轮流在亚洲、美洲和澳洲举办全球南大校友联欢会。尽管校友们对南大问题（如牌坊迁移和南大复名等）看法分歧，但是爱护南大的心情和发扬南大精神的意愿是一致的。南洋大学“因为文化纽带的作用而成为新马华人，甚至全球校友之间的文化共土，突破了现实的国家疆界。而‘南大精神’，在南大人的心中，已是一幅跨越时空的精神图腾”。[20]

---

[19] 本书第十章〈南洋大学图像：新马国家疆界的虚拟与现实〉，参见文章前言。

[20] 本书第十章最后一节“结语”最后两句。

1

国际因素、中国元素、南大发展

黄康显

自19世纪以来，由于中国的衰退与贫困，在东南亚地区，如是聚集了一千多万的华人在当地谋生。他们的来临以至定居，是一种中国因素的推动。为了延续传统，他们兴办学校，教授华文，发扬中国文化与精神，这是中国元素的移植。

但自二次大战以后，东南亚地区兴起反殖运动，殖民地相继独立。由于过去部分华人是殖民地政府与土著的中介人，于是又兴起了排华风潮，加以东欧共党冒起，1949年共党政权又在中国成立，如是国际上出现了反共风潮，东南亚华人的处境相当尴尬。另一方面，许多国家对新中国政府实行闭关政策，华文中学毕业生自此不能回国升学，而归化以后的华人，中国已不再是他们的祖国，因此便有自创华文高等学府的必要。

这种必要，在最多华人聚居的新马地区尤甚。但新马是最后争取到独立的地区，华文在通用英语的新马并无地位，且受到殖民地政府的排挤与怀疑。因为中国元素很易与中国认同挂钩，且在不利的国际因素影响下，很难有生存空间。虽然如此，使用华文作为教学媒介语的南洋大学却于1956年开学，因此它的存在，变成很偶然亦很特殊的历史变数。

英国的容共但反共

在战前的新加坡，华文教育促成了中国认同。这种中国元素，不利于殖民地统治。就算到了战后，华人虽然视新加坡为家，但

1940年代马共的叛乱与1950年代的工潮与学潮，都被认为中国元素的发酵，与中国的共产政权有关连，导致殖民地政府对华文教育产生怀疑，甚至存有敌意。

战后，美国已抛离其它盟国，独占领导地位。但英国对中国的兴趣未减，更关注英国在远东及东南亚的利益。特别是后者，单在缅甸与马来亚，便聚集了220万华人。他们效忠中国，而根据中国的国籍法，只要双亲一个是中国籍，几代以后，就算长居海外，亦可保有中国国籍。[1]

对英国而言，马来亚由于资源丰富，其重要性不减。因此中国对东南亚的政策，关乎英国的利益，而这个地区华人的民族主义，使他们全力支持该地的反殖与独立运动，危及到英国的管治。因此在1948年，英国尝试将美国牵入东南亚，以增加该区的安全情况，阻止马来亚共党的叛乱，亦方便英国增强在这个地区的领导力量。在反殖的高潮中，法国与荷兰同时企图与英国结盟，以巩固该区殖民地政府的势力。[2]

到了1949年，英政府准备放弃蒋介石政权，但仍准备站在中国的大门外，不准备撤退外交人员与商人。香港的生存与否，取决于中国新政权是否认为香港会方便它与外界的贸易，但共党的崛起，又会刺激新一轮的共党活动，危及马来亚。虽然美国认为美、英、法三方在华会保持共同行动，但是年英国经济开始复苏，且取得首次的贸易盈余，增加了英国在亚洲的野心，不惜与美国的外交背道而驰。[3] 这就解释了为何英国会于1950年1月，宣布承认中共的新政权。

---

1 "British Foreign Policy in the Far East, 31 December 1946," 6:524, UK Public Record Office, CAB 134/280.

2 Laxin Xiang, *Recasting the Imperial Far East: Britain & American in China, 1945–1950* (Armonk, N.Y.: M.E. Sharpe, 1995), pp. 102–103,158.

3 Ibid., pp. 164–166.

但中共自建国开始，便奉行强硬的外交路线。1950年10月中共助北韩对付以美国为首，英国亦有参与的联合国部队，不久又援助北越共党对抗法国，更声援马共，因此中英的建交是有名无实。1950年10月，英国的保守党取代较为偏向中国的工党政府。但到了1953年，韩战结束。1954年7月，中国签署了日内瓦协议，由南北越分治越南。1955年万隆会议召开，总理周恩来宣示了和平共存的五项原则，全面打开外交困局。英国的对华外交，便摆出软硬兼施的姿态。

软是在1954年，中英两国互派代办，变成有限度的外交。硬的一面是自1954年4月开始，支持美国为首的东南亚协约组织，以便保障香港与马来亚的安全。该组织于9月8日在马尼拉签署，协约国包括美、英、法、澳、纽、巴勒斯坦、菲律宾与泰国。虽然印度认为这个组织是北约组织的一个殖民地分支，但总代表了保守党政府的反共姿态，在反共的同时却是容共的。英国外交部认为，中国不似1949年的苏联，始终想走入国际；同时需要供养6亿3千万人民，当前的政策，只为在周边创建缓冲地带，从而形成一个势力范围，并无侵占东南亚的野心。[4] 英国的《泰晤士报》更肯定，亚洲共产主义的根源，一方面是贫穷，另一方面是反帝国主义。[5]

在反共但容共的心态下，英国殖民地政府对创办南洋大学的态度，变得模棱两可。一方面是不信任，认为这是中国民族主义的延续，甚至有共产主义的渗透。因为新加坡并非中国的殖民地，亦非中国的第五省，应以新加坡的沙文主义取代中国沙文主义。同时成立一间二等大学只会制造更多不满与失望，甚至影响马大的前途，因此采取不支持态度，也不承认学位。另一方面是不反对，因此不

4 Robert Boardman, *Britain and the People's Republic of China, 1949–74* (London: Macmillan, 1976), pp. 62–64.

5 *Times* (London), 17 May 1954.

会制止这个运动，只会驾御这个力量，变成不参与，这是英国前新加坡总督接受访问时的意见，同时亦代表了新加坡英语系统市民的意见。[6] 南大就在这种国际气候与地区气氛中酝酿成立。

华文教育发展的高峰期

南洋大学是于1953年1月16日由陈六使倡议创办，1956年3月6日开学，在整个1950年代，可说是华文教育发展的高峰期。原因是早自孙中山奔走东南亚区，从事革命活动，便很注重华文教育，以华文教育来鼓励华人效忠中国。民国创建以后，亦复如是，有专责部门处理侨教。由于海外华人只要父亲是中国国籍，便自动成为中国公民，因此华文教育便有中国元素在里面。

二次大战以后的发展，也值得注意。举泰国为例，由于政府的限制，到了1940年6月，已无一华校可以存在；但战后中国的国际地位冒升，华校纷纷复办。1946年5月，全泰共有华校三百余所，同年11月中国大使李铁铮与泰国签订〈中泰友好条约〉，侨校在年内增至500多间。但到了1948年，中国陷于内战，无暇兼管侨务，不同的限制又再开始，自此泰国的华校式微。[7] 又举马来亚为例，1946年华文中学只有学生4508人，但到了1957年，竟然增加至49536人，在11年内增加了11倍。[8]

在1949年以前，东南亚地区的华校毕业生，可以返回中国升读大学。但1949年开始，由于中国新政府和大部分东南亚国家，并无外交关系，因此华校学生不能回中国升学。其时国民党把政府搬往台湾，政权并未稳固。因此到了1951年，才接收了60名侨生赴台

[6] John Drysdale, *Singapore: Struggle for Success* (Singapore: Times Books International, 1984), pp. 63–64.

[7] 黄康显〈从泰国个案看海外华文教育前台〉，《近代中国与亚洲学术交流会论文集》(珠海：珠海亚洲研究中心，1995)，页286。

[8] Federation of Malaya, *Annual Report on Education, 1946–1957.*

升学，港澳地区已占去49个名额；到了1956年，总名额虽然增加至1502人，但新马两地所占比率有限，观乎自1952年至1961年的十个学年里，毕业侨生虽有6091人，但港澳地区占2660人，新马合共才有611人。[9]

与此同时，在东南亚地区，特别是新马两地的华校学生人数急增。在南洋大学创办的1956年前后，根据台湾官方的统计：单在印尼一地，便有华校学生45万人。其中首都雅加达便有4万左右，这是印尼文教部于1957年的统计。[10] 1957年前后，越南与泰国的华校学生，各有6万多人，[11] 但人数最多的还是新马两地。1957年，新加坡有华校学生117374人，[12] 马来亚则有391667人，[13] 两地合共有509041人，和印尼、泰国、越南加起来，已接近110万人；若再加上缅甸、菲律宾、北婆罗洲，便应当有120万到130万人。

这是一个极之庞大的数目，就算其中只有十分之一是中学生，仍可支持成立一所华文大学。单就新马地区，这所华文大学已有足够的学生来源。

中国元素在蜕变

南大的筹办期间，适逢中国改变外交路线。1955年4月，总理周恩来在万隆会议中宣告和平共存的五项原则，并鼓励海外华人归化侨居地，放弃中国国籍及不承认双重国籍。1955年，新加坡当时的首席部长马绍尔访问北京时，北京政府曾明确表态：劝喻新加坡华人，包括中国出生的华人，应选择作为新加坡公民。

---

9 华侨志编纂委员会编印《华侨志总志》，第3版（1978），页358、365。

10 华侨志编纂委员会编印《印尼华侨志》(1961)，页102。

11 华侨志编纂委员会编印《越南华侨志》(1958)，页104–105；《泰国华侨志》(1959)，页105。

12 *Annual Report of the Department of Education, Singapore, 1957* (Singapore: Department of Education, 1957).

13 Federation of Malaya, *Annual Report on Education, 1946–1957.*

经济方面，中国亦尝试打开门户。1956年8月，周恩来接待一个新马商人的代表团时，明确表示中国非但有大量货品准备出口，还需要入口不同必需原料，以加速工业生产与计划，[14] 而新马最急需出口的原料，就是橡胶。

新马的主要税源来自橡胶。1948年橡胶的生产，已恢复到战前的水平。1951年涨至一磅二坡元的历来高位，带动新加坡与马来亚的经济。而南大的创办人陈六使是主要的橡胶商人，其它如李光前等亦复如是，因此他们有更多财富捐献给南大，南大亦在这种有利情况下筹办。但新马橡胶商人，基于韩战时期甚至以后的禁运，未能打开中国这个庞大市场。

到了1956年，英国殖民地政府沉不住气了。马来亚的领袖东姑阿都拉曼更有伦敦之行，企图争取橡胶的输出中国。到了1956年6月，英国终于不理美国的反应，准备以牌照方式，将合理数量的橡胶，输往中国。[15]

外交方面，新加坡在自治以前，必须跟随英国路线。马来亚于1957年独立，但仍与新加坡一样，采取较中立性的路线，只与英国签署防卫协议，避开了东南亚协约组织，原因是这个组织由美国主导，与中国为敌。其实早在自治前夕，新加坡的领导层已深深理解中立的技巧，并在以后一直运用这种技巧。[16] 因此在南大创办的前后，并无受到负面的国际因素与中国元素影响，殖民地政府与英语系统的新加坡人，并未尝试阻挠南大的筹办。

那么南洋大学究竟应当是中国的大学，抑或只是华文的大学呢？要回答这个问题，就要研究一下其时新加坡华人的特性与取向。

---

[14] 新华社电讯，1957年4月11日。

[15] Boardman, *Britain and the People's Republic of China,* pp. 105–106.

[16] Olaid UL Haq, "Foreign Policy," in Jon S.T. Quah, Chan Heng Chee and Seah Chee Meow (eds.), *Government and Politics of Singapore* (Singapore: Oxford University Press, 1985), pp. 277–285.

在战前，新加坡土生的华人只占华人人口中的少数。1921年与1931年分别是24%与35%；到了1947年，才增加至58%；1957变成68%，是相当的大多数。相反地，中国出生的华人，由1947年的38.7%，降至1957年的25.5%，只占全华人人口的四分之一。[17] 因此大部分的新加坡华人，都应当视新加坡为家，至于中国出生的移民，亦由于公民条例1957年实施，只要在新加坡居留满十年，便可宣誓为新加坡公民。如是，便立即有22万外地出生的新加坡华人成为公民，有权参与1959年自治前夕的投票。

不过在1949年以前，一些政治的中国元素，仍在新加坡发酵，好像国民党支部与亲共的民盟。到了1949年9月11日，殖民地政府已强行将国民党支部解散；1948年6月，由于紧急法令的实施，多位民盟领袖被捕，一切工作只有停顿；次年5月12日，被列为非法团体。[18] 其后这种中国政治的纠缠，在新马地区逐渐消失，诚如马华领袖陈桢禄所言，要使中国出生的华人摆脱中国政治的纠缠，唯一的方法就是慷慨地授予他们马来亚的公民权。[19] 这点日后已经实践，其后根据一些马华社团的要求，竟然未有提出要保留中国国籍。[20]

南大创办人陈六使的政治认同转变是另一个里程碑。1950年，陈氏接任中华商会会长与福建会馆会长。早于1949年10月1日，陈氏已策动福建会馆发出两电报到中国，其一祝贺中华人民共和国成立，其二促请蒋介石下台。[21] 但自1950年开始，陈氏的态度急剧转变，转而认同新加坡。因为橡胶价暴升，他是当地经济复兴的最大

[17] 崔贵强《新加坡华人：从开埠到建国》（新加坡：新加坡宗亲会馆联合总会、教育出版私营有限公司，1994），页229。

[18] 崔贵强《新马华人国家认同的转向（1945–1959）》（厦门：厦门大学出版社，1998），页48、76。

[19] Tan Cheng Lock, "A Chinese View of Malaya," in *Three Reports on the Malaya Problem* (New York: Institute of Pacific Relations, 1949), p. 19.

[20] 同注18，页411 。

[21] Drysdale, *Singapore: Struggle for Success*, p. 61。

受益者，加以新加坡的自治与独立是大势所趋，如是者商会便变为华人争取公民权的龙头。1955年1月15日丹戎巴葛选区的通俗谈讲大会，吸引了一万多人，陈氏呼吁华人提高政治警觉，踊跃参政，善用天赋的政治选举权，投下神圣一票，选出真正有才华的代议士，来纠正政府的错误。陈氏亦否定一切双重国籍的推荐。[22]

1953年4月7日发表〈创立南洋大学宣言〉，提出四大宗旨：为中学毕业生广开深造之门；为中学培植师资；为本邦造就专门人材，目下马大只有850名学生，不足应付需要；为适应人口上之需要，全马人口670万，唯一大学之年代已成过去。南洋大学两大特质是沟通中西文化，兼重中英巫各语文；发展马来亚文化，使华巫印等各族和衷共济，研究各族文化，吸取各族精华，陶冶镕铸，使马来亚文化有辉煌之成就。[23] 由此可见，南大的创办，已走出中国因素的局限，把中国元素与地方文化融合。

南大虽然位于新加坡，但创办初期，学生的来源是多元化的。举第三届(1961年)的毕业生为例，385人当中，有239人来自马来亚与北婆三邦，占六成二；印尼有六人，泰国一人，其它地区一人。至于新加坡，只有138人，占三成八，因此南大已变成一个跨地区的大学。

华文教育的异数

很意外地，南洋大学的创办，正值东南亚地区华文教育由昌盛走向衰落，且这种衰落，来得很急，变得很快。首先是泰国，自从1948年的民校条例施行以来，华校逐年减少，而每周的华文课程的节数亦萎缩。到了1965年，这类有限制的华校只有177所，因此在南

[22] 崔贵强〈陈六使国民属性的转变〉，《陈六使百年诞纪念文集》(新加坡：八方文化企业，1997)，页15–21。
[23] 《陈六使百年诞纪念文集》，页176–177。

大创校的最早几年，才偶然有泰国华校生入读。缅甸于1965年有私立学校国有条例，华校本来就是私校，因此只有关闭，如是和南大全无关系。菲律宾于1973年实施将华校私有化，华校每日只可有两节华文课程，因此未达到入读南大的程度。印尼自1965年的政变，政府关闭所有华校，因此南大逐渐缺少印尼的华人入读。在1975年以前，越南早已将华校越化，1975年以后，越东寮三国被共党统治，[24] 因此在整个1960年代，只有一位越南女学生入读南大。

如是南大的学生来源，除新加坡以外，主要来自大马，而在马来亚独立的前后，华文教育进入高峰期。1957年有学生391667人，中学多至60间。[25] 不过到了1960年，由当时的教育部长拉曼达立(Rahman Talib) 主催的《达立报告书》，推荐以英语及马来语为媒介，华校若受津贴，必须大幅减少华文课程。[26] 到了1977年，马来语变成教学媒介，不愿改制而继续使用华语的，便变成独立中学。在1975年只有学生1643人，[27] 如是在1968至1969年度，在南大就读的大马学生下降至377人，只占学生总数的两成。[28] 新马的分家是一个原因，另一个原因是马来亚学生的华文水准下降。在新加坡的情况亦未有好转，政府于1961年将华文中学改学制，变为与英校合一的四加二。1966年开始第二语文教育，英校的第二语文是华文，华校的第二语文是英文，[29] 自此英校与华校的差别不大，英校亦有华文课程。为了子女未来的前途，大部分家长放弃华校而选英校，以小一的入学为例，1959年入读英校的只有47%，华校亦有46%，人数是27223。到了1979年，亦即是南大结束前一年，比例分别为91%与

---

[24] 同注9，页294–321。

[25] Federation of Malaya, *Annual Report on Education, 1946–1957.*

[26] 《达立报告书》（华文译本）(吉隆坡，1960)，页16。

[27] 古鸿廷〈马来西亚华文独立中学发展之研究〉，《马来西亚华人研究学刊》，第3期(2000年9月)，页66–69。

[28] 《南大校讯》，第18期(1968年8月)，页13。

[29] 同注17，页273–274。

9%，入读华校小一的只有4540人，是20年前的16.7%。[30] 在这种情况下，很多华文中学招不够学生，何况在最顶层的南洋大学。

另一方面，由1972年到1980年，新加坡的大学教育发展迅速。1972年新大有毕业生1227名，南大仍有805名，是前者的六成六；但到了1980年，南大结束的一年，分别是1916名与683名，南大只得新大的三成六。[31]

南大所在的新加坡，处于地球上东西南北的交汇点。在1970年代，东南亚地区更为动荡。泰国的共产党，势力膨胀，马共亦从泰南渗透至马来半岛，菲律宾不能控制南部的共党叛乱。1975年是一个高峰，北越攻占南越，进而控制柬埔寨与寮国。与此同时，英军早已放弃新加坡的军事基地，美军已自该区逐渐撤退，很快便会形成一个真空状态，变成美苏两国的角力场所。而新加坡，刚完成了内部的经济与社会重整，又要面临外交的抉择。

新加坡作为一个小国，地区内要面对共党的威胁，南北被马印两国的马来人夹住，国际上又要和大国周旋，因此外交上需要高明的原则、高超的技巧兼高度的警觉，1981年外交部秘书丹那巴兰(S. Dhanabalan)所列出的四大原则，多少反映领导层的思维。第一，我们会与任何一个与我们友善的国家交往；第二，基于互利的原则，我们会与任何一个国家贸易，不计较思想与政治制度的差异；第三，在强国阵营的斗争中，我们保持不结盟的立场；第四，我们会与东盟紧密合作，寻求地区的凝聚、稳定与进步。[32]

印支半岛的改变，使东南亚非共的新、马、泰、菲、印重新组合。1976年2月的巴厘岛会议后，1977年8月继而在吉隆坡成立东盟组织，新加坡亦积极参与，战略上制止共党的扩充与渗透，

---

30 "Trends in Education, 1979," Unpublished document (Ministry of Education, Singapore).

31 *1980 Singapore Year Book of Labour Statistics* (Singapore: Ministry of Labour).

32 R.S. Milne and Diane K. Maugy, *Singapore: The Legacy of Lee Kuan Yew* (Boulder: Westview Press, 1990), p. 161.

经济上促成彼此的合作，政治上与美、日、加、澳、欧盟等进行集体谈判。不过就马六甲海峡的拥有权方面，新加坡主张开放，因此不同意马、印两国的观点。[33] 原因是新加坡坚守中立、互惠与开放的原则。基于这个原则，新加坡与苏联及东欧共产党国家建交及进行贸易，将港口开放给美军，甚至苏军，[34] 来平衡共产党及中国的影响。

到1980年代初为止，东盟各国对中国仍处于戒备状态。中国总理于1981年8月访问泰、新、马三国，表示友善，但印尼政府的反应是与中国关系正常化，弊多于利。[35] 大马外相认为，东盟仍在国际受到苏联的威胁，地区内则来自中国，因为中国正尝试在此成立基地去控制亚洲。首相马哈蒂尔亦不相信中国会放弃霸权。[36] 至于李光耀，他的意见是：东盟政府相信共党构成威胁，是由于外界的援助与干预。[37] 在此大前题下，新加坡与中国进行经济交往的同时，仍保持高度的警觉，一方面怕共党的渗透，另一方面，新加坡大部分人口血缘、文化与历史上与中国的关系，应当避免被周边的马来人国家认为新加坡是第三中国。[38] 如是新加坡政府尽量避免被中国元素所左右，以英语作为各民族间沟通兼工作的语言，有中国文化指标的南洋大学便不受到重视。

有中国标签的马共，由于渗透入南大，南大的情况便变得更尴尬。早于1953年，受马共影响的新加坡学生反英大联盟，便替南大筹款，进行逐户劝捐，并举办校际音乐会，筹得一万元，对此中华总商会曾表示谢意。[39]

---

[33] Olaid UL Haq, "Foreign Policy," pp. 299–305.

[34] Ibid., pp. 161–162.

[35] *KOMPAS* (1981).

[36] *Southeast Asian Monthly Bulletin* (August 1981).

[37] *The Straits Times* (Singapore), 12 August 1981.

[38] Olaid UL Haq, "Foreign Policy," pp. 294–295.

[39] Yeo Kim Wah, *Political Development in Singapore 1945–55* (Singapore: Singapore University Press, 1973), pp. 189–241.

新加坡华校中学生的学运虽受到压制，但部分学生进入南大，如是学运便推上大学的层面，变成从上而下的指挥。根据马来亚政府的一份白皮书：南大学生会及属下多个学会，以至毕业生协会，都和马共及其它共党组织拉上关系，受马共指挥，策划华校学生罢考，工人罢工、支持林清祥及社阵的斗争；宣扬共党思想，赞扬马共的革命，反对新马的合并。并得陈六使的资助，参加1963年的大选，毕业生协会且借出场地给社阵竞选。[40] 大选过后两天，陈六使被吊销公民权，其后理事会重组，陈六使退出。9月26日，20名南大学生被拘捕，1964年7月再拘捕多88名，1965年南大有新的章程，防止学生会被马共操纵。到了11月再多50名学生被开除，其中十名被拘捕；到了1967年4月，南大已正常授课。[41]

不过在1963年大选中，南大毕业生涌出：社阵有十名，联合人民党两名，大民党一名，人民行动党只有两名，[42] 南大便变成反对派的基地，影响到作为华文教育殿堂的南大与政府的关系。

南大的命运与历史的错配

南大由创办至结束，只经历了四分之一个世纪，其发展过程，与其说是受新加坡政府的政策所影响，不如客观一点，考虑到这个时期，国际的大气候与地区的小环境所产生的变化。

殖民地政府是刻意让南大自生自灭，但独立后的政府却意图将南大纳入正轨。1968年8月，教育部长王邦文宣布政府承认南大学

---

[40] *Communism in Nanyang University* (Government White Paper) (Kuala Lumpur, 1964.)

[41] 黄康显〈扭曲的命运，曲线的革命——一九六零年后的马来亚共产党〉，《亚洲研究》，第43期（2002年6月18日），页20。

[42] 同上，页19。

位，但同时声明并不能保证毕业生的出路。[43] 这是事实，由于就业的困难，华校学生逐渐减少，这些减少了的华校学生，1975年以后以南大为第一志愿的越来越少。[44] 政府唯一的对策是于1975年李昭铭就任南大校长后，推行英语教学，如是南大便失去了中国元素，引来毕业生协会的指责。[45]

1978年2月，李光耀在南大演讲，提出掌握中英两种语文的需要，为了提高南大学生的英文水平，必须将南大学生浸入新大，使他们生活在英语环境里。[46] 如是南大当局便设立联合校团，让南大学生在新大上课。两年后（1980年），李光耀进一步指出，申请入读南大的学生越来越少，因此提出将新大与南大合并为国立新加坡大学，始能符合新加坡的利益，马来西亚华人虽表示反对，但新加坡的华人却保持缄默。[47]

南大的消失，是华文教育系统中，由下而上的华文没落。自1960年代开始，入读华文小一的学生逐渐减少，导致1970年代，华文中学的没落，加以两种语文政策实施以后，入读英校亦可学习华文，1956年成形，由下而上的华文教育系统，便从下层的根开始腐烂。同时，自1968年政府承认南大学位，南大的制度便与新大看齐，到了最后，连招生的标准，教学的语言，和新大全无分别，南大已失去个性，放弃个体，由南大学生“浸入”新大，到新大“吸纳”南大，已变成必然的结果。

是政府的刻意安排吗？1973年南大还发表了十年计划报告书，南大将大事扩展，十年结束时，学生人数将由当前的2200增加至

---

[43] 《南大通讯》，第18期（1968年8月），页1。

[44] 见李光耀的谈话。《南洋商报》（新加坡），1980年3月11日。

[45] 古鸿廷〈星马华人政治与文化认同的困境：南洋大学的创办与关闭〉，《东南亚华侨的认同问题：马来亚篇》(台北：联经出版公司，1994)，页174–175。

[46] 《南洋商报》（新加坡），1978年2月21日。

[47] 同注45，页177–182、192–194。

5000；[48] 1978年2月，李光耀还声明会保留新大与南大两间大学，以便彼此竞争，相辅相成[49]，因此1980年决定将南大结束，可能是回应形势，因利乘便，因地制宜。

至于南大的生命，亦有其因果循环。南大的出生，是由于有这个需要，配合了当时华文教育的高峰发展，但同时亦面对不适合的环境，其时美国进行围堵中国，东南亚各国亦敌视中国，一所标志中国元素的大学，是不容于这种国际因素内。但英国政府对中国却采取放开的态度，去谋取经济利益，因此对南大亦采取开放的态度。东南亚地区，以至新马的华文教育，不是完结，就是衰落，加以新加坡的英语地位，逐渐凌驾华文之上。国际上，东南亚各国由于中国的支持泰共、印共、菲共以至马共，更加防范中国，象征中国文化的南大自然不被接受，但由于新加坡政府提供了某个程度的空间给南大，南大才可继续发展，且接受政府的放款。不过到了1980年，新加坡都已无发展华文高等教育的需要，且南大已由一个东南亚地区，新马两地，缩小而为单只新加坡一国的大学，加以新加坡在马来民族的夹缝中，急须摆脱中国元素。其时的中国元素更不容于国际因素的大气候中，最后新加坡政府只有放手，南大亦迫于被放弃。

不过最讽刺的是，南大被放弃后，新加坡却积极鼓励讲华语，提倡学习中华文化，只可惜学生学习的华文缺少文化内涵，这类的文化内涵是需要一所华文大学去发扬的。1997年新加坡的大选，人民行动党需要派出两位精通华文的南大毕业生去和反对党对拼。[50] 由小环境以至大气候，都适合华文教育的再生，因为中国的改革开

---

[48] 《南大校讯》，第33期（1973年8月），页1。

[49] 《南洋商报》（新加坡），1978年2月21。

[50] James Chin, "Anti-Christian Chinese Chauvinists and HDB Upgrades: The 1997 Singapore General Election," in Garry Rodan (ed.), *Singapore* (Aldershot and Burlington, VT: Ashgate, 2001), p. 502.

放，南下发展，马中与新中的贸易近年倍增。东盟各国急需和中国改善关系，加以台商南下，学习华文已变成一种需要。如是连过去最压抑华文教育的泰国，亦放手开办华文课程，提倡华人文化的崇圣大学从而诞生。南大若延生至今天，可能不致断气，是历史的错配耶？

2

双城记

新加坡与香港政府的华文大学政策*

黄庭康

本文的目的是比较战后新加坡及香港政府的华文大学政策。新加坡及香港战前都是英国殖民地，人口以华人为大多数，两地的政治及文化亦深受中国影响。二次大战后，新、港两地华人都提出要设立华人大学。然而因为两地族群背景的差异，新、港政府以不同的策略处理华文大学问题。在新加坡，华文大学的成立导致马来人强烈不满，最后迫使政府采取强硬手段压抑南洋大学的发展。但在香港——一个单一族群的华人社会，政府没有受到其它族群的压力，因此，殖民统治者可以主动把几个主要的私立华文书院合并成立香港中文大学。香港政府的处理手法避免了与华人社会冲突，结果巩固了殖民统治。

为了进一步厘清本文的论点，笔者将在下一部分先行交待新加坡及香港华文大学问题的背景。

背景

二次大战前，新、港两地殖民地政府都偏重以英文发展高等教育。当时新加坡的两所高等教育院校——英皇爱德华七世医学院（King Edward VII College of Medicine）及莱佛士学院（Raffles College）

* 本研究之经费由台湾国家科学委员会补助 (NSC 89-2745-P-343-001)。作者感谢萧伶玲协助本文之文字处理。

基本上只招收英文中学毕业生。[1] 在香港，1912年成立的香港大学是殖民地唯一的大学。它要求所有申请人必须通过严格的英文测试，结果把华文中学毕业生都拒诸门外。[2] 由于在当地社会没有机会升读大学，不少新加坡及香港华文中学毕业生都回中国大陆升学。[3]

战后两地的殖民政府继续采用以英文为主的高等教育政策。新加坡当局在1949年把英皇爱德华七世医学院及莱佛士学院合并，成立马来亚大学（University of Malaya）。[4] 在香港，政府维持香港大学为殖民地唯一的大学。[5] 这政策使华文中学毕业生继续前往中国大陆升读大学。战后政治局势的变化，对新加坡及香港都带来了不良的影响。

1945年9月，英国人回到三年多前被日本人羞辱地打败后被迫离开的新加坡。随后英国人受到当地及国际反殖民运动的冲击，被迫要把新加坡去殖民化（de-colonized）。[6] 为了让新加坡成为独立国家，英国人必须打造以当地为中心的身份认同，以及把几个主要族群

---

1 H.R. Cheeseman, "Education in Malaya 1900–1941," *Malaysia in History*, 22 (1979), pp. 126–137; Singapore's Department of Education, *Annual Report of the Department of Education* (1946).

2 Anthony Sweeting, *Education in Hong Kong, Pre-1841 to 1941, Fact and Opinion* (Hong Kong: Hong Kong University Press, 1990).

3 Saravanan Gopinathan, *Towards a National System of Education in Singapore, 1945–1970* (Singapore: Oxford University Press, 1974); Wong Ting-Hong, *Hegemonies Compared: State Formation and Chinese School Politics in Postwar Singapore and Hong Kong* (London: RoutledgeFalmer, 2002).

4 K.G. Tregonning, "Tertiary Education in Malaya: Policy and Practice 1905–1962," *Journal of the Malayan Branch of the Royal Asiatic Society*, 63(1) (1990), p. 4.

5 Sweeting, *Education in Hong Kong*; B. Mellor, *The Universities of Hong Kong: An Informal History* (Hong Kong: University of Hong Kong Press, 1980).

6 Albert Lau, *The Malayan Union Controversy, 1942–1948* (Singapore: Oxford University Press, 1990); W.R. Louis, *Imperialism at Bay, 1941–1945: The United States and the Decolonization of the British Empire* (Oxford: Clarendon Press, 1977); Nicholas Tarling, *The Fall of Imperial Britain in South-East Asia* (Singapore: Oxford University Press, 1993).

（华人、马来人及印度人）整合成新的国族(nation)。此外，殖民当局亦需要调和华人及马来人的紧张关系。根据英国及马来酋长在19世纪中至20世纪初所签署的条约，马来人被承认是当地唯一的原住民，华人移民是“异类”(aliens)。在二次大战前，华、马二族基本上相安无事，关系还算和谐。然而在新加坡被日本人统治期间，马来人被日本人利用作统治伙伴，执行许多压迫华人的政策，之后华人和马来人便出现敌对状态。[7] 战后，英国人试图在与新加坡毗邻的马来亚半岛授与华人公民资格(citizenship rights)，刺激了马来人反弹并批评英国人拉拢华人对抗马来人，结果使两族关系进一步恶化。[8] 虽然在新加坡马来人只占人口约15%，然而他们对新加坡政府构成重大的压力。由于新加坡是一个没有天然资源的小岛，当时人们都认为它在脱离英国统治后必须与马来半岛——一个马来人占人口最多数及掌握政治权力的地区——合并，[9] 因此新加坡执政者必须小心翼翼的处理与马来人的关系。此外，英国人在战后受到马来亚共产党（简称“马共”）的挑战。马共在1948年发动暴力抗争，目的是打倒英国帝国主义，建立新的马来亚共和国。[10]

---

7 Cheah Boon Kheng, *Red Star over Malaya: Resistance and Social Conflict During and After Japanese Occupation, 1941–1946*, 2nd edition (Singapore: Singapore University Press, 1983); Wong Ting-Hong, "Education and State Formation Reconsidered: Chinese School Identity in Postwar Singapore," *Journal of Historical Sociology*, 16(2) (2003), pp. 237–65.

8 Albert Lau, *The Malayan Union Controversy, 1942–1948*; Wong Ting-Hong and Michael W. Apple, "Rethinking the Education/State Formation Connection: Pedagogic Reform in Singapore, 1945–1965," *Comparative Education Review*, 46(2) (2002), pp. 182–210.

9 Yeo Kim Wah, *Political Development in Singapore, 1945-55* (Singapore: Singapore University Press, 1973); Yeo Kim Wah and Albert Lau, "From Colonialism to Independence, 1945–1965," in Ernest C.T. Chew and Edwin Lee (eds.), *A History of Singapore* (Singapore: Oxford University Press, 1991).

10 Cheah, *Red Star Over Malaya*; Richard Stubbs, *Hearts and Minds in Guerilla Warfare: The Malayan Emergence 1948–1960* (Singapore: Oxford University Press, 1989).

在这背景下，英国人试图切断新加坡华文中学与中国大陆的关系。他们在1949年订下更严格的出入境法律条文，限制年青人到中国升学。[11] 然而这政策刺激华人创办南洋大学，[12] 结果引起马来人的不满，使族群关系进一步恶化。此外，华人创立南洋大学的目的是要保存华人特有的语言文化，这与当局打造新加坡为中心身份认同(identity)的意图相矛盾，因此政府受到压力要压抑南洋大学的发展。

战后香港的政治局势亦使政府面临压力要建立华文大学。1949年中国大陆成为共产主义国家，殖民当局直接受到一个统一的、反帝国主义的共产中国的威胁。倘若香港学生继续返回中国大陆升读大学，他们将会受到共产主义的"污染"，对殖民地的安定构成严重的威胁。其次，国民党在内战失利后撤退到台湾。为了争取香港华人的支持，台北当局极力在港吸收侨生到台湾升读大学。国民党的政策有可能导致更多香港青年人对北京政权怀有敌意，最终危害殖民地与中国大陆的关系。此外，为了防止香港华文中、小学校采用中国或台湾的课程，当局在1950年代积极的建立本地的华文学校课程。[13] 然而，要是政府没有替华文学校学生提供任何升读大学的机会，华校可能缺乏意愿依从殖民当局颁布的课程。这些因素促使政府要考虑成立一所以华语教学的大学。

---

[11] *The Straits Budget* (Singapore), 4 August 1949.

[12] Kwok Kian Woon, "Chinese-educated Intellectuals in Singapore: Marginality, Memory, and Modernity," *Asian Journal of Social Science*, 29(3)(2002), pp. 495–519; Harold E. Wilson, *Social Engineering in Singapore: Educational Policies and Social Change, 1819–1972* (Singapore: Singapore University Press, 1978).

[13] 二次大战前新加坡及香港政府颁布的华文学校课程极为粗糙，两地华校都采用中国政府的官方课程。

新加坡

南洋大学的创办

1953年初，福建会馆——新加坡规模最大的华人会馆——主席陈六使发起要创办一所采用华文教学的大学。陈六使指出自1949年大陆赤化后，本地华文中学学生失去了升读大学的机会，因此创办华文大学对延续华人语文文化极其重要。[14] 新加坡及马来半岛的华人积极响应陈六使的呼吁。福建会馆很快便捐出500亩土地作为大学校地。[15] 数百个华人社团开会通过成立建校筹备委员会。[16] 新加坡及马来半岛的华人热烈地举办各项活动，替华文大学筹募建校经费。[17] 不久，建议把要成立的大学命名为南洋大学，简称“南大”。

华人社会筹办华文大学的行动很快便惹来马来人的反感。马来亚独立党(Independence of Malaya Party)的发言人批评新大学将会制造更多“小北京及小南京”(Little Beijings and Nanjings)，使华人永远没法融入新、马社会。槟城一份马来文报章 (*Warta Negara*) 指责华文大学的建议极度危险。[18] 有部分马来复兴主义者(Malay revivalist)甚至声称一旦华文大学成立，马来人也要创办马来大学。[19]

英国殖民当局亦对华人的举动抱有戒心。新加坡的情报人员指出倘若政府表态支持成立南洋大学，就无异鼓励本地华人效忠北京或台北。[20] 英国人又担心马共利用南洋大学进行颠覆活动。[21] 其后的

---

[14] 《星洲日报》（新加坡），1953年1月18日。
[15] 《星洲日报》（新加坡），1953年2月3日。
[16] 《星洲日报》（新加坡），1953年2月13日。
[17] Wilson, *Social Engineering in Singapore*, p. 148.
[18] *The Straits Budgets* (Singapore), 29 January 1953.
[19] “FM Sav. 642, 11 April 1953,” CO 1022/346.
[20] “Secret Paper: Nan Yang University, Singapore,” CO 1022/346.
[21] *The Straits Budget* (Singapore), 29 January, 1953.

发展证实英国人并非杞人忧天，因为左派的华文中学学生积极的为南洋大学筹募经费。[22]

虽然英国人担忧南洋大学带来的种种问题，然而因为南大受到华人社会全力支持，殖民当局不敢轻言打压。英国人的策略是对南大采取冷漠的态度。他们拒绝南大立案成为大学的申请。其后，英国人在华人强大压力下才勉强同意让南大以私人公司的名义立案。此外，殖民地当局拒绝给与南大财政补助，以及不承认南大颁发的文凭。[23] 英国人对南大的冷漠态度使华人更深信殖民政府歧视华人文化。

其后的发展使殖民地政府更认定南大不利于新加坡的族群融合。1955年南大首次举行招收预备班学生考试。在605名考生中，只有四名是非华裔。[24] 这数字显示南大将会是一所种族区隔（racially segregated）的学府。此外，南大第一批招聘的教员大都是中国出生，长期在中国任教的学者。他们几乎完全没有从事过关于新加坡、马来亚及东南亚的研究。[25] 这些教授来新加坡后大概会教导学生以华人及中国为中心的世界观，有碍建立统一的新加坡国族身份。更使英国人担心的是南大的第一批学生，包括许多左倾分子，他们进入南大后积极组织学生活动及与外地的共产组织建立联系。[26]

---

22 《新报》（新加坡），1953年12月26及31日，1954年1月7日及3月6日。

23 Ong Teck Hui, "Nanyang University 1956–1968: The Question of Official Recognition," B.A. Thesis (University of Singapore, History Department, 1983/84), p. 3; Wilson, *Social Engineering in Singapore.*

24 *The Straits Budget* (Singapore), 10 March 1955.

25 《南洋大学创校史》（新加坡：南洋文化出版社），页189–191。

26 Government of the Federation of Malaysia, *Communism in the Nanyang University* (1964), pp. 5, 14–15; Lee Ting Hui, *The Open United Front: The Communist Struggle in Singapore, 1954–1966* (Singapore, South Seas Society, 1996).

去殖民地化及矛盾

1950年代中期，新加坡因去殖民地化而出现的一系列政治转变导致族群关系进一步复杂化，结果使执政当局在处理两大问题时陷入更深的矛盾。1954年，英国人接受了兰杜报告书(*Rendel Report*)的建议，决定在1955年以普选方式选出有广泛代表性的立法议会及部长式的政府。[27] 殖民当局又推出选民的自动登记制度，结果使华人在选举名册所占的人数比例大幅增加。[28] 因为这些转变，所有欲竞逐权力的政党都必须争取华人支持，避免被贴上“反南大”的标签。

1955年，劳工阵线（简称“劳阵”）意外地在只取得26%选票的情况下赢得大选的胜利。[29] 劳阵上台后积极争取华人的支持。它们在1958年10月宣布资助南大84万新加坡元。[30] 翌年3月，劳阵通过“南洋大学条例”(Nanyang University Ordinance)，在法律上承认南大是一所大学。[31] 然而，劳阵的做法只是为了争取华人在1959年大选的选票，它们仍不愿意承认南大颁发的文凭。面对华人

---

27 Yeo and Lau, “From Colonialism to Independence, 1945–1965.”

28 Yeo, *Political Development in Singapore, 1945–55*, pp. 256 & 259.

1955年前，新加坡立法议会只有少数议席由选举产生。当时政府采用选民自愿登记制度，合乎资格的选民必须先到政府部门办理登记，名字才会出现在选民名册上。由于华人们对当地政治不热衷，结果印度人在选民名册中占了大多数——虽然他们只占新加坡人口的10%左右。选民自动登记制度实行后，所有合乎选民资格人士的名字自动被登记成选民，选民名册也较能反映各族群在整体人口的比例。Yeo, *Political Development in Singapore*, 1945–55, p. 255; Yeo and Lau, “From Colonialism to Independence, 1945–1965,” p. 123.

29 劳工阵线获胜的主要原因是：（一）传统的亲英政党，例如进步党(Progressive Party)，缺乏华人群众的支持；（二）新近成立的人民行动党只推出四位参选人；（三）进步党及民主党(Democratic Party)分裂了保守派阵营的选票。Yeo and Lau, “From Colonialism to Independence, 1945–1965,” pp. 132–133.

30 《星洲日报》（新加坡），1958年10月31日

31 《星洲日报》（新加坡），1959年3月5日。

的压力，劳阵政府采取拖延战术，成立了白里斯葛委员会(Prescott Commission)，来检讨承认南大学历的可能性。[32]

1950年代后期的政治发展赋予新加坡华人更大的政治影响力。新修订后的大选法律条文限定1959年大选将以强制性投票(compulsory voting)的方式选出新的政府。在之前两年，新加坡通过新的公民条例，给予几乎所有华人公民资格。[33] 这些改变无异强制所有华人在1959年大选都要投票，迫使所有参加选举的政党要更积极地争取华人支持。

1959年人民行动党赢得大选胜利，成为新加坡的执政党。从当年开始，新加坡亦成为内部自治国家。除了外交、国防及内部安全等事务还由英国人负责外，以李光耀为首的人民行动党掌握新加坡的内政。人民行动党政府上台后马上在南大问题上遇上矛盾。为了巩固华人的支持，政府宣布在1960年拨款60万作为南大学生的奖学金，[34] 又答应聘用70名南大毕业生为公务员。[35] 到了1961年，执政当局面对更重大的压力要在南大问题上妥协，因为当时党内一群华校出身、思想左倾、深受华人群众支持的领袖（例如林清祥及方水双等）出走，成立社会主义阵线（Barisan Socials, 简称“社阵”）。[36] 其后人民行动党在立法议会中不断被左派（社阵）及右派（例如新加坡人民联盟）批评歧视华文教育。[37] 这些压力迫使执者当局要对南大采取更为友善的态度。

然而，来自马来人的压力却要求政府以强硬手段对付南大。新加坡在成为内部自治国家后，人们都认为下一步是完全脱离英国，与对岸的马来半岛（从1948年开始被称为“马来亚联邦”）合并。

---

32 Ong, “Nanyang University 1956–1968,” pp. 3–16.

33 Ibid., pp. 61–63.

34 《星洲日报》（新加坡），1959年6月2日及1960年7月23日。

35 *Malayan Fortnightly Summary*, 29/10/1959-9/11/1959, DO 35/8194.

36 Yeo and Lau, “From Colonialism to Independence, 1945–1965.”

37 Wong, *Hegemonies Compared.*

为了要吉隆坡相信新加坡并非华人沙文主义大本营，李光耀必须淡化岛内的华人文化色彩。南大——一所以发扬华人特有文化传统为使命的大学——与当局的意图相冲突。此外，因为左派学生的渗透，南大成为反对政府的大本营。这些因素促使政府决定要整顿南大。

人民行动党在1959年大选获胜后不久便成立魏雅聆委员会，检讨《白里斯葛报告书》(*Prescott Report*)及提出改革南洋大学的建议。[38] 如上文所述，白里斯葛委员会是劳阵政府委派以检讨南大学历问题的。该委员会的报告指出南大缺乏作为一所大学的大部分条件，建议新加坡政府不要承认南大颁发的文凭。[39] 1960年2月《魏雅聆报告书》出炉，建议成立一个成员包括政府及大学代表的临时委员会，以取代现有的南大管理当局。[40] 南洋大学拒绝接受这项建议。[41] 其后，改革南大一事呈胶着状态。

南大的改组

1963年新加坡大选所发生的事件促使人民行动党采取更强硬的手段对付南大。社阵——李光耀的主要对手——推出了46名候选人，其中十名是南大毕业生。[42] 在竞选期间南大的创办人陈六使及学生积极的替社阵助选。[43] 陈六使更公开批评新加坡政府歧视华文教育，呼吁人们投票让更多的南大校友当选，好让华文教育重现生

[38] 《星洲日报》（新加坡），1959年7月24日。

[39] *Report of Nanyang University Commission* (Singapore: Government Printer Office, 1959), p. 27.

[40] 《星洲日报》（新加坡），1960年2月10日。

[41] 《星洲日报》（新加坡），1960年4月14日。

[42] 《星洲日报》（新加坡），1963年9月13日。

[43] Lee Kah-chuen, "The 1963 Singapore General Election" (University of Singapore, History Department, BA Honors Thesis, 1976), pp. 35, 49–50; Albert Lau, *A Moment of Anguish: Singapore in Malaysia and the Politics of Disengagement* (Singapore: Times Academic Press, 1998), p. 38.

机。[44] 陈六使的做法触怒了李光耀，因为他一直努力试图消除吉隆坡认为新加坡是华人沙文主义大本营的疑虑。更使人民行动党担心的是，陈六使的呼吁受到华人社会的响应。即使李光耀用尽一切方法打击对手（包括在大选前九天才突然宣布选举，让对手无法充分准备，以及在选举前拘捕最有群众魅力的左派参选人），社阵仍取得32.9% 的选票，拿下了立法议会51个议席的其中13个。[45]

人民行动党在选举结束后马上着手清除阻碍南大改革的"顽固分子"。他们首先褫夺陈六使的公民资格，理由是陈在选举期间与共党分子串谋挑拨种族矛盾。[46] 其后，陈六使被迫辞退南洋大学主席的位置。[47] 当局又对南大展开搜查，逮捕左派学生及校友。为了避免公众的激烈反弹，政府宣称他们的行动是针对反国家的颠覆分子，而不是南洋大学。[48]

人民行动党同时呼吁南大当局与政府重开谈判，商讨改革南大。他们承诺一旦改革完成，南洋大学所获的资助将会与新加坡大学相等，[49] 南大学历也会在整个马来西亚得到承认。[50] 南大很快便答应与政府谈判。翌年4月，双方达成协议成立新的理事会接管南大。政府重申南大改革后将维持以华语教学。[51] 南洋大学学生发动抗议行动反对政府干预大学自主权。为了平息华人社会的不满，当局允诺拨款南大100万元添置书籍及科学实验仪器，以及补助持有新加坡公民身份的南洋大学学生的学费。[52]

---

44 《星洲日报》（新加坡），1963年9月19日。

45 Lau, *A Moment of Anguish*; Lee, "The 1963 Singapore General Election," pp. 20–22.

46 《星洲日报》（新加坡），1963年9月23日。

47 *The Straits Budget* (Singapore), 20 October 1963.

48 《星洲日报》（新加坡），1963年9月27日。

49 新加坡大学以英语教学，它是在1962年由马来亚大学新加坡校区转变而成的。

50 《星洲日报》（新加坡），1963年9月24及25日

51 《星洲日报》（新加坡），1964年6月6日。

52 *The Straits Budget* (Singapore), 24 June 1964.

新的南洋大学理事会在1964年7月成立。[53] 虽然南大委派的代表仍在理事会中占大多数，然而他们个性较之前的代表温和，对政府的改革并不构成重大的阻碍。[54] 人民行动党在同月采取行动开除101名南大学生及解雇75名教职员。[55] 南大校方又解散学生会，设立严厉的法规限制学生活动。[56] 这些行动清除了进一步改革南大的阻力。

南大的消亡

人民行动党在1964年派出候选人参与马来西亚联邦大选。此一举动破坏了之前新加坡与吉隆坡领导人彼此不插足参与对方领域选举的君子协定，又暴露了李光耀有意问鼎联邦政府的野心，结果触怒了马来民族主义者，导致同年7月及9月在新加坡两次严重的华人及马来人冲突。两次暴动共有36人丧生。其后新加坡及吉隆坡不断地发生摩擦，终于两地关系破裂，新加坡于1965年8月退出马来西亚。[57]

1965年后因种族关系衍生的矛盾继续影响人民行动党的南大政策。为了争取占人口75%华人的支持，新加坡执政当局比以前更慷慨地拨款资助南大，并改善南洋大学教职员的待遇，使他们的薪资与新加坡大学看齐。[58] 政府又在1968年正式承认南洋大学学历。[59] 然而，来自族群政治的压力也迫使人民行动党压抑南大的发展。在

---

[53] 《星洲日报》（新加坡），1964年7月21日。

[54] Ong, "Nanyang University 1956–1968," p. 53.

[55] 《阵线报》（新加坡），1964年7月18日；*The Straits Budget* (Singapore), 22 July 1964.

[56] 《阵线报》（新加坡），1965年3月3日、20日及27日；*The Straits Budget* (Singapore), 19 August 1964.

[57] Lau, *A Moment of Anguish*.

[58] 《星洲日报》（新加坡），1965年12月18及23日。

[59] Ong, "Nanyang University 1956–1968," pp. 51–56.

突然又无奈的情况下变成一个独立国家后，新加坡政府急需把岛内几个族群整合成新国族，建立共同的新加坡意识。此外，作为一个脆弱的小国，左右被两个回教大国（马来西亚及印度尼西亚）所包围，政府面对强大压力要淡化岛内的华人文化色彩。[60] 这些因素使人民行动党决意要对南大实行去华化(de-sinicization)。

新加坡政府在1965年9月接受了《王赓武报告书》的建议。王赓武当时是马来亚大学历史系教授，他被委任检讨南洋大学的学术水平及课程。[61] 报告书指出南大只录取华文中学毕业生，缺乏服务多元族群社会的意图。[62] 它建议南洋大学纠正过度以中国及华人为中心的倾向，提升学生英语及马来语的能力，并且成立马来研究学系。[63] 报告书又敦促南大的课程要把华人文化及语言重新放置在新加坡及马来西亚的脉络。[64]

到了1970年代，新加坡政府进一步把南大去华化。1974年，政府成立了南洋大学与新加坡大学的联合招生制度。新的政策让华文中学毕业生在申请大学时可自由选择以南大或新加坡大学为第一志愿。结果愈来愈多华校生选择新加坡大学：在1975年有29%；到了1977年有58%。这使原本已因华校生人数锐减而面临收生不足的南大受到进一步的打击。[65] 南洋大学当局察觉不能再单靠华文中学提

---

60 Chan Heng Chee, *Singapore: The Politics of Survival, 1965–1967* (Singapore: Oxford University Press, 1971); Michael Leifer, *Singapore's Foreign Policy: Coping with Vulnerability* (London: Routledge, 2000).

61 *The Straits Budget* (Singapore), 22 September 1965.

62 *Report of the Nanyang University Curriculum Review Committee* (Singapore: Nanyang University, 1965), p. 1.

63 *Report of the Nanyang University Curriculum Review Committee*, pp. 2, 25 & 35.

64 *Report of the Nanyang University Curriculum Review Committee*, p. 14.

65 在1966年新加坡有33%的小学新生入读华文学校；但到了1976年比率降至14%（资料来源：BW 90/1595）。

供新生，因此在1975年改用英语教学。[66] 到了1977年，政府成立新加坡大学及南洋大学的联合委员会策划两所大学的共同课程及考试。[67] 一年后，政府推出两所大学的联合校园计划。从1978年开始，所有入读南大的学生都被安排到新加坡大学武吉知马(Bukit Timah)校园与新加坡大学学生一起上课。新的共同课程以英语教学。南大发言人宣称联合校园计划把南大学生放置在使用英语的学习环境，有助改善他们的英语水平及未来的就业机会。[68] 到了1980年，人民行动党把新加坡大学及南洋大学"合并"，成立以英语教学的国立新加坡大学。南洋大学宣告消失。

香港

在1949年中国共产党赢取内战的胜利后，香港教育署的政治保安科(Special Branch)马上建议殖民地政府设置华文大学，以围堵共产党的渗透。[69] 到了1950年代初期，中国大陆及台湾的大学积极在香港争取学生，殖民当局更迫切的感到需要在本地提供华文大学教育，以对抗两个敌对中国政府的统战攻势。此外，香港政府在1950年代设置华文中、小学校课程，目的是杜绝本地华文学校采用大陆或台湾的课程。[70] 然而，要是当局没法替华校学生提供适当的高等教育机会，本地华文学校采用殖民地课程的意愿便会大大地降低。香港政府在处理华文大学问题时较新加坡政府有较大的自

[66] Eugene K.B. Tan, "Reconceptualizing Chinese Identity: The Politics of Chineseness in Singapore," in Leo Suryadinata (ed.), *Ethnic Chinese in Singapore and Malaysia* (Singapore: Times Academic Press, 2002), p. 114

[67] *The Straits Budget* (Singapore), 14 September 1977.

[68] *The Chronicle, Nanyang University Newsletter* (May 1978), BW 90/1595.

[69] "Report of the Special Bureau, Education Department, Hong Kong, Period Covered: 1 September 1949 to 31 January 1950," CO 1045/95.

[70] Anthony Sweeting, *A Phoenix Transformed: The Reconstruction of Education in Post-War Hong Kong* (Hong Kong: Oxford University Press, 1993), pp. 176–191; Wong, *Hegemonies Compared*, pp. 212–217.

由度，因为香港基本上是单一族群的社会，政府没有受到其它族群的压力。然而，英国人还是要经过几番转折后才找到提供华文高等教育的具体政策。

《贾士域报告书》

1951年10月，香港政府成立了贾士域委员会(Keswick Committee)评估殖民地高等教育的需求。[71] 委员会对设立华文大学一事抱同情的态度，它指出在香港就读华文中学的学生人数超过了英文中学。贾士域委员会认为，香港是一个中西文化交汇的城市，它的教育体系不应缺乏以中文教学的大学课程。[72] 为了弥补这缺陷，委员会建议在香港大学开设中文部提供文科、商科及理科大学学位课程。[73] 贾士域委员会否决开办一所华文大学的建议，因为所需经费过于庞大，而且独立的华文大学容易培养出狭隘的政治立场。委员会又建议香港大学中文部根据香港中文中学会考的成绩收生，第一批新生人数共700人。[74] 其后，行政局(Executive Council)——殖民地政府的最高决策部门——通过了这份报告书。[75]

然而，根据香港大学的法规，《贾士域报告书》的建议必须得到大学评议会(senate)及委员会(council)通过，才能成为大学的政策。[76]

---

71 *Report of the Committee on Higher Education in Hong Kong* (Hong Kong: The Government Printer, 1952), p. 1.

72 Ibid., pp. 4 & 17.

73 Ibid., p. 25.

74 *South China Morning Post* (Hong Kong), 3 May 1952.

75 "Memorandum to the Executive Council, 16 May 1952," HKRS 41, D&S 1/7283.

76 香港大学根据英国大学的制度设立评议会及委员会。评议会负责大学的学术事务，成员主要是大学资深教研人员。委员会负责大学财政及其它重要的行政事务，成员来自大学、政府及社会各界。英国设立此制度是为了要保障大学的自主权。Eric Ashby, *African Universities and Western Tradition* (London, Oxford University Press, 1964).

因此，一名政府高层官员在1952年5月接触香港大学校长怀德(Lindsay Y. Ride)，询问大学是否愿意执行贾士域委员会的建议。[77] 大约两星期后，大学评议会以一票之差通过设立以中文教学的文、商及理学院课程。[78] 然而，大学的委员会在数星期后推翻了评议会的决议，理由是“大学目前的发展计划尚未完成，不宜开展新的发展方案”。[79]

为了迫使香港大学配合，殖民地政府于同年9月把《贾士域报告书》呈交立法局——殖民地最高的立法部门——讨论，企图引起公众对事件的注意。差不多在同一时间，教育委员会(Board of Education)——殖民地最主要的教育咨询部门——决议通过要求香港大学就开设使用中文的大学课程一事表明立场。[80] 然而香港大学坚决不屈服于外间的压力。[81]

正当香港政府无法执行《贾士域报告书》建议之际，北京及台北在港招募侨生的行动取得重大进展。根据亲北京报章报导，1954年共有650名香港学生到广州参加华南地区大学的入学考试。[82] 同年，据报有327名香港学生前往台湾升读大学。[83] 北京及台北的侨生政策使殖民地政府受到困扰。首先，因为中国大陆及台湾的大学都没有把香港中文中学会考成绩列为入学标准，殖民地华文中学会漠视香港政府颁布的课程。其次，两个中国的政策间接地鼓励香港

[77] “Memorandum to the Executive Council,16 May 1952,” HKRS 41, D&S 1/7283.
[78] “Ride to the Colonial Secretary, 4 June 1952,” HKRS 41, D&S 1/7283.
[79] “Ride to the Colonial Secretary, 22 July 1952,” HKRS 41, D&S 1/7283.
[80] “Crozier to the Colonial Secretary, 25 October 1952,” HKRS 41, D&S 1/7283.
[81] “Memorandum on the Proposed Chinese Courses, tabled by L. T. Ride, the Vice-Chancellor of HKU, on a meeting held in the Colonial Secretariat, 28 January 1953,” HKRS 41, D&S 1/7283.
[82] 《文汇报》（香港），1954年7月6日。
[83] 《百年树人：毕业侨生动态（三）》（台北：华侨出版社，1967），页126。当年参加殖民地政府举办的中文中学会考考生只有1312人。Hong Kong Education Department, *Annual Report* (1954–1955), p. 54.

亲中共及亲国民党学校继续采用北京及台北颁布的课程及杯葛殖民政府举办的考试。虽然这类学校的数目并不算多，[84] 然而它们传播危害殖民地安定的意识形态，香港政府绝对不能对它们掉以轻心。此外，许多到大陆及台湾升学的学生都在“祖国”接受政治灌输甚至军事训练。[85] 他们毕业后返回香港，可能对殖民地的安定构成威胁。最后，因为北京及台北表现得远较香港政府积极于替华文中学学生解决升大学的问题，两个中国政府的侨生政策间接地打击了殖民当局的威信。

面对这些挑战，香港政府拒绝承认大陆及台湾大学颁发的学历。然而，这消极的防御性手法不足以对抗两个中国政府的攻势。殖民地政府急需寻找其它策略提供采用华文的高等教育。英国人发现私立的中文专上学院有助解决这困难。

私立中文专上学院

私立中文专上学院从1930年代开始在香港蓬勃发展。当时因为中日战争引起的动荡，许多华南地区的私立学院迁移到香港。二次大战后，中国内战促使更多的学院南迁。然而，香港殖民地政府一直拒绝承认它们的学历。到了1940年代末期，有部分私立中文专上学院呈现左倾的状况。殖民当局当机立断的对它们加以取缔。英国

[84] 在1950年代中期，香港中、小学就学人数约250,000。同时间大约有10,000至12,000学生（约4–5%）就读于亲北京的学校。G. Catron, “China and Hong Kong, 1945–1967,” Ph.D. dissertation (Harvard University, 1971), p. 147.

此外，在1950年代后期就读于调景岭——香港的国民党大本营——九所学校的人数是4560人。在调景岭外有为数更多的亲台湾学校，然而它们的政治立场较温和，也较愿意配合香港政府的课程政策。Wong, *Hegemonies Compared*, pp. 218–219.

[85] “Walker, Foreign Office, to Harris, Colonial Office, 6 December 1954,” FO 371/110298.

人在1949年关闭了替中国共产党培训干部的达德学院；[86] 两年后把左派的南方学院封校。[87] 香港政府的行动清除了左派在中文专上学院的影响力。此外，1949年后大部分新的中文学院都是由从大陆到港逃避共产统治的文化界人士所成立的。[88] 这些因素导致香港的中文专上学院都带有反共的色彩。

香港政府在1954年向崇基学院提供一块位于沙田马料水的土地作校地，同时又给与该校贷款港币100万元。[89] 崇基学院在1951年由中国基督教书院联合会(United Board for China Christian College)、岭南大学托管协会(Trustees of Lingnam University)及另外几个西方基督教传教组织在香港成立。这些组织早年在中国办大学，它们在1949年左右被迫离开大陆后，希望能在接近中国的地区延续基督教高等教育的传统。[90] 殖民地政府又支持新亚书院的发展。新亚是在1940年代末期由一批流亡到香港的新儒家学者创办的。虽然该学院有支持台湾国民党政府的倾向，英国人还是向它提供了一块位于九龙农圃道的土地。[91] 英国人认为中文院校有助于解决华文中学学生升

---

86 戈云〈从香港达德学院始末看殖民地教育的自由空间〉，《传记文学》，72.3（1998），页97–106；卢玮銮〈达德学院的历史及其影响〉，《香港文学》，33（1987），页29–37。

87 《文汇报》（香港），1951年3月15日及16日。

88 J.F. Cramer, "The Chinese Colleges in Hong Kong," *Comparative Education Review*, 3(1)(1959), pp. 26–29; C.Y. To, "The Development of Higher Education in Hong Kong," *Comparative Education Review*, 9(1)(1965), pp. 74–80.

89 《华侨日报》（香港），1954年11月12日。

90 Jessie Geregory Lutz, *China and the Christian Colleges, 1850-1950* (Ithaca: Cornell University Press, 1971).

91 《华侨日报》（香港），1954年11月12日。

战后香港政府尽量希望保持中立，不偏向共党或国民党。然而在冷战的背景下，英国人视共产党为主要敌人，他们有时会稍微靠拢亲台湾的势力。见S. Tsang, "Strategy for Survival: The Cold War and Hong Kong's Policy towards Kuomintang and Chinese Communist Activites in the 1950s," *The Journal of Imperial and Commonwealth History*, 25(2) (1997), pp. 294–317.

学的问题，他们甚至考虑把这些院校与香港大学或伦敦大学挂勾，成为大学书院(university college)。[92]

此外，中文专上院校还得到西方一些带有反共色彩的组织，例如雅礼在中国(Yale-in-China)、亚洲基金会(Asia Foundation)、孟氏基金会(Mencius Foundation)及基督教青年会(Young Men's Christian Association)等的支持。[93] 殖民政府及西方组织的帮助使这些书院学生人数稳定地成长：在1952年，香港私立中文院校学生共有591人；[94] 但五年后，七所院校的学生人数达2313人。[95] 此外，来自殖民政府及其它团体的支持亦帮助这些学府提升教育的品质及控制学费的增幅。私立中文大专院校在一定程度上减低了到中国及台湾升读大学的吸引力。

然而，香港政府不能单靠私立中文院校瓦解来自大陆及台湾的攻势。由于殖民地当局没有承认崇基及新亚等学府的学历为大学毕业资格，私立中文院校并不能满足有企图心的华文中学毕业生。此外，从1950年代中期开始，这些院校愈来愈受到台湾的影响。如上

92 "Report of the Ad hoc Committee on the Establishment of Chung Chi College, Paper Circulated in the Executive Council of Hong Kong, July 1954," CO 1030/179. "Report of the Sixth Annual Conference of Director of Education and Senior Education Officers Held in the Office of the Commissioner-General for Southeast Asia, Singapore, on 5th–7th September 1955," CO 1030/47. 在英国，大学书院负责教学，大学负责颁发大学学位。大学书院毕业生修业期满后，必须通过大学举办的考试方可获得大学毕业的学历。英国的伦敦大学就是采用这种模式。其后因为伦敦不愿意把颁发大学学位的权力轻易下放至各殖民地，英国人在帝国各处设立许多大学书院，学生修业期满后参加伦敦大学的毕业考试取得大学文凭。关于英国大学书院制度及其在殖民地的运作，可参阅A.M. Carr-Saunders, *New Universities Overseas* (London: George Allen and Unwin, 1961); Appollos O. Nwauwa, *Imperialism, Academe and Nationalism: Britain and University Education for Africans, 1860–1960* (London: Frank Cass., 1997).

93 Wong, *Hegemonies Compared*, p. 226.

94 *Report of the Committee on Higher Education in Hong Kong* (Hong Kong: The Government Printer, 1952), p. 61.

95 "Report on Hong Kong Private School Post-Secondary Institutions by Dr. D. L. Chien, Advisor on Post-Secondary Education, 24 May 1957," CO 1030/571.

文所述，新亚书院一直与台湾政府维持紧密的联系——创办人钱穆曾在国民党政府担任高职，[96] 新亚一直接受台湾的财政补助，悬挂中华民国国旗，又订定10月10日（中华民国的国庆节）为校庆纪念日。[97] 1955年，台湾宣布承认九所香港私立中文学院的联合招生考试。[98] 从当年开始，在该考试取得合格资格的考生都可申请入读台湾的大学。[99] 台湾教育部又承认部分香港中文专上学院——例如新亚及珠海（一所极度偏向国民党的学府）——的文凭为大学学历。[100] 这些发展趋势容易激怒北京政府。为了瓦解这些危机，政府须对中文专上学院加以改造。

香港中文大学的成立

1957年，三所主要的私立中文专上院校——崇基、新亚及联合[101]——组成中文专上院校联会(Chinese Colleges Joint Council)，游说政府给与进一步的承认及设立中文大学。[102] 殖民地政府掌管教育事务的官员对此要求表示支持。教育署署长高诗雅(D.J.S. Crozier)认为华文大学确实有必要成立。他敦促政府应该趁着中文院校与当局关系良好，早日设立华文大学，因为拖延的结果可能激起强烈的民族及政治情感(national and political feelings)，导致难以收拾的局面。[103]

96 "Note: Chinese Post-Secondary Colleges in Hong Kong, Attached in a Letter from Burgess to Wallace, 1 April 1960," CO 1030/1093.

97 "Burgess, the Hong Kong government, to Wallace, the Colonial Office, 22 February 1960," CO 1030/1093.

98 这考试科目包括〈三民主义〉。

99 《华侨日报》（香港），1955年7月14日

100 "The Post-Secondary College of Hong Kong, Crozier, Director of Education, 26 May 1957," CO 1030/571.

101 联合书院是在1956年间由五所规模较小的书院合并而成。

102 《华侨日报》（香港），1958年4月23日及1959年6月3日

103 "The Post-Secondary College of Hong Kong, Crozier, Director of Education," 26 May 1957, CO 1030/571.

高诗雅的意见得到伦敦殖民地官员的应和。殖民地海外大学联合会（Inter-University Council for higher Education Overseas）副主席卡桑达士（Alexander Carr-Saunders）肯定香港华人要求成立华文大学的要求是合理、不可拒绝的。[104] 觉斯（Christopher Cox）——国务大臣的首席殖民地教育事务顾问（Advisor on Education to the Secretary of State for the Colony）——赞同卡桑达士的观点。他建议把私立中文专上学院跟香港大学挂勾，使前者的学生可以通过参加后者举办的毕业考试取得大学毕业资格。要是这计划行不通，觉斯建议在香港成立独立的华文大学。[105]

殖民地政府很快便放弃了第一个选择。1958年2月，觉斯访问香港，强烈感到要求香港大学作大幅度的调整接受私立中文学院的想法是不切实际的。此外，他认为私立中文院校经过了过去几年的发展后也难以"寄居"在香港大学的屋檐之下。[106] 数月后，负责殖民地教育的官员得悉北京政府准备在广州重开暨南大学——一所专门以侨生为对象的大学。这刺激英国人决定要加快步伐在香港成立华文大学。[107]

在1959年年中，教育署长高诗雅透露经过与中文专上院校联会详细的讨论后，政府决定成立华文大学。高氏表示政府将会首先设立"专上书院法案"（Post-Secondary College Ordinance），然后把数所具有相当水平的私立中文院校的立案从原来的"教育条例"（Education Ordinance）转移到新的法案。[108] 政府将会对这些院校提供

---

104 "The Governor of Hong Kong to the Secretary of State for the Colonies, 7 February 1959," BW 90/556.

105 "Cox to Crozier, 5 July 1957," CO 1030/571.

106 "Cox to Wallace," 4 February 1958, CO1030/571.

107 "Minute, Meeting on 3 July 1958 Among Cox, Crozier, Wallace, and Farrer," CO 1030/571.

108 〈教育条例〉是管理中、小学教育的法律条文。殖民地政府之前因为不承认私立中文专上院校是大学，所以要它们根据〈教育条例〉立案。新的〈专上书院法案〉肯定了部分中文专上院校的特殊身份。

财政补助，并提出改善学校素质的具体建议。到了适当时候，政府会成立委员会评估这些院校的水平，以决定是否承认它们已达到大学程度。高诗雅又透露伦敦的殖民地部(Colonial Office)已通过了这计划。[109] 在1959至1960财政年度，殖民当局设立新的资助私立中文专上院校条例。新的规定要求接受补助的院校必须举办统一的入学及毕业考试。[110] 崇基、新亚及联合是新资助条例的受益者，它们在1960–1961年度共得到政府300万港元的财政支持；翌年，补助金额上升到港币450万元。[111]

殖民政府的政策使它有更大权力影响中文院校的发展。1960年8月，高诗雅警告要新亚书院停止悬挂国民党的旗帜，否则政府将停止财政资助，甚至不再考虑让新亚成为未来成立的华文大学一份子。其后，新亚书院拿下国民党党旗，又把校庆纪念日从双十改为孔子诞辰日。[112] 香港政府又委派大量官方人士进入掌管三所院校共同招生及毕业考试的委员会。[113] 这些政策拉远了三所院校与台湾的距离。

伦敦对香港政府成立华文大学一事极力支持。1961年，英国国内有人质疑没有采用英语教学的大学能否达到英联邦(Commonwealth)大学的水平。殖民地海外大学联合会秘书麦士雅(I.C.K. Maxwell)提出反驳。他指出加拿大魁北克省的拉维尔大学(Laval University)采用法语教学，水平得到国际的认可。麦士雅明确表示只要香港的华文大学采用西方大学的组织方式，它要保留多

---

[109] *Report of the Fulton Commission* (Hong Kong Government Printer, 1963), pp. 1–2;《华侨日报》（香港），1959年6月3日

[110] Hong Kong Education Department, *Annual Report* (1959–60), p. 5.

[111] Hong Kong Education Department, *Annual Report* (1961–62), p. 2; Hong Kong Government Printer, *Triennial Survey, Education Department* (1958–61), p. 12.

[112] "Crozier to Burgh, 7 November 1960," CO 1030/1093; "Maby to MacLehose," 9 January 1960, FO 371/150398.

[113] Hong Kong Education Department, *Annual Report* (1961–62), p. 5.

少中华文化也可以。麦氏指出香港的华文大学毕业生将会受到世界各国的欢迎，因为中国的影响力将愈来愈强大，各国都需要以华文接受大学教育，了解中国语言及文化，但政治上却不倾向北京或台湾的人才。[114]

1962年5月香港政府委任以英国塞撒斯大学(University of Sussex)校长富尔敦(John S. Fulton)为首的委员会评估香港应否成立第二所大学。[115] 其后该委员会到香港访视崇基、新亚及联合三书院。[116] 1963年4月，富尔敦委员会呈交报告书，建议政府在1963年9月前把三所书院合并成立联邦式(federal-style)的华文大学。[117] 殖民政府在一个月后接受了这建议，新的大学在同年成立，命名为“香港中文大学”（简称“中大”）。[118]

中文大学与殖民统治

中大的成立象征着殖民政府对殖民地子民的让步。通过设置采用华文的大学，殖民者巩固了对华人的统治。首先，中文大学的成立让政府可以更有效的控制华文中、小学校的教学活动。在1964年12月，中大的发言人表示参加中文大学入学考试的考生必须在政府举办的香港中文中学会考或英文中学会考取得合格资格。[119] 此外，政府又设置一年制的中文中学预科课程(Chinese Sixth form)，让有意申请中大的学生准备入学考试。殖民当局通过慷慨的财政补助鼓励私立的华文中学开办中文预科，又设立助学金帮助家境清贫

114 “Maxwell to Burgh, 23 September 1961,” CO 1030/1094.

115 《华侨日报》（香港），1962年5月10日。

116 *Report of the Fulton Commission* (Hong Kong Government Printer, 1963), pp. 5–6.

117 *South China Morning Post* (Hong Kong), 25 April 1963.

118 *South China Morning Post* (Hong Kong), 14 June 1963.

119 《华侨日报》（香港），1964年12月16日。

的学生就读这课程。[120] 这些政策使更多华文中学依从殖民地的官方课程。

1963年11月，中大校长李卓敏证实中文大学的文凭将获得政府的承认。他透露所有中文大学的合格毕业生都有资格申请要求英联邦大学毕业资格的公务员职位。[121] 翌年7月，政府宣布在中、小学担任教职的中大毕业生薪酬将与香港大学毕业生相等。[122] 也许是受到这些政策的刺激，报考中大的人数从1963年的1828人增加至1965年的4045人。[123] 这些政策进一步减低了学生到中国大陆或台湾升读大学的吸引力，又使与政府为敌者难以攻击殖民当局歧视华文语言及教育。

香港的亲北京及亲台北学校在中文大学成立后处于进退维谷的境况。要是它们继续漠视殖民政府颁布的课程，它们会进一步的边缘化，甚至灭亡。要是它们作出调整，教授殖民地的“官方知识”，它们将有更大的生存空间，然而代价却是牺牲了原来的政治目的。在调景岭的亲国民党学校屈服于新形势。鸣远中学于1965年在香港教育司署立案，该校的毕业生其后可以参加香港中文中学会考。[124] 调景岭中学——另一所亲台学校——于1966年在香港教育司署立案，三年后该校学生首次参加香港中文中学会考。十年后的1979年，调景岭中学干脆开办中文预科。[125] 这些转变无可避免地淡化了亲台学校极端的国族主义及反共色彩。

面对中文大学成立的冲击，有部分亲北京学校负隅顽抗，例如在1970年代末期之前仍然拒绝参加香港中文中学会考的香岛中

120 《华侨日报》（香港），1964年10月24日，1965年2月1日，6月30日，及7月4日；Wong, *Hegemonies Compared*, pp. 229–30.

121 *South China Morning Post* (Hong Kong), 8 November 1963.

122 《华侨日报》（香港），1964年7月22日。

123 《华侨日报》（香港），1963年9月4日及1965年6月21日。

124 鸣远中学《鸣远青年四十周年校庆特刊》（香港，1990），页1。

125 调景岭中学《岭中三十五年》（香港，1985），页7。

学。但有些左派学校很快便调整了对殖民地官方课程的态度。比方说，培侨中学参加殖民政府举办的中文中学会考。该校校长吴康民辩称只要学校没有把会考作为教育的唯一目的，参加会考是无可厚非的。吴氏又强调培侨给与学生选择的自由，要是学生不愿意参加会考，校方绝不勉强。培侨中学又在1965年设立中文预科。面对外间的质疑，校长吴康民辩称除了替学生准备中文大学入学考试外，该校的预科课程会致力“巩固学生在中学阶段所学习的基本知识”，“增加学生中、英双语能力”，及“准备未来就业”。[126] 然而，无论如何，中文大学的成立明显促使亲北京的学校转向教导殖民地政府的官方课程。

结语

本文比较二次大战后新加坡及香港的华文大学政策。它主要的目的是要证明族群背景的差异是导致两地政府对华文大学采取不同手段的重要因素。战后新加坡经历了去殖民化，为了建立新的国族身份认同及围堵中共的渗透，新加坡政府阻止华校毕业生到中国大陆升读大学。然而这政策刺激华人自行创办南洋大学，使新加坡的掌权者处于两难的局面。由于南大受到华人群众支持，政府被迫要表态支持该大学的发展。然而，马来人的强烈反对，迫使政府不能在南大问题上对华人做过多的让步。马来因素的影响在1959年后因为人民行动党谋求新、马合并而变得更为重要，结果迫使政府对南大采取强硬的手段，最终导致南大的消亡。

战后香港政府亦面临重大压力要提供使用华文为教学媒介(teaching medium)的高等教育机会，以抗衡北京及台北政府的侨生政策。然而，因为香港基本上是一个以华人为主的单一族群社会，

126 《文汇报》（香港），1965年6月17日及30日。

殖民地当局没有受制于另一族群，它有较大空间在高等教育政策上对华人语言及文化做出让步。结果殖民政府在伦敦的支持下把三所私立华文专上院校合并成香港中文大学。

新、港政府的华文大学政策对两地的统治权力带来不同的影响。新加坡政府在复杂的族群政治压力下采取强硬手段压抑南洋大学的发展，这策略使得它无法通过对华文大学采怀柔政策争取更多华人的支持，也导致许多华人——特别是华校出身的华人——对政府不满，认为当局的南大政策是导致新加坡华文教育没落的主要原因。[127] 在香港，政府采较怀柔的手段成立中文大学，结果减低了学生到中国大陆及台湾升读大学的吸引力，又迫使更多亲北京及亲台湾学校采用殖民地官方课程，结果帮助巩固了英国对华人的殖民统治。

[127] 李元瑾〈新加坡华文教育变迁下知识分子的保根心态（1959–1987）〉，杨松年编《传统文化与社会变迁》（新加坡：同安会馆，1994）；Kwok Kian Woon, "Social Transformation and the Problem of Social Coherence: Chinese Singaporeans at Century's End," *Asiatische Studien Etudes Asiatiques*, 49(1)(1995), pp. 217–241; Kwok, "Chinese-educated Intellectuals in Singapore"; Sai Siew Yee, "Post-independence Educational Change, Identity and Huaxiaosheng Intellectuals in Singapore: A Case Study of Chinese Language Teachers," *Southeast Asian Journal of Social Science*, 25(2)(1997), pp. 79–101.

3

陈六使倡办南洋大学

种族、政治、教育的纠葛

利亮时

二次大战后，国际共产势力逐步扩张，使西方民主阵营采取防堵的策略。新马的英殖民政府也担心，中共政权会利用当地华文教育作为宣传共产主义的工具。因此，他们一改战前对华文教育的松散监督方式，采取了加强管制和规范的政策。

1950年代，殖民政府对外禁止新马与中国人民之间的往来，以防共产主义藉此渗透；对内则推出《五年教育补充计划》，着重发展英文教育，提供各种优惠政策，包括低廉的学费来与华文学校竞争。[1] 殖民政府的政策导致华文教育面对师资短缺、学生升学无门和发展受阻的困境。培养本地师资和为毕业生寻求深造出路，便成为华文教育继续生存的突破途径。为此，福建会馆主席陈六使分别在1950年和1953年提出华人自办大学的建议。这项延续华文教育发展的建议获得华人社会的普遍支持，然而殖民政府和马来社会则持反对的意见，因为他们担心，新大学的倡议将冲击殖民政府所制定的教育政策，以及马来民族在新马的地位。由于种族、政治与教育的因素，陈六使倡议的办学计划面对极大的阻力。

[1] *Department of Education Annual Report for 1950* (Singapore: Government Printer, 1951), pp. 57–59.

本文将分三个部分加以探讨陈六使办南大的过程，以及所面对的种族、政治、教育问题。第一部分是描述陈六使倡议华人办大学的过程。第二部分则是探索华人社会支持的立场，以及殖民政府和马来民族的反对的原因。第三部分是深入了解陈六使如何凭着个人的决心和群体的力量来化解阻力。

陈六使两度倡议华人自办大学

办学第一声：中国大学

殖民政府在战后调整教育政策，采取重视英文的教育路线，以建立英文至上的社会。在新加坡，殖民政府积极增设英文学校和增加英校的津贴，[2] 庞大资源投入英校，直接冲击到华文教育的发展。另一方面，1949年中共执政大陆，师资来源与华校生的升学管道开始受到干扰。这导致华族家长开始担忧儿女就读华校的前途。内忧外患的困扰，使到华文教育的发展停滞不前，从1950年至1953年间，华校学生人数从72951人微增至79272人。反观同时期的英校，学生人数却大幅度增长，从49521人增至1953年的71003人。[3] 政府的重英政策，使到华文教育逐渐走向衰落。因此，挽救华文教育成为华人社会的当务之急。为申诉华校的困境，《南洋商报》发表一篇〈向马来亚大学提出一个要求〉：

> 马来亚大学似并未注意到华校的这个事实，依然维持着英校标准，以致杜绝了华校高中毕业生入学马大的机会，这是深可遗憾的。……我们谨以至诚向马大当局提

---

[2] *Ten-Year Programme Data And Interim Proposals* (Singapore: Department of Education, 1946), pp. 85–89;《南洋商报》（新加坡），1950年1月30日，1950年2月4日。

[3] *Annual Report of the Department of Education* (1945–1958) (Singapore: Department of Education, 1959).

> 出一个要求，在未削弱马大入学标准的大前提下，应特许凡经过毕业会考成绩及格的华校高中生，可给以剑桥九号的同等资格，而享有马大入学的机会。这是一个平凡的要求，也是一个迫切的要求。[4]

1950年3月23日，马来亚大学（University of Malaya, 简称马大）设立中国文学系委员会，拟先开办中文系普通科，让学生可以兼修。该委员会更建议华校高中生会考及格者，可以直接升入马大中文系。[5] 这项建议和计划获得华人社会正面的反应，《南洋商报》社论更对马大建议开办的中文系寄于厚望：

> 马来亚大学站在东西文化的交叉点，她的使命的重大，远在欧洲一间普通大学之上。我们华侨既然是马来亚，尤其新加坡社会的中坚分子，所以马大的中文学系的创办，比较任何学系更来得迫切。
>
> “东方是东方，西方是西方”，那种陈旧的思想早已不合时宜了。生在这大时代的我们，应该促成这局面，使东方了解西方，西方认识东方。这种繁重的责任，须由一间健全的完备的中文学系的师生一手负担起来。[6]

陈六使在数月后宣布以中华总商会名义捐献马大50万元，主要是因为“马大说明将设立中文学系”。[7] 他希望藉此表达华人对设立中文系的期盼，并希望马大能够录取华校毕业生。刚从陈嘉庚手中

---

4 《南洋商报》（新加坡），1950年3月17日。

5 《南洋商报》（新加坡），1950年3月25日。

6 〈马来亚大学中文学系的创办〉，见《南洋商报》（新加坡），1950年4月25日。

7 50万元是由四人捐出，即陈六使30万元，陈锡九10万元，连瀛洲5万元，郭木松5万元。见《南洋商报》（新加坡），1950年7月6日；《星洲日报》（新加坡），1955年4月8日。

接任福建会馆主席的陈六使，深感华文教育面临的困境。他也意识到马大中文系的创办，仍不足以解决华校生升学无门之困，因此在1950年9月9日福建会馆筹款建校会议上，提出自办“中国大学”的建议：

> 最后余希望华侨在马来亚能办一中国大学，旦须求其五年内成立，五年不成则十年，逾十年而马来亚犹无中国大学，则为落伍。二十馀年前，吾人出洋之思想为赚钱，钱赚入手，荣归祖国，建家立业，显祖荣宗，可称得意。
>
> 今日见解已大不同，自第二次大战后，吾人已认识马来亚无异吾人之故乡，既有此一新见解，自当为吾人马来亚之子孙计。多数人以为多蓄金钱，多多置产业，代代富贵，便是子孙之福，今则不然，如本会馆前任主席陈嘉庚先生所蓄金钱，尽施之于教育，培养千千万万人才，贡献国家，为自己子孙计，本为他人子孙计，是为爱国家爱民族之表率。若干富有者，财宝如山，而对社会公益事业，一毛不拔，徒为子孙积恶，诚何足取，或者虽非大富而每月入息甚优，但知挥霍，不知其他，不特不为子孙计，旦食子食孙，终至自食自灭而后已。本人诚不知此辈是何思想，是何见解。总而言之，以南洋群岛吾侨之众，中学生之多，非从速办一大学于中心地点之新加坡不可，愿各位贤达共促成之。[8]

陈六使第一次高呼华人社会自办大学的倡议，并没有获得社会大众热烈的响应，只有《南洋商报》在数日后，发表题为〈华侨的文化与教育〉的社论表示支持：

> 为提高华侨的教育程度起见，中华总商会会长陈六使先生特地提出创办中国大学这问题。陈先生是脚踏实地的

8 《南洋商报》（新加坡），1950年9月10日。

> 人，从来不爱放言高论。他曾慨捐30万元来帮助马来亚大学，现在他又立志创办一间中国大学，这表明他多么关心侨教，同时也证明他多么注意马来亚的前途。
>
> 马来亚的华侨占当地人口的半数，马来亚需要一间以英文为教授工具的马来亚大学，同时她也非常需要一间以中文为教授媒介的中国大学。[9]

非华人社会没有对这项倡议计划有多大的反应。英文日报《海峡时报》（*The Straits Times*），发表题为〈在新加坡设立一所中国大学？〉（A Chinese University in Singapore?）的特约通讯文章，质疑创办的必要性：

> 中国文学自身是古代遗物，不如现代的学术研究，如人类学、语言学和史学……马来亚没有必要给予静止的中国文化以保留的空间……中文大学的设立自然是不需要……马来亚需要的是，设立一所介在中学与大学间的初级学院，提供一年或以上的严格英文训练。[10]

《海峡时报》是官方的喉舌，它表达殖民政府的立场。从该报的言论，可以预见往后华人自办大学的阻力主要来自殖民政府，而反对的理由也以此作为基础。

陈六使倡议的办学计划唤不起民众的响应，其实有四个主要的原因：当时中国升学的管道虽受干扰，但尚未完全断绝，华人社会尚未意识到华文教育正处于逆境的严重性是其一；马大宣布将设立的中文系，使华人社会期待马大这项计划的落实是其二；陈六使在提出创办中国大学前，并没有先与新马华人各帮派取得妥善的联系，因而无法获得各方的响应是其三；大战结束后的初期，新

---

[9] 《南洋商报》（新加坡），1950年9月19日。

[10] *The Straits Times* (Singapore), 1 October 1950.

马的经济仍然疲弱，原因在于两地的经济主要依赖树胶生产，胶价的波动就是新马人民生活的指标。大战时树胶生产遭受严重打击，1948至1949年的胶价平均每磅约30分。[11] 当时人民生活贫困，没有遗力响应陈六使办大学的号召是其四。[12] 由于没有得到广泛的支持，该计划自然被搁置下来。

攘臂再呼：马华大学

1950年9月9日陈六使提出华人自办大学的倡议，只得到《南洋商报》的正面回应。事隔九个多月后，《南洋商报》再发表题为〈创办中国大学〉的社论（1951年6月26日）支持陈六使之前的倡议，并期盼他和其他华人领袖出来领导办学的队伍：

> 在新加坡的人口中，华侨占80%；在整个马来亚的人口中，华侨占50%，所以马来亚创办一间设备完善的中国大学，不但与现有的马大的利益毫无冲突，而且由于知识上的切磋琢磨，学术上的竞争比赛，使二者各蒙其利。……只要有力分子如陈六使先生，李光前先生，叶祖意先生等肯出来领导……我们具备伟大的目标，我们有充足的师资，我们有许多极需投考大学的学生，我们更有热心教育事业的侨领，这些优异的条件，无不催促我们赶快创办一间中国大学。……读者也许要问，马大现在正筹备

[11] 1950年6月韩战爆发后，胶价才逐步上扬，1951年曾一度上扬至每磅2元的超高价。国平《马来亚橡胶业》（新加坡：世界书局有限公司，1962），页28–29、34–35。

[12] 二战结束后不久，陈六使、李光前与黄奕欢向陈嘉庚征求建立华文大学的意见。陈嘉庚在当时不表赞同。他认为战后华族经济条件不足，难作长久维持之计。这是1982年12月17日已故黄奕欢先生在亚洲保险公司大厦办公处提供的口述历史资料。见杨进发〈陈嘉庚：为振兴中华而不悔〉，林水檺编《创业与护根：马来西亚华人历史与人物（儒商篇）》（台北：中央研究院东南亚区域研究计划，2001），页20。

> 中文学系，为什么我们还要辛辛苦苦地来创办一间中国大学？须知马大中文系等于一棵大树里的一个小枝，迟办早办，办得好办得坏，对于马大没有断然的影响。若论中国大学，这是重新种植栽培一棵大树，工作虽然困难，但对全体华侨及整个马来亚文化却有深刻的意义。[13]

这篇社论引起一些回响。华人社会是抱着支持的态度，只是各方考虑的层面不同：如潮帮的李伟南和客帮的林师万就表示原则上同意自办大学的建议，但是担心经费问题；福建会馆教育科主任黄复康、华侨中学校长郑安仑、中正中学深造班主任张瘦石等虽表示支持，但都认为必须先把中学办好。当时的异议之声，来自负责华校事务的副提学司华生海（R.W. Watson-Hyatt）："当地实没有设立中国大学之必要……若马来亚大学设有中文系，对于当地之华侨学生之升学问题，便提供了最好之机会。"几位被该篇社论点名的人物，如陈六使与李光前，都暂不愿就此事发表任何的意见。[14]

该篇社论显示，华人自办大学的意愿并未在民间销声匿迹，其或有投石问路之意，藉此试探各方的反应。这回的反应，可以较前更清楚看到各方对此的立场：华人社会基本上表示支持，但有所顾虑，而殖民政府则不表赞同，于是一切又归于沉寂。

1950年代初，马大透露要办中文系的好消息，并于1950年4月22日与新马教育部代表和各华文中学校长，讨论华校学生升学马大的问题。[15] 对华文教育而言，此举确是一项喜讯。但马大在行动上，却显得口惠而实不至，中文系迟迟未能开办。1951年5月，马大虽再次提出要办中文系，[16] 也未见有任何实际的行动。直到1952年2月，

---

[13] 《南洋商报》（新加坡），1951年6月26日。
[14] 《南洋商报》（新加坡），1951年6月28日。
[15] 《南洋商报》（新加坡），1950年4月23日。
[16] 《南洋商报》（新加坡），1951年5月19日。

马大副校长艾伦爵士（Sir George Allen）宣布该年将设立中文系，[17]却又因系主任和讲师尚未聘定，而宣布将开办时间延至第二年（1953年）。[18] 马大中文系的开办一再拖延，令华人社会非常的失望。《南洋商报》曾针对此事发表题为〈论马来亚大学的中文系〉之社论，质疑马大办中文系的诚意：

> 马来亚大学要设立中文学系，这事情已经不算新闻了。事实上，最近两三年来，中西文的报纸上时常透露这消息。尤其去年此日，该校曾在各报上公开征聘教授……光阴荏苒，现在又过了一年。该校当局办事的小心固然值得我们钦佩，但天下之大，连一位中文教授也聘请不到，这倒使我们不大相信。[19]

此外在收生资格方面，马大也没有为华校生开方便之门，进入该校仍需持有剑桥九号文凭（英校中五毕业）。[20] 这样的收生准绳，根本排除了华校生，而马大中文系直至1952年底尚未开办，华文教育前景仍是阴霾密布。

陈六使意识到华文教育面临生存的危机，因而在福建会馆第10届第3次执监委员联席会议（1953年1月16日）上，再次提出华人自办大学的建议：

> 查马大前称欲设华文系，据称：因聘不到教授。可是，巫文系将开班教授矣。事实上，居于港马或英美之华人学者，车较斗量，所谓聘不到人才，实属怪事。

---

17 《南洋商报》（新加坡），1952年2月17日。

18 《南洋商报》（新加坡），1952年10月7日。

19 《南洋商报》（新加坡），1952年10月21日。

20 《南洋商报》（新加坡），1950年4月14日、4月16日、5月6日和1952年10月7日。

> 吾人欲使马华永远存在，必须自行创立马华大学，容纳每年在华校毕业之学生。……二年前余有此倡议，二年内办不成，五年内一定要办成功，五年内再办不成功，则马华文化之程度日趋低落矣！……社会人士如能响应，踊跃输将，倘能捐至300万元或500万元，余必捐献同等数目。[21]

陈六使二度提出自办大学，社会上对此有何反应？这项计划是否会成功？这些都将在以下各节一一分析。

民间与政府的反应

华人社群[22]的反应

陈六使于1953年1月16日第二度提出自办大学后，获得新马两大华文报章的支持。《南洋商报》发表题为〈拥护陈六使先生为华文教育呼吁——积极创办马华大学〉的社论，认为"创办马华大学，将为星马两邦三百多万华人所拥，将有无限的热心家竞为精神的物质的同情。我们愿福建会馆在陈主席领导之下，负起这继往开来使命，我们更期望各帮同胞领袖踊跃响应"。[23]

《星洲日报》也发表〈促成马华大学的实现〉响应号召："马来亚同侨社会，无论欲谋中华文化传统的发扬光大，抑为子弟前途或为个人工商事业现实需要打算，都应该成立一间高等专门学府，众志成城，望大家共起而力图之。"[24] 不到一个半月，三大中文报章

---

[21] 《福建会馆第十届第三次执监委员联席会议》（新加坡：福建会馆，1953）。

[22] 这里所指的华人社群是包含了受华文教育和英文教育的华人。

[23] 《南洋商报》（新加坡），1953年1月19日。

[24] 《星洲日报》（新加坡），1953年1月19日。

（《南洋商报》、《星洲日报》、《中兴日报》）发表了28篇关于自办大学的社论。其中或为新大学出谋略，或为新大学辩护，都表达积极的支持和拥护（附录一）。

《南洋商报》和《星洲日报》分别由华商陈嘉庚与胡文虎所创，两份报纸走的是商业路线，政治色彩不浓，而在民族文化上，两者则是站在维护的立场。《中兴日报》是一份由中国国民党资助的报章。该报在创刊七周年的纪念文章中就开宗明义表达其政治立场："本报的坚定立场是反抗共产主义，拥护我国政府（台湾的中国国民党政府）……基于中华民族本位，宣扬固有民族文化，阐发不屈不挠的民族精神。"[25]《南洋商报》和《星洲日报》站在文化的立场来支持南大的成立，而《中兴日报》则是带有政治的动机。

除了中文报章的响应，新马两地许多主要的华人团体也纷纷表态支持。新加坡方面，中华总商会正会长陈锡九和副会长高德根，率先响应陈六使自办大学的倡议。[26] 中华总商会在1953年1月21日第26届第11次董事会议上，立刻通过决议案，响应陈六使倡办大学的号召，同时决定在1月25日召开的马华商联会，提出新马华人全力支持创办大学的议案。[27]

中华汇业总会在林树彦的带动下，表示倾力襄助陈六使的办学倡议。[28] 星洲中华促进会会长吴再兴与新加坡华校联合会表态支持。[29]《南洋商报》管理层亦宣布于大学落成之日起，每年捐助10万元为经常费，以十年为期。[30]

---

25 〈历尽艰辛七周年〉，《中兴日报》（新加坡），1954年5月16日。
26 《星洲日报》（新加坡），1953年1月20日。
27 《中华总商会第26届第11次董事会议记录》（新加坡：中华总商会，1953）。
28 《林树彦口述历史访谈》（新加坡：口述历史馆，1982），卷26。
29 《星洲日报》（新加坡），1953年1月20日；《星洲日报》（新加坡），1953年1月21日。
30 《南洋商报》（新加坡），1953年1月22日。

新加坡各帮派领袖都给予积极的回应。例如潮帮的连瀛洲、李伟南、杨缵文，埔帮的蓝允藏，客帮的胡文虎、张梦生，三江帮的杨惺华和琼帮的符致逢等，都纷纷响应陈六使创办大学的号召。[31] 福帮另一领袖李光前，在1953年2月初游历欧美归来后举行记者招待会，发表赞成陈六使办大学的建议：

> 马来亚如设立二所高等学府，彼此衷诚合作，使各族青年得享受当地高等教育之机会……查马来亚每年即有成千之华校高中毕业生，甚少希望能得受当地高等教育之机会，其数额已日见增加，为谋补救此种可悲之现象起见，则另筹出路，庶免绝其向学上进之路，固属当务之急……论者或恐另设一大学将使马来亚各民族发生分化作用，其实不然，中国文化之精萃"四海之内皆兄弟也"，吾人应力倡各族亲善，以促进马来亚各族青年更能彼此互相谅解，更能团结一致。[32]

在华文教育界方面，新加坡各华文中学校长也纷纷发表意见，如中正中学校长庄竹林就持肯定的态度。[33] 其他各校校长，如中华女中校长黄秀琴、南侨女中校长邱仁端、南洋女中副校长刘佩金，都相继力挺。[34] 新加坡华人领袖、社团和教育人士如此积极响应，鼓舞了华人社会各阶层。全新加坡的三轮车夫和高中毕业生，不少商号的员工，以及个人，都纷纷响应捐助。[35]

马来亚方面，霹雳州客属公会正会长钟森与副会长胡曰皆于1953年1月19日率先响应，宣布各捐5万元，以支持陈六使的壮

[31] 《南洋商报》（新加坡），1953年1月20日；《星洲日报》（新加坡），1953年1月20日。
[32] 《星洲日报》（新加坡），1953年2月8日。
[33] 《星洲日报》（新加坡），1953年1月20日。
[34] 同上。
[35] 《星洲日报》（新加坡），1954年3月3日，3月24日。

举。[36] 霹雳州中华大会堂副主席张珠、霹雳州胶商总会及福建公会白成根纷纷响应。雪兰莪中华大会堂总理洪启读也表示了敬佩与支持：

> 陈六使先生毁家兴学之美德，必获吾华人热烈之响应，吾华人不乏资产雄厚者，如个个如此，经费可谓绝无问题……本人忝为华人一分子，必竭尽余生，以协助此美景之实现。[37]

槟城州方面，槟城中华总商会、槟城自由车商会、槟城中华总商会伍瑞琴、前槟华筹赈会主席刘玉水、槟威华校董事协会主席王景成、中华中学校长黎博文、韩江中学校长熊叔隆博士、钟灵中学代理校长汪永年、福建女中校长朱月华女士、当地华社闻人如骆清泉、周晋材、戴国良，除了响应陈六使的倡议，更表示愿意竭力支持，以协助自办大学计划早日达成。[38]

吉隆坡华校教师公会主席林连玉则表示完全同意陈六使办学的主张。[39] 联合邦华校教师总会蔡任平较后更致函予陈六使，表达全马教育界对此的意见：

> 阅近日星马各报对阁下发起愿捐钜赀，创设马华大学之伟举，无不大书特书，备极赞扬，……阁下痛华人教育受外在压力与自我摧残，不忍见其日趋消灭，欲起而唤醒群伦，挽此颓势，此种艰巨领导之责任，自非识卓资雄，能仁好义如阁下莫属。……阁下已经认为华人最高学府，

[36] 《星洲日报》（新加坡），1953年1月19日。

[37] 《中国报》（吉隆坡），1953年1月21日。

[38] 《南洋商报》（新加坡），1953年1月23日、2月20日、2月27日；《星洲日报》（新加坡），1953年1月21日。

[39] 《星洲日报》（新加坡），1953年1月20日。

势在必设，则不妨从速先成立筹备委员会，请物望素孚，才识经验兼优之教育专家主持计划，最好能于最短期内，促其实现，使连年毕业华校高中，无学可升之青年，得所归宿，则幸甚幸甚。[40]

部分马来亚的政党与职工团体，表达他们对自办大学的支持。马来亚华人公会（Malayan Chinese Association (MCA)，简称马华）[41]会长陈祯禄爵士，率先发表支持言论：

马来亚大学如不能于合理之期间内，达致倡议办马华大学人士所拟具计划中之训练设备，但又阻止马来亚华人创办大学，当属不公之举。……马大之增设中文系，并不足以保存马华之文化。马来亚华人之愿意捐出一千万元或一千万元以上之款项，以作创办马华大学之经费，此乃重申彼等对马来亚之前途抱有信心，及有意以马来亚为彼等及其子孙之家乡，同时重申彼等对马来亚教育及经济之发展具有继续提供贡献之意向。马华大学之创立，可成为促进团结之重要因素，此亦为创办马华大学计划应加以支持之另一原因。因此马来亚政府对创办马华大学之计划应予以同情之考虑。[42]

[40] 《南洋商报》（新加坡），1953年1月23日。

[41] 马来亚华人公会，是在英国殖民政府鼓励下，于1949年2月由当时华人商界菁英如陈祯禄、李孝式等所组成。这个政党在创办初期，扮演多重角色：一个华社的福利与慈善机构、代表华人利益的集团、殖民政府与华社间的沟通桥梁。1952年2月马华与马来人政党全国巫人统一机构合作，参加吉隆坡市议会选举，并获得辉煌的胜利。两大政党的合作关系，一直维持到21世纪的今天。

[42] 《星洲日报》（新加坡），1953年1月20日；《南洋商报》（新加坡），1953年1月20日；Andrew W. Lind, *Nanyang Perspective: Chinese Students in Multi-racial Singapore* (Hawaii: The University Press of Hawaii, 1974), p. 103.

马华公会也在较后的第5届常年大会上，一致通过支持陈六使等华商自办大学的计划。[43]

雪兰莪泛马劳工党(Pan-Malayan Labour Party)[44] 主席谢金水表示，只要符合未来建国的目标，华人社会自办大学不但可以促进马来亚文化的进步，而且让无法进入马大的学生有受高等教育的机会。[45] 马来亚职工总会理事会主席殷祖汉对自办大学一事，也表示认同，他认为华人自办大学不但不会影响各族的团结，反而有助于培养人才和马来亚将来的独立。[46]

华人社会各阶层的捐款不到一个月就达到万元之多。[47] 由此可见，陈六使第二次的呼吁获得新马两地华人业缘、地缘、方言组织和具有华文教育背景的文教人士与社会大众的响应。由于新马华商团体与中文媒体的热烈支持，逐步将整个办学活动推向高潮。

陈六使第二度的提议获得如此热烈的响应，原因可归纳为四点。第一，对当下华文教育问题的理解和醒觉：1951年后华校生升学无门的问题越来越严重。马大中文系开办的一再拖延，马大又以华校生英文水平不佳，将他们拒于门外。[48] 这些因素导致华人社会对马大的期望幻灭，纷纷转向支持自办大学。第二，经济好转：大战后新马经过7年多的休养生息，经济逐步好转，尤其是1951年胶价从大战后的每磅30分，猛升至2元以上的高价，新马人民的入息骤增，

---

[43] 《星洲日报》（新加坡），1953年2月2日。

[44] 泛马劳工党，成立于1952年6月26日，1954年易名为劳工党，并且将党的组织结构，从集体领导改为中央集权。1957年8月31日与马来亚人民党(Partai Rakyat Malaya)合组“马来亚人民社会主义阵线”(Malayan People's Socialist Front)。

[45] 《星洲日报》（新加坡），1953年1月24日。

[46] 《南洋商报》（新加坡），1953年1月25日。

[47] 同上。

[48] 马来亚大学副校长薛尼肯因爵士(Sir Sydney Caine)曾表示：“华校高中生如欲进马大，唯一之办法，乃加强英文基础。”见《南洋商报》（新加坡），1953年1月21日。

工商业发展也比以前迅速和繁荣，[49] 许多华商企业急需一批大专人才进行管理工作。自办大学可以提供这方面的需求，华商和华人社会因而开始关注自办大学的问题。[50] 第三，移民社会意识的转变：由于回返中国的道路已断，华人的归属和认同开始转向，则视马来亚为第一故乡。1950年代以后，自治和独立意识开始扩大（本土化），华人社会希望建立一大专机构，培养能保护民族的利益和文化的知识分子。第四，陈六使的决心和运筹：虽然华人社会在第一次建议时反应冷淡，但陈六使毅然作第二次提出，让华人社会见到这位领袖在发扬民族教育上的决心。加上陈六使与华人团体的联络和协调工作也较前一次积极，连锁效应使华人社会的响应热烈而且全面。

支持自办大学的声浪不断高涨的同时，部分来自受英文教育的华族人士或其他族群，也各自表达他们对这项问题的看法，当中有的是给予支持，有的则持反对的意见，我们可以从英文日报《海峡时报》的读者来函中，看到这方面的言论[51]（附录二）。

在陈六使提出华人自办大学后的短短一个多月里，就有30多封的读者来函，可见受英文教育的社群对此非常关注。在众多不赞成的言论中，我们可以将之分为五大类：

（一）马来亚有马大一间大学已经足够，再设另一所大学只会分散捐款和影响马大的财源：署名K.G.读者认为华人慈善家将会大

[49] Joan Wilson, *The Singapore Rubber Market* (Singapore: Eastern Universities Press, 1958), pp. 34-37. 国平《马来亚橡胶业》，页34–35。

[50] 陈六使强调创办南大的三大宗旨：（一）培养新马华校师资；（二）栽培工商业人才；（三）应地方之需要，及配合马来亚之独立自治，作育众多之行政人员。《南洋商报》（新加坡），1954年11月15日。

[51] 表上所列的读者来函，除了部分用原名，可以让我们知道是华人外，其他用笔名者是无法确认他们的身份。但是，为了反映当时的全貌，笔者决定把所有文章罗列和分析。由于华人来函约占了半数，笔者因而决定把这些读者来函，放在这个小节（华人社群的反应）之下。

量捐钱资助南大；R.O. Holt读者也认为南大的成立，会吸走部分原本捐助马大的款项。

（二）华人自办大学会破坏种族团结和妨碍国民教育的制定：署名H.Y.C读者便强烈的表示南大会引起“种族主义、单语主义、帝国主义”的误解；读者Malayan Walla认为，“陈祯禄爵士宣布支持创办一所马华大学（南洋大学），他表态支持一所只为华人服务的大学的做法是不恰当的……这个举动，显示他有意灌输种族思想给土生土长的华人，这么一所大学将会导致我们新一代华人的思想离异”；署名Old Singaporean亦表示遗憾，因为“争取种族团结的华人领袖”（暗喻陈祯禄），竟然是“马华大学的支持者”；读者Hang Tani直指“设立一所华文大学将会破坏国家的统一性”；Ezamed以“种族大学”直称南洋大学；Mandalay表示，“华文大学会破坏国民教育政策”；读者Cheong Hock Hai支持单一教育政策，反对华人自办大学，因为这会让“非华族产生疑虑”，他建议“马大比照港大设立中文系，这已经可以达到传承文化的功能”；另一位读者Tong Teck Ing持相同看法，“华文大学没有必要设立，因为她会妨碍华族融入当地社会”。

（三）南洋大学成立后，教职员和学生来源将是一大问题：读者Lim Kwang Yu表示“除了少数几个出色的学生之外，华校没有培养出或只培养少数足以进大学的学生”；另一位读者Jou Bienming直指南大很难聘请到中英文兼备的教员。

（四）质疑中文的价值：一位署名Radio Scientist的读者，便在报端表示，“在外找不到以中文出版的科学性刊物，几乎所有先进的教科书和学术性定期刊物，都是以英文或德文出版。”这位读者更认为，“中文的词汇不足以应付日新月异的先进科技”；署名Nam Anich的读者认为少了英文，社会的运作会受到影响，但是少了中文，却对马来亚社会没有任何影响；Tanah Merah读者则直指南大没有用处。

（五）马华大学毕业生的出路问题：Malayanwalla于1953年2月3日，在一篇名为"Universities in India"的来函表示，"华文大学毕业的学生，就好比印度各大学的毕业生，他们只懂少许英文。这些毕业生在社会谋生，只能获得非常低的工资。"[52]

针对上述的反对意见，一些读者也去函《海峡时报》加以指正，并支持南洋大学的成立。如署名True Malayan, Teacher, R.C., Chinese Parent, S.K. Leon, J.S. David, Teacher from Britain, Labourer's Son都认为南大的创设是必要的，因为可以提供学子多一个升学的管道，南大的设立也不会威胁马大的地位。署名G.Y., Pro Patria, Seah Mui Kok, Q.T. Wong的四位读者支持南大的设立，因为这有利文化的发展，新加坡将会成为文化汇聚地。另外南大的设立，可以与马大交流，并互补不足。署名Chinese University Graduated Engineer, B., Gek, Malayan则强调南大是一所中英文兼备的学府，而且开放给各族就读。一位署名L.C.L.的读者表示母语教育是教育重要的一环。另一位署名Singapore Malay的读者则表示，要自己种族成功，必须先让别人成功，所以他全力支持华人自办大学的计划。

持反对意见的读者，都以种族主义、单语主义、质疑中文的价值、教职员不易聘请和毕业生出路不广为理由，反对华人自办大学的计划。赞成者则表示，因为殖民政府没有一套完整的教育政策，马大不能满足人们对教育的需求，加上各族有发展本身文化权力，以及南大是马来亚人的大学，因此乐见她的成立。赞成的意见对陈六使的办学壮举是另一股助力，办大学的计划也在多数华人的支持

[52] 署名Rice Farmer's Son和Milon Nandy的读者，没有在内文中提及。因为两者主要是反驳他人的言论。例如Rice Farmer's Son是反驳Labourer's Son的言论，他认为马大并没有给予马来人入学优先权，马大的录取学生是非常公平，内文暗喻马华大学没有必要成立。Milon Nandy 认为，胡文虎在报章发表华人办学是本身族群之事的言论非常不恰当，因为马来亚朝向独立，任何族群的事务，他族都有权干涉。

下，从倡议逐步走向实践的阶段。然而，在这条办学之路的前方，面对一股最大的阻力：英国殖民地政府。实际上，英文报章读者的反对意见也正可作为殖民政府反对华人自办大学的民意基础。

英殖民政府的态度

陈六使第二度的倡议虽获新马华人社会大力的支持，但《海峡时报》社论[53]与殖民官员的反应都不表赞同。尤其殖民政府正采取削弱母语教育的政策，巩固英文教育统领社会的地位，他们将此倡议视作陈六使和华人社会对政府教育体制的挑战。面对1950年代初日益高涨的民族自决浪潮，使殖民政府不愿以自身的名义和力量反对华人自办大学的行动，正如新加坡总督列诰(J.F. Nicoll)所言："尽管华人自办大学具有华人民族主义的政治因素，但是在此问题的讨论尽可能保持在教育问题基础上。"[54] 殖民政府不欲使这个问题政治化，因此在自办大学倡议提出后的第四天，由马来亚大学副校长薛尼肯因爵士(Sir Sydney Caine)提出反对意见：

> 马来亚设立一华文大学，可能致成各民族间感情分裂，及分散马来亚之团结，盖倘华、巫、印各民族自行设立大学，各民族将只注意各自之文化，此将使马来亚国家无从成立，华文大学之设立，将与马来亚统一的教育系统脱节……马大已计划开设中文系，并尽量在本年（1953年）10月开办，马大将会充实此系的人材，使她在维护中国文化及文学上能予以巨大的贡献……华文大学可能无法给予学生足够的训练。虽然，在中文和中国文学的

[53] 《海峡时报》针对华人自办大学的社论并不多，在1953年上半年只有三篇："A Chinese University" (24 January 1953); "The University Problem" (26 January 1953); "The University Debate" (31 January 1953)。该报的立场与政府的立场并没有太大差异，主要是担心华文大学会破坏国家的统一，阻碍马来亚化的形成和制造种族的不和谐。

> 教授上，华文大学会较马大好，但在其他科目方面，如自然科学和医学等，欲聘请能以中文教授此等科目的学者，是非常困难的。[55]

对南大的创立，薛尼肯因持的反对意见，含有种族、文化的因素，但为了避免南大问题被泛政治化，主要仍以教育的立场来反对南大的建立。此外，英驻东南亚最高专员兼马大校长麦唐纳(Malcolm MacDonald)在约见陈六使等倡议人时，就强调他是以个人名义和马大校长身份接见。在会谈中，他也认为倡议中的大学应该等马大扩充计划完成后才考虑成立。[56]

英国海外高等教育大学理事会委员、马大创办人卡桑特爵士(Sir Alexander Carr-Saundes)于1953年3月抵新加坡时，曾与陈六使等会谈。卡桑特虽然同意就设立南大之事，转达给负责英联邦教育问题的最高机构——英国教育理事会，但他个人主张先集中力量将第一所大学办好，待这所大学的素质达到一定水平后，才设立第二所大学。[57] 由于殖民政府将南大问题定调为教育问题，以上人士都以先办好马大为由来反对南大的建立。

在第五届教育部长会议上，出席的殖民地官员对南大的建立也是抱持否定的立场。他们认为华人社会需要便宜、容易达到、不要求英文水平高的高等教育；华人一直非常注重教育，如果南大能提供比马大便宜的大学课程，肯定能对华族学生产生吸引力。教育官员一致认为南大的创立将产生以下的一些问题：[58]

---

54 "Correspondence Telegram Between J.F. Nicoll and The Secretary of State for The Colonies, 18 February 1953," Public Record Office (London), CO 1022/346.

55 *The Straits Times* (Singapore), 21 January 1953；《南洋商报》（新加坡），1953年1月21日。

56 *The Straits Times* (Singapore), 19 February 1953.

57 *The Straits Times* (Singapore), 27 March 1953.

58 "Fifth Conference of Directors of Education," Public Record Office (London), BW 90/554.

（一）新大学在水准上将比不上马大，因此学生的学位资格会被雇主和专业机构轻视，导致这些学生产生挫折感；

（二）新大学将发展成一所不符合英国标准的大学；

（三）华族对英文教育的兴趣将降低，因为以华文便能进入该所大学；

（四）大学里的教师和理事，缺乏足够的能力管理与安抚具有革命思想的年轻学生。在共产主义未成为笑柄前，若学生失去控制，他们将会在大学里进行罢课和不负责任的行动；

（五）新大学的成立将导致华人捐助马大的款项减少。

殖民地官员拟定两项应付南大建立的策略。第一，在马大设立一所具备文、商和理科的中文学院，以高中三会考及格和英文必须及格作为入学资格，每年录取200–300名学生。可能的话，拉拢支持南大的人士进入马大的理事会。捐给南大的基金仍可用来建立马大的新学院。最重要的是，为中文学院的学生提供奖学金，使学费低于南大。如果第一项计划无法推行，与其冷淡对待南大的师生，不如尝试将南大转成马大的一个学院，以保证它的学术水平和避免出现发展失控的情形。[59]

南大的设立，在殖民政府眼中，除了不符合英国教育标准外（只有英国中央才具有设立大学的权力），新大学可能冲击殖民政府努力塑造的国家与文化认同。他们更担心南大会成为共产主义的温床。政府在1954年的一份档案，分析了南大面对的政治形势：

> 还没有证据显示南大赞助人受到共产主义的影响，但是马来亚共产党已经号召其跟随者支持南大。显而易见，南大将有可能受到共产主义的影响。在此基础下，必须对南大进行严密的监视。目前假定南大能够持久运作，还是言之过早，但是防范的上策，并非去鼓励南大的成立。因

[59] Ibid.

> 为此举违背新加坡政府防堵共产主义的政策。新加坡政府通过加强人民的本土认同和迈向自治政府的政策，来抗衡共产主义的影响。[60]

殖民政府在南大倡办之初就表示反对。当反对无法奏效时，改而采取其他会对南大发展产生负面影响的措施。例如，南大的创办只能依1940年注册法令注册，取得“南洋大学有限公司”法人的资格。[61] 最初，南大筹委会是向辅政司请求在NANYANG UNIVERSITY（南洋大学）校名中去掉LTD（有限公司）字眼，但迟迟没有回应。为了避免再生枝节，南大筹委会只得根据公司法令申请注册。这是间接不承认南大作为一所大学之合法地位的做法。殖民政府如此刁难，目的是要对南大进行管束和牵制。

美国政府后来的介入，使殖民政府的南大政策有明显的转变。二战后美国政治势力崛起，她急需将触角和影响力扩大至亚洲，包括东南亚地区，以抗衡共产势力在此地区的扩张。美国考虑到高压政策会加剧对手的反抗，使问题更为复杂，因而以温和友善的方式来达致其目标。针对南大创办一事，美国国务院发表本身的立场：“预防南大成为敌对力量的最好办法就是为它提供友善的忠告和帮助。”美驻英大使在1954年4月正式向英国表达美国国务院的看法，希望英政府检讨对南大的反对政策。其中包括请英方探寻南大的反共潜能，以及和南大当局建立良好的关系，让南大成为灌输华族学生民主思想的高等教育机构。美国方面，也会推动美国的私人资源、企业和其他多种与课程学分的承认和应用等相关的需求，介绍予南大当局。[62]

---

60 “Nan Yang University, Singapore,” Public Record Office (London), CO 1022/346.

61 《南洋商报》（新加坡），1953年5月7日。

62 “Establishment of Nan Yang University at Singapore, 26 April 1954,” Public Record Office (London), CO 1022/346.

因为考虑英美联盟在政治上的共同利益和方向，殖民政府的态度和立场自此转向软化和宽容。1954年10月12日，新加坡总督列诰在立法议会的会议上表示欢迎南大的成立。[63] 这是政府首次对南大创建公开表态，也显示南大成功突破殖民政府的阻力，朝开办之路迈前一步。然而，殖民政府不承认南大学位的策略并没有改变。南大在这块土地上，仍然没有得到合法的地位，造成南大后来的发展道路面对不少的问题。

马来族群的立场

南大的倡办也激起马来族群的不满，反对的声音主要来自两个阶层：政治团体和知识分子。马来统治者对此事也表示关注，他们认为马来联合邦政府应对新大学采取强硬的抑制政策，否则联合邦两大族群领袖建立起来的种族和谐关系将遭到破坏。[64] 马来政党亦表示强烈的不满，泛马回教党(Persatuan Islam Se-Malaya)[65] 主席端哈芝阿玛梵(Tuan Haji Ahmad Fuad)质疑自办大学的招生制度：

> 华人自办大学，无疑是欲将马来亚中国化，并且不尊重马来亚与马来民族，我不相信南大会开放给各民族就读，我呼吁党内各分部强烈反对华人自办大学的行动。[66]

马来亚独立党(Independence of Malaya Party)[67] 吉隆坡分部秘书亚鲁劳那丁(Fred Arulanandam)关注华人自办大学的种族色彩：

---

63 《中兴日报》（新加坡），1954年10月13日。

64 "Memorandum from the Member for Education," Public Record Office (London), CO 1022/346.

65 该党前身是1950年巫统主催之回教学者大会后成立的“泛马回教学者协会”。该党在组织上是脱胎于巫统。

66 "A Newsletter Issue by Malayan Chinese Association (Singapore Branch) to Tan Siew Sin (陈修信) on 19 February 1953" (Kuala Lumpur: National Archives Malaysia).

67 该党是由巫统创党人拿督翁退出巫统后所创立的。

> 我们如允许越来越多的小北京或小南京在马来亚境内存在，那么种族之间的摩擦将会一直延续下去，同时马来亚观念和生活方式的成长，也更加迟缓。马大既然已决定设立中文系，那么就没有必要另设一所中文大学。[68]

巫人统一机构（United Malays National Organisation, UMNO，简称巫统）[69] 槟城州甘榜巴鲁(Kampung Bahru)区部表示，他们会在槟城州巫统大会上，提出反对陈六使等华商自办大学的提案，并呼吁巫统总部向殖民政府反映他们的不满。[70] 巫统在森美兰州(Negeri Sembilan)瓜拉庇劳县(Kuala Pilah)的青年团区部也对华人自办大学提出抗议。该区部表示会在1953年4月3日在马六甲(Melaka)举行的巫统青年团大会上讨论此问题。[71]

马来知识分子的反对立场也非常鲜明。马来语文出版局认为包括华族在内的各族群，既然誓言效忠马来亚，华人自办大学无疑是对马来民族和其他种族的一种侮辱。[72] 马来文报章，如《马来前锋报》(*Utusan Melayu*) 和《大马来邮报》(*Melayu Raya*) 也发表他们的反对的意见。《马来前锋报》一篇社论阐述对此事的观点：

> 近这一、两年来，马来人开始接受许多中国移民入籍，但是华人倡议自办人学的举动，将破坏华人与马来人逐步建立的良好关系，如果华人青年要就读中文大学可到香港或台湾去，可笑的是，在许多华人将马来亚视为本身

68 *The Straits Times* (Singapore), 23 January 1953.

69 主要创党人为拿督翁(Datuk Onn bin Jaafar)。该党是由马来半岛数十个马来团体为反对马来亚联邦计划，在1946年5月11日共同组织而成。该党自马来亚于1957年8月31日取得独立后，一直处于第一大党的地位。

70 "A Newsletter Issue by Malayan Chinese Association (Singapore Branch) to Tan Siew Sin (陈修信) on 23 February 1953" (Kuala Lumpur: National Archives Malaysia).

71 Ibid.

72 《南洋商报》（新加坡），1953年3月6日。

> 国土和效忠对象的同时，竟然认为建立一所中文大学是必要的。马来亚其他种族都知道，华人有能力筹到5千万元来帮助自己的社群。华人若能用这笔钱为本身社群，建立数千座组屋和各类型的房子，此举将能减少本邦居者没其屋的问题。我们认为居者没其屋，是大部分华人社群所面对的问题，我们也相信下层的华人，是乐见华人富商用这5千万来帮助他们。[73]

《大马来邮报》的社论也严词批评华人自办大学的意图：

> 马来人已经忘却华人许多带给他们不愉快的作为，不管是欲把马来亚成为中国一省的意图，或在政权转移时所犯的过失，但是当马来民族对华人的恶感逐渐减退的同时，却有人故意撕开这个几乎复原的伤口。华人若要表示他们效忠本邦，应该把建立中文大学的钱，用在能惠及本邦各民族的用途上。此举，显得更为重要，如果他们诚心想消除族群间的猜疑。[74]

马来族群所持的反对理由，主要集中在种族和谐与本土化是否可以延续的问题上。从上述的言论来看，马来民族视华人社会自办大学，是要去“马来亚化”，并由中华文化来取而代之。这不但是对本土化的一项挑战，也危及到马来民族的地位。更甚的是，这项被视为去“马来亚化”的办学运动，将会导致种族间的关系破裂。马来民族对华人社会办大学的反对，形成了南大创办的另一股阻力。陈六使在面对两股反对的压力下，如何克服障碍继续推动南大的创办，将是接下来探讨的重点。

---

73 “Editorial of The Utusan Melayu dated 26 January 1953” (Kuala Lumpur: National Archives Malaysia).

74 “Editorial from Melayu Raya dated 27 January 1953” (Kuala Lumpur: National Archives Malaysia).

陈六使致力克服办学的阻力

陈六使个人的决心

面对层层的阻力，陈六使想方设法透过各种管道来消除反对者的疑虑。而对于支持者，他则一直给予鼓励，并向支持者一再宣誓他的办学决心。陈六使在提出倡办大学建议的一个星期后，就以福建会馆的名义，将500英亩的土地献予新大学作为校址。[75] 在十多天后，他便对外宣誓他办学的决心和呼吁支持者支持这项壮举：

> 吾人创办马华大学之计划，完全按照中国历来创办大学者，如北平之燕京大学、清华大学及福建厦门大学之创办计划，而规模亦将拟于上述各大学之宏大，虽然，马来亚大学有其优点，然吾人创办之马华大学，亦将有其长处，而吾人对于创办马华大学具坚强之决心与意志，马华大学之建筑费预算与每年经常费预算，目前经有决断之把握，因此希望星马全体侨胞，对马华大学之创办，均能抱着决断信心，而切勿踌躇不决。[76]

在一星期后的华团大会中，陈六使再次重申自己开办大学的决心：

> 吾人之大学一定要办，而且一定要办成功，使吾人之文化在马来与各民族文化共同长存……十年经费无须过虑，盖十年后，新人必继续吾人而发扬光大之……余认为必须做的事，余必以身作则，始请他人出钱，余出钱出力到大学办成功，但愿侨众合作……吾人创办大学必须成功，如有不成或有人要余中途引退，余必力争到底。[77]

[75] 《南洋商报》（新加坡），1953年1月24日。
[76] 《南洋商报》（新加坡），1953年2月4日。
[77] 《南洋商报》（新加坡），1953年2月13日。

过后，陈六使在筹委会会议中，仍然不厌其烦，再次表示绝对会领导建校计划直至完成。[78] 1953年5月6日南大以公司法进行申请注册获准后，他在记者会上重申会负责到底，直至南大创校成功。[79] 为了具体表现办学的决心以及带头的作用，他在第二次筹委会议中，宣布捐献500万元作为创校基金（先交200万元，其余于南大建立后，分十年每年30万元交清）。[80]

陈六使为了消除殖民政府与其他族群对华人自办大学的疑虑，他对外宣称新大学并非单一种族的大学。就收生问题，他就表示：

> 马华大学招收学生，决不分国籍，不分种族，马来亚各民族学生，均可报名入学攻读，欧美人士如有须要研究汉文者，亦欢迎进入马华大学，盖吾人创办马华大学之目的，乃在创办一国际性之马华大学。[81]

在较后的创立南洋大学宣言中，他清楚向社会各造说明华人自办大学的理由与宗旨。[82] 他也在其他场合强调，南大聘请教职员绝无政治色彩，校方不允许教职员与学生涉及政治活动：

> 南洋大学将来聘请之校长、院长、教授、讲师、助教，甚至校丁及所收容之学生，须绝无政治色彩者。盖因吾人之真正目的，乃欲使南洋大学学府，成为纯粹学术研究之中心，培养专门人才之温床。因此，余愿事先声明，凡是应聘南洋大学为教职工役者须无政治色彩，且于服务南大期间，不得作任何政治活动。而欲进入南洋大学求深造之学生亦然。[83]

---

78 《南洋商报》（新加坡），1953年2月24日。

79 《南洋商报》（新加坡），1953年5月7日。

80 《星洲日报》（新加坡），1953年5月20日。

81 《南洋商报》（新加坡），1953年2月4日。

82 创立南洋大学宣言具有四大理由：（一）为中学毕业生广开深造之门；（二）为中学培植师资；（三）为本邦造就专门人才；（四）为适应人口上需要。另外尚有两大特质：（一）沟通东西文化；（二）发展马来亚文化。见《南洋商报》（新加坡），1953年4月8日。

83 《南洋商报》（新加坡），1953年5月7日。

陈六使一再表达南大是纯学术机构、政治的绝缘体，并强调华人发扬文化，与本土化和国家认同没有相违背，亦无意独尊中华文化。除了努力化解殖民政府与马来民族的疑虑，陈六使还借重支持力量将办大学的声势不断提高。

陈六使的运筹帷幄

陈六使第一次倡议办大学时并没有获得任何的响应。就此事，他在第二次提出时曾提及："余今次倡议办大学，实有不得已者，盖二年前已言及，以马来亚富人之多，二年来竟无声息。"[84] 于是他吸取上次的经验，在1953年二度提出自办大学之前，先联系他的商界好友，请他们扩大联络网。陈六使这样的安排非常的成功，他提出自办大学倡议后，立即得到华人社会的响应，并形成了一股浪潮。

在此同时，陈六使的办学倡议得到马华公会领导人陈祯禄[85] 的支持，为华人社会和外界搭起沟通的桥梁，化解了一部分的反对力

[84] 《南洋商报》（新加坡），1953年2月13日。

[85] 1883年4月5日，陈祯禄出生于马六甲一个峇峇(Baba)家庭，他在马六甲的英文学校接受小学教育。毕业后，前往新加坡莱佛士书院继续深造。陈祯禄在1908年投身商界，除了刻苦经营，加上岳父杨定海的助力，令他在短短数年内成为20余家工商业机构的董事。工商业的成就为他取得社会名望和殖民政府的赏识。1912年，他获殖民政府委任为马六甲市政局的委员，开启了从政之路。陈祯禄在政治上的特出表现，获得殖民政府的重视，于1923年获委为海峡殖民地立法议会议员，建立与殖民官员和马来领袖的交往关系。二次大战后，因殖民政府的鼓励，陈祯禄组织了马华公会，不仅为华人谋取权益，同时也成为殖民政府与华人社会的沟通桥梁。此外，马来族群也将陈祯禄视作一位友善的华人领袖和值得信任的伙伴。因此，他在当时的新马社会拥有崇高的政治地位。见Alice Scott-Ross, *Tun Dato Sir Cheng Lock Tan* (Singapore: Alice Scott-Ross, 1990), pp. 4, 8, 11, 37, 93, 99, 110; Yeo Siew Siang, *Tan Cheng Lock – The Straits Legislator and Chinese Leader* (Petaling Jaya: Pelanduk Publications, 1990), pp 1, 9, 12 -13, 67; Soh Eng Lim, "His Leadership of The Malayan Chinese," *Journal of Southeast Asian History* Vol. 1 (1960), pp. 31–32; K.G. Tregonning, "Tan Cheng Lock: A Malayan Nationalist," *Journal of Southeast Asian History* Vol. X (1979), pp. 25–26, 29.

量，使筹办工作能够继续进行。当陈六使提出自办大学的建议时，马大副校长薛尼肯因立即表态反对这项建议，此举间接表达了殖民政府的反对立场。陈六使深知政府的立场将影响办大学的计划，便尝试透过各种管道，阐明华人办学的目的与宗旨，希望获得他们的理解和包容。陈祯禄就在建议提出三天后（1953年1月19日），向报界发表支持陈六使办大学的言论。他呼吁新马政府对这项倡办予以同情及考虑。[86] 不仅如此，陈祯禄与马大副校长薛尼肯因于1953年1月28日在马来亚广播电台，针对华人自办大学的课题进行约半小时的论战。[87]

辩论结束后不久，陈祯禄居中协调，让英驻东南亚最高专员兼马来亚大学校长麦唐纳（Malcolm MacDonald）与陈六使等南大创办人会面和交换意见。[88] 这次会谈最大的收获是打开与政府沟通的管道，让陈六使等人有机会将倡办大学的目的，直接向英方高级官员传达。

陈祯禄不但促成陈六使与殖民地官员的交流，也利用机会向马来族群传达了华人自办大学的目的和讯息。如在马华一巫统的第三次圆桌会议中，他就向与会人士宣布："南洋大学创办人陈六使氏曾授权彼对众宣布，南洋大学将来设立时，在文化及经济上将使马来民族受其实惠。"[89] 陈祯禄是三方都能接受的人物，透过这个中介角色的特点，他可以把南大办学目的向其他两方传达和解释。然而，陈祯禄在后来并没有积极投入南大筹建运动当中，[90] 因为他深明这样

---

[86] 《星洲日报》（新加坡），1953年1月20日。

[87] 这场辩论于1953年1月30日晚上8时播出。"Radio Debate on Proposed Chinese University" (Kuala Lumpur: National Archives Malaysia).

[88] "Statement by His Excellency the Commissioner General regarding the Project for a Chinese University in Malaya, 24 January 1953" (Kuala Lumpur: National Archives Malaysia).

[89] 《星洲日报》（新加坡），1953年3月9日。

[90] 他的名字也没有在南大筹委会名单中出现。《星洲日报》（新加坡），1953年2月13日。

会引起其他两方面的不满，尤其部分人士已对他为南大奔走颇有微言。他只能在能力范围内，为南大化解部分阻力，扫除部分人士的误解和猜忌，让办学的脚步继续往前迈进。

在整个倡议办学过程中，除了借重陈祯禄外，陈六使也凭本身的影响力先把新加坡华商团结起来，然后把新加坡中华总商会与马来亚各州中华总商会联系在一起，以获得他们的支持。当新马两地华商领袖，如李光前、陈锡九、高德根、胡文虎、钟森、胡曰皆、刘玉水、伍瑞琴、洪启读都相继表态力挺后，一股强大的办学力量就此形成。马来亚中华总商会联合会在较后通过全力支持陈六使办学的建议，正代表他成功将商人力量集合在办学的旗帜底下。加上中文报章的推波助澜，以及马华领袖陈祯禄的调解，陈六使办学的道路终迈出了艰辛的第一步。

1953年2月12日，华人自办大学的计划进入实践阶段。中华总商会及279位华团代表举行了大会，商讨创办大学的问题。与会的300多位各华团代表一致通过支持陈六使的倡议。[91] 同时，该大会更即时讨论成立大学筹备委员会。大会选出12个团体担任筹委会委员，其中包括陈六使、中华总商会、福建会馆、广东会馆、客属总会、三江会馆、潮州八邑会馆、漳州总会、琼州会馆、福州会馆、广惠肇公会、马华公会星洲分会和树胶公会。[92] 此外，民间各造也积极响应：工人自由捐输、中学生节省零用、三轮车工人义踏、的士司机义驶、摄影社义摄、理发店义剪、罗厘业同人义驶和喜庆节约等等，自动自发的为南大筹募款项。自办大学的计划，在商人集团的带动与民间团体的配合下，让新马华人社会翻滚沸腾，支持的声浪此起彼落，筹募运动热烈的进行。两者的配合，正是后来自办大学计划能够成功的主要原因。

[91] 同上。

[92] 《星洲日报》（新加坡），1953年2月13日。

陈六使的决心和运筹，让这项华人自办大学的运动不至于半途而废。为了缓和其他族群的不满和消除殖民政府的疑虑，他一再强调南大的中庸立场以及对本土的认同。陈六使的多方努力，成功集结商人和民间各造支持，形成一股不可忽视的力量。有趣的是，在陈六使等人展开新大学的筹备工作的同时，一再拖延开办的马大中文系也有新的发展。马来亚大学副校长薛尼肯因宣布中文系在1953年10月开课，并聘请贺光中博士为高级讲师兼暂时代执行系主任的工作。[93]

结语

二次大战后，英殖民政府推动重英教育政策，并投入大量资源来发展英校。外交方面，殖民政府宣布与中国断交，同时禁止新马和中国的人民往来。殖民政府内外政策的改变，对华文教育的师资来源，学生的升学管道和华校往后的发展，都造成负面的影响。陈六使倡议华人社会自办大学，就是为了要突破华文教育所面临的困境。

陈六使领导华人社会建立南大，遭遇到殖民政府和马来民族的反对。对陈六使与华人社会而言，建立南大是维护华人的文化，与本土的认同是相容的，并没有任何相互冲突之处。殖民政府和马来民族并不认同华人社会这种文化模式。对他们来说，华人社会全力维护本身的文化与教育，是对本土的教育政策的一项挑战。双方在文化、教育、种族的问题上存在着非常大的分歧，使得南大的筹建面对极大的阻力。为了不让南大的筹办在强大的反对压力下夭折，陈六使一再强调南大是非种族的大学，欢迎各种族申请，并且不断突显南大的本土色彩，例如南大会重视英文与马来文的教学，课程

[93] 《南洋商报》（新加坡），1953年4月25日。

为培育本土人才而设。另一方面，陈六使努力将南大与政治划清界线，表明南大是绝不容许任何的政治活动进入。陈六使的努力，是希望让反对者认同南大的成立，以减少未来的阻力。

殖民政府与马来民族的反对立场逐渐软化，主要是来自两造各自的不同考量。殖民政府一开始就惧怕南大问题被政治化，而以教育的立场来持反对的立场，但是殖民政府并没有坚决反对南大的建立，只是希望南大延后开办。由于殖民政府有所顾忌，所以当华人社会全力推动南大的建立时，殖民政府为了避免直接与民意对抗，加上美国方面的介入，在态度上渐趋软化。马来民族方面，由于主要马来政党巫统必须营造各族和谐的气氛，以便从殖民政府手中接过政权，再加上盟友陈祯禄表态支持南大，因此在南大问题上采取默认的态度。

二次大战后，错综复杂的政治环境与种族关系，反而让反对南大建立的团体有所顾虑，陈六使利用这段时机，再配合华人社会的支持力量，终于使南大获得注册，校地问题得以解决，新马两地政府豁免捐献南大款项的所得税。前路虽现曙光，但是满途仍是荆棘，日后的南大仍面对重重险阻。

附录一：中文报章发表支持南大办学的社论

（1953年1月－1953年2月）

日期	报章	篇名
1953年1月19日	《南洋商报》	〈拥护陈六使先生为华文教育呼吁－积极创办马华大学〉
1953年1月19日	《星洲日报》	〈促成马华大学的实现〉
1953年1月20日	《南洋商报》	〈再论创办马华大学〉
1953年1月20日	《星洲日报》	〈华校教育的自我检讨〉
1953年1月21日	《星洲日报》	〈马华大学无设立的必要么？〉
1953年1月23日	《星洲日报》	〈同侨人力物力的总动员〉
1953年1月26日	《南洋商报》	〈我们对马来亚的正确立场〉
1953年1月27日	《南洋商报》	〈马华大学会妨碍马来亚大学吗？〉
1953年1月28日	《星洲日报》	〈教育学术专才的动员〉
1953年1月28日	《中兴日报》	〈对创办马华大学之我见－为响应陈六使君建议而作〉
1953年1月29日	《中兴日报》	〈设立马华大学的意义〉
1953年1月30日	《中兴日报》	〈响应陈六使先生创办马华大学〉
1953年2月2日	《南洋商报》	〈马华大学的时代使命－它将得到民主支持呢？抑将遭遇到政治的压力呢？〉
1953年2月2日	《星洲日报》	〈马华大学的设计问题〉
1953年2月3日	《南洋商报》	〈论马华大学须提前创办〉
1953年2月9日	《星洲日报》	〈马华大学的基本课题〉
1953年2月9日	《中兴日报》	〈祝马华大学筹备工作顺利〉
1953年2月10日	《南洋商报》	〈新大学须从速成立一个设计委员会〉
1953年2月11日	《南洋商报》	〈关于马华大学几个具体建议〉
1953年2月12日	《星洲日报》	〈建立马华大学的先决问题〉
1953年2月16日	《南洋商报》	〈为“马华大学”敬告各民族人士〉
1953年2月17日	《南洋商报》	〈新大学正名〉
1953年2月23日	《南洋商报》	〈为实现“南洋大学”努力〉
1953年2月23日	《星洲日报》	〈临事而惧，好谋而成－论大学建设进行五要务〉
1953年2月24日	《南洋商报》	〈南洋大学的宗旨〉
1953年2月24日	《中兴日报》	〈南洋大学名正言顺〉
1953年2月26日	《南洋商报》	〈南洋大学计划大纲〉
1953年2月28日	《星洲日报》	〈马来亚各民族的团结合作〉

资料来源：《南洋商报》（新加坡）、《星洲日报》（新加坡）、《中兴日报》（新加坡）。

附录二：《海峡时报》评论南大问题之读者来函

（1953年1月－1953年2月）

持反对意见的来函	表示赞同的来函
Malayanwalla, "The Dato and The University" (22 January 1953)	True Malayan, "Malayanism of the Dato" (24 January 1953)
Tanah Merah, "Money for a University" (23 January 1953)	Teacher, "A Chinese University" (26 January 1953)
H.Y.C, "University of Singapore" (24 January 1953)	R.C, "Potentialities Unlimited" (27 January 1953)
Ezamed, "A Communal University" (26 January 1953)	Chinese Parent, "What is The Grudge?" (27 January 1953)
Mandalay, "A Chinese Seat of Learning in Malaya" (26 January 1953)	G.Y, "Cultural Entrepot" (29 January 1953)
Jou Bienming, "Thoughts on a Chinese University-The Need, The Means and The Men" (27 January 1953)	S.K. Leon, "Chinese Students' Object" (29 January 1953)
K.G, "Generous Givers" (27 January 1953)	Pro Patria, "University's Strength in Unity" (29 January 1953)
Cheong Hock Hai, "The Case for An Institute of Chinese Studies" (28 January 1953)	L.C.L, "University Education in Mother Tongues of Asia" (31 January 1953)
Radio Scientist, "The University: Views of A Scientist" (30 January 1953)	Seah Mui Kok, "Beauty of Culture" (31 January 1953)
Tong Teck Ing, Rodgers Tan, K.L.M, D.J. Puthu-Cheary, "Pros and Cons" (31 January 1953)	J.S. David, "The University and The Chinese" (2 February 1953)
Malayanwalla, "Universities in India" (3 February 1953)	Chinese University Graduated Engineer, "Chinese University Types" (4 February 1953)
R.O. Holt, "Support for Sir Sydney" (4 February 1953)	Q.T. Wong, "A Chinese University and its Critics" (5 February 1953)
Nam Anich, "Synthesis in English and Chinese" (9 February 1953)	B., "Tragedy of an Education System" (5 February 1953)
Lim Kwang Yu, "Chinese University: Time Not Yet" (11 February 1953)	Gek, "Time for Patience" (5 February 1953)
Hang Tani, "University and Unity" (14 February 1953)	Teacher from Britain, "Three Universities and a T.T.C." (7 February 1953)
Rice Farmer's Son, "University Rejection" (16 February 1953)	Milon Nandy, "Two, Three or More" (7 February 1953)
Milon Nandy, "A Chinese University" (24 February 1953)	Labourer's Son, "Rejected by The University" (10 February 1953)
Old Singaporean, "Revolution, Exodus-and no University" (28 February 1953)	Malayan, "Gestures of Goodwill" (27 February 1953)
	Singapore Malay, "Chinese University 'Their Own Affair' "(28 February 1953)

资料来源：*The Straits Times* (Singapore).

4

南洋大学史上的林语堂

何启良

引言：南大"家谱论述"与"他者"林语堂

南洋大学创校之概念始于1953年，正式招生开课是在1956年，这三年乃南大坎坷曲折历史之第一阶段。[1] 时值二次世界大战后约十年，韩战刚刚结束，冷战进入非常时期。同个时候，亦是新中国共产党夺取政权五年后推行大跃进运动的开始（1956–1965）。在新加坡，执政从未中断的人民行动党正式成立（1954）。各民族在该党的召号下正企图摆脱英国殖民统治，终于在1959年获得自治权。新马当地唯一的大学马来亚大学已成立约七年（1949年创立）。马来亚共产党地下颠覆活动极为活跃，1951年武装斗争达到了巅峰。殖民政府1948年宣布紧急状。马共准备通过和谈，以结束武装斗争，但是1955年12月28日的华玲会谈失败。左派思潮在新马两地的主流和支流政治体制发挥了极大的影响力。工潮和学潮在反殖民意识的推动下，成为政治组织的重要手段。

新加坡和马来亚两地的华文教育，经历了二次世界大战日军的破坏后，劫后余生，再度出发。两地华人对战后英国殖民政府

[1] 南大发展史的分段，至今尚未有定论。有论者认为，南大发展可以分五个阶段：创立（1953–1955），开学（1956），发展（1957–1964），改制（1965–1978），关闭（1979–1980）。李业霖在《南洋大学走过的历史道路》〈导言〉中则建议南大发展可分三个阶段：（一）创建时期(1953–1958)；（二）从争取学位受承认到改制（1959–1974）；（三）变质与被关闭（1975–1980）。见李业霖编《南洋大学走过的历史道路》（八打靈：马来亚南洋大学校友会，2002），页5。

对华文教育的压迫极为愤慨。在独立运动、反殖民主义和民族主义高昂的年代，华人对于创办一所以华文为主要教学媒介语的大学，意志坚定。这段时间，不利马来亚半岛华校生存的《巴恩报告书》（1951）、《1952年教育法令》以及《1954年教育白皮书》相继出炉。华校源流学生被排挤在官方成立的马来亚大学之外，升学无门，形成边缘社群，与受英文教育源流的主流社会不合。一间华文大学的创办，乃当地华人社会的普遍要求。[2] 南大创始人陈六使敏锐地观察到华人社群对母语教育的执着。他登高一呼，为南大催生。从民众的澎湃热情里见证了一个移民社会对于自身母语教育的无限热忱和支持。同时，创校的一群社团领袖也以同样崇高的理想办学。在一个政治、经济和文化制度都还不健全，社会共识尚待建立，且集团压力重重的年代里，南大的创立成功，实为一件划时代的事件。

南大创校历史上有名人物众多，无名者更众。历任南大校长亦举足轻重，有正式校长之名的四位，其中任职最久者乃黄丽松（三年），任职最短者乃林语堂（六个月）。[3] 林语堂受聘于南大执委会，为南大分娩时期的第一任校长，乘兴而来，败兴而去，经历短短六个月后双方不欢而散，分道扬镳后彼此再无一句良言。[4] 他与南大董事会的这段纠结，被一般人喻为“林语堂事件”。现在属于“官方

---

[2] 1950年，新加坡华校生共7万余人。1951年统计显示，马来亚半岛的学生更达22万之巨。

[3] 南大历任校长如下：林语堂（1954–1955），庄竹君（副校长，1960–1964），黄应荣（副校长兼代校长，1965–1969），黄丽松（1969–1972），薛寿生（1972–1975），李绍铭（1975–1976），吴德耀（代校长，1976–1977）。

[4] “林语堂事件”的叙述，见以下资料：郭存孝〈林语堂与新加坡南洋大学的趣缘〉，《历史的碎片》（天津：百花文艺出版社，2004）；柯南〈林语堂与南大〉，《知识天地》，1976年；柯南〈林语堂告洋状〉，《知识天地》，1976年。这三篇文章引文、资料皆无出处，让研究者不易查询。《南洋大学创校史》（新加坡：南洋文化出版社，1956）一书纪事甚详，而年月离事件极近，故可信度极高，然事件记述评论似有写“家谱”之嫌。林语堂在当时华文报章刊登过的言论和文件多不存收。

叙事”的南大校“史”的文本论述里，林语堂的流品和声誉狼藉。或者更准确的说，南大舆论一直对他采取道德倾向的否定态度，且时有相当强烈的措辞。这些当然是林语堂离职之后的发展。在他还任职南大时，华人报章舆论对他还是相当客气和礼遇的。就以事件发展而言，有论者认为“林语堂事件”是南大史上的一个“污点”，[5]是令新马“华人社会和知识界蒙羞的事”。[6]就个人的人格品行而言，林语堂也被指斥为浪得虚名、心胸狭隘之徒，论者对他多嗤之以鼻。1956年出版的《南洋大学创校史》记述此事件甚详，其中不乏责骂林语堂之句，如“愧读一辈书竟然告洋状”、“丧心病狂不惜诬陷华侨”。还有更耸人听闻的指斥，说他“人格卑鄙无真才实学更无资格办大学的丧心病狂文棍”。[7]这些都是双方交恶后的措辞，口气尖锐。当时舆论阐释如此，滚雪球似的越滚越大，难怪“林语堂到现在仍是千夫所指的对象”了。[8]这些对林语堂的批判，在新马舆论界和文化界非常普及和流行，意见相当一致，大家似有共识。连新马文学创作者也不放过此一题材，曾经有人用此事件作为背景，写了一本小说嘲笑和讽刺林语堂。[9]报社记者的恶评、史家“一家言”的抨击，加上文学家艺术加工后的揶揄，林语堂在新马的文化命运也因此定型。值得一提的是，这些否定林语堂的文化舆论有一个特点，即这些著作者都是本地写作人，而且大部分都是与南大有不同层次的密切关系。一般来说，持这种评价的人都是以林语堂的用人唯亲、政治立场，以及离开时拿走的一笔遣散费做文章。他们曾是南大董事，或是毕业生，亲身经历或听

[5] 林孝胜〈陈六使：胶业钜子与南洋大学创办人〉，林水檺编《创业与护根：马来西亚华人历史与人物儒商篇》（台北：中央研究院，2001），页74。

[6] 张曦娜〈南大创建时的林语堂事件〉，李业霖编《南洋大学走过的历史道路》，页41。

[7] 《南洋大学创校史》，页168。

[8] 林孝胜〈陈六使：胶业钜子与南洋大学创办人〉，页75。

[9] 吐虹小说〈“美是大”阿Q别传〉里，林语堂就成了小说家笔下的讽刺对象。见吐虹《第一次飞》（新加坡：海燕文化社，1958）。

闻此段事故，得到的当然是第一手资料，但是他们往往离不开“爱南大”、“护南大”的立场，亦时有压郁悲怆之情，语气及用词难免主观和具道德色彩。这些断言，可以称之为南大“家谱叙述”里的“林语堂情结”。“他者”林语堂一词因此而来。

同情、惋惜林语堂者虽有人在，但是毕竟是少数。一部分是他的旧同事和故友，如徐订和钱穆，而真正理直气壮地维护他的只有他的亲人了。徐订和林语堂是知交，在大陆时共事多年，1960年代曾到南大任教，对于林语堂在南大的种种听闻颇多。他写道：“1960年……我去教一年书，我听到不少关于语堂在新加坡时的种种，许多人对他诸多的侮蔑与抨击，我实在为语堂抱不平与可惜。”[10] 他追述此一事段的前因后果，一方面怀念故友，另一方面其实有批评南大董事会的意思，比如说，要三轮车工友义踏募款是一件很“出格”的事。他语调虽然温和，但是还是掩不住他对南大管理层处理此事的不满。最后他说：“当年纷争不过是浪潮中的一个泡沫而已。”说得极为平淡。林语堂亲人的观点和语堂相当一致，即认为此事件牵涉到政治思想的斗争。林语堂的女儿林太乙态度较直接，也相当强硬。在1989年出版的《林语堂传》有题为“南洋大学校长”的一章，文中林太乙是以一位“受害者”的身份述说此事。她追述事件前后，心中不无愤慨。据她说，新马左派分子对林语堂和家人穷追猛打，逼使他们离开自由主义的阵地。最后她下的结论：是“北京（就）下令要把林语堂赶走”的。[11] 这显然是林语堂版本的一种“另类”说法。除了林语堂和林太乙之外，大概只有台湾官方仍然持有这个立场。如今台北阳明山山腰仍然保留林语堂故居，让后人凭吊，而在《林语堂故居》网页“生平年表”中的

[10] 徐订〈追思林语堂先生〉，子通编《林语堂评说70年》（北京：中国华侨出版社，2003）。

[11] 林太乙《林语堂传》（台北：联经出版公司，1989）。

61岁栏里，有以下一段："卷入共产党策动的政治漩涡，于四月全体教职员集体辞职。不久漫游欧洲。这个不愉快的经验让林夫人一度精神衰弱。"[12] 这些论述和记载，显然牵涉到当时和现在政治党派（即国民党和共产党）的意识斗争。

近十年中国大陆学界对林语堂的研究，也有成果。据说，近一代的大陆学者是透过鲁迅的著作才认识林语堂的，[13] 这与新马一带透过南大事端认识林语堂一样，同样染有某种色彩。万平近《林语堂评传》（重庆：重庆出版社，1996）第十九章〈海外生活道路上的插曲——出任南洋大学校长始末〉，对此事端有较为公正的评述，虽然当牵涉到政治议题时，作者的立场就相当明显了，但是他对林语堂的举止并不袒护。另一位作者王兆胜对林语堂在南大的日子倒是有点"了解的同情"（陈寅恪语）叙述，行文间多了几许敬意，说"如果不是有可能在有生之年创办一所'林语堂式'的真正的世界一流大学，林语堂是决不会在60多岁的高龄，放弃自己的写作，从美国远走新加坡出任一个普通大学的校长的。"[14]"林语堂式"的大学一语颇具新意，但是它毕竟不是当年新马华人所向往的学府。

这些林语堂的故友亲人和研究者，虽然表示同情、维护和敬重，却没有一位是肯定林语堂的所作所为是对的。我们可以提出许多理由去解析林语堂在南大的这一段离异，但是即使是对林语堂最宽容的批评者，也不会认为"林语堂事件"是一个给南大带来积极意义的正面现象。人物是立体的，历史的动因是多重的。事实上，在南大25年的文化痛史里，"林语堂事件"是它的第一道伤痕。

---

[12] 见www.linyutang.org.tw。

[13] 张立国写道："我们这一代的人是从鲁迅先生的著作和诠释里知道他（林语堂）的大名的，又因为那个时候我们一致认定：凡是鲁迅先生批评过的人必定算不得是什么好人，所以林语堂就成了许多人心目中的'反目人物'。"见〈林语堂小传〉，《林语堂卷》（北京：蓝天出版社，2004），页1。

[14] 王兆胜《闲话林语堂》（北京：中国国际广播出版社，2002）。见书中〈"出任校长"风波〉一章。

南大分娩：孕育与阵痛

谁的温床？政治压迫与华文教育

二次大战后冷战开始，新加坡华人政治认同因新中国建立出现变化。亲中国乎？落地生根乎？若亲中国，是亲共产党乎？亲国民党乎？那时国共斗争延续到海外，而当时亦正是新加坡和马来亚各族人民争取独立的年代。政治派别纷纷组成，利益集团也一个接一个崛起，一时风起云涌。劳动阶层与资本阶层关系日趋矛盾，工潮频发，社会秩序相当紊乱。

英国殖民政府一向来偏重英文教育，对于其他的母语教育（包括华文教育）采取了敌视的态度。无论在教育经费，还是师资训练，英文源流学校有绝对的优势。政府所实行的1950年学校注册法令和1953年华校两种语文教育白皮书，都否决了华文教学。对他们来说，华文教育是沙文主义，它和共产主义运动的散播有直接的关连。因此当华社提倡创立一间华文大学时，殖民地政府极力反对。他们害怕此一高等学府将会成为共产主义的温床。经过多次官方的刁难后，南大成功创立便成了他们眼中的一根刺了。再者，殖民政府认为，南大创办人陈六使的身份似乎是有亲中国的倾向。尽管他不是同情共产党，但是在那个年代，任何有关华文文化传播的举止，都无可避免地被染上政治色彩。新马华文教育运动一直都有极深的忧患感和危机感。在马来亚，英殖民政府拟定了一系列的教育政策，显然对华教不利。先是1951年《巴恩氏报告书》，接下来是《1952年教育法令》，以《巴恩氏报告书》为蓝本，立法消灭华校。1955年联盟政府执政后，对教育政策作全盘检讨，拟定了《拉萨报告书》，以建立国民型学校为最终目标。华社于是极力反对，为了文化“救亡”作出了反应。1951年华文教育界人士成立了马来亚联合邦华校教师总会（教总），三年后（1954年）马来亚联合邦华校董事联合会总会（董总）也告诞生。

在新加坡，华人社会爱护母语教育的呼声亦直上云霄。几经鼓吹，陈六使提出创办南洋大学，得到了新马华社各阶层人士的热烈响应。创办南大，是“为了维护文化永存，不致被时势所淘汰”。[15]南大成为一项万人动员的社会运动，实有其政治和社会背景。新马华人社会在长期被歧视和压迫的气候下，奋力争取母语平等权益，用长年累积的经济资源和社会力量，反弹强势压力。更重要的是，南大的创立乃建立在一种文化力量上，此乃其真正的精神资源。

创校三事：建校地址、筹募经费、聘用校长

南大创校时一切从零开始，创办人基本上有三项重大任务：第一、寻找建新校址土地；第二、筹足经费以应付建筑、校务和教学设备费用；第三、规划大学的课程内容、拟订教学方向，以及落实大学精神。首项任务，已由陈六使领导的新加坡福建会馆捐出位于星岛西端裕廊路五百英亩地皮为兴建大学校址，基本上获得解决。后两项任务较为长远，亦必须同时进行。筹款一事，大学筹募委员会即时成立，陈六使捐献500万作为南大基金，在社会商团领袖带领之下，新马两地华人纷纷解囊。筹款运动反应热烈非常，筹募委员会在1954年8月的第一次会议中，决定了在1959年之内筹足2000万元的目标。

筹募基金有赖于动员各阶层的本土群众的热心支持，然而如何组织院校、拟订大学课程内容、主持日常校务、招揽延聘教授，以落实名副其实的一流大学，就必须借助在新马以外的知识人才了。而物色一位象征严正学风，开一代风气的校长，便成了南大执委会的当务之急。事实上，后来的发展证明，真正考验南大执委会的管理能力和文化见识的，并不是校地或筹款问题，而是如何寻找到一位符合当时南大创校精神的校长。

15 《南洋大学创校史》，页1。

或曰：校长重要吗？师资为大学第一要素，此乃办学至理。而大学校长，正是师林之师。他的教育理念，尤其是办学治校的理念，可开亦可闭一代风气。如今大家都缅怀蔡元培，因为他是大学理念的掌握者，更因为他有人格感召的力量。他制定了大学的规格和模式，决定了大学发展的方向和目标。事实上，如果蔡元培当年不敢改革旧北大，北大也就不可能有当时的盛名及日后发展的基础。当然，也有无数大学校长是无名之辈，大学校长不一定是要闻名于世的大学者。但是，一流的校长和一流的大学是相辅相成的。

当年南大执委会聘请校长，最起码应该有这种教育理念和办学思维，不然他们也不会想到胡适和梅贻琦。南洋大学创办时，在有限的条件和资源下，却有突破之意，诚值可嘉。胡适以提倡白话文著称，曾任北京大学校长，当时已名满天下，1953年他在台北的国民党政府服务，批评共产党的言论极其激烈。1954年任台湾“光复大陆设计委员会”副主任委员。1954、1955年间，在对岸的中国，学术界从文学、史学、哲学、教育等诸方面，对胡适的资产阶级唯心论，以及他的反共政治立场进行了猛烈的批判。看那时的情况，胡适来新加坡的可能性实在不高。况且他亲国民政府的政治立场比林语堂更为鲜明。南大执委会去函试探他来新办学的意愿，他没有回信。

梅贻琦曾任清华大学校长17年，他就是曾说过“所谓大学者，非谓有大楼之谓也，有大师之谓也”的那位令人怀念的教育家。据说梅贻琦极为廉洁奉公。在西南联大期间，虽身为大学校长，他经常“吃的是白饭拌辣椒，有时吃上一顿菠菜豆腐汤，全家就很满意了”。他大概是三位校长人选里最不具政治色彩的。若论教育理念和办学经验，可与胡适并提，而林语堂是无法望其项背的。南大执委会写信给他，他回信婉拒了。

林语堂任南大校长："大哲大贤"的"合家聘用"

那么南大执委会是在怎样的情况下聘请林语堂为第一任校长？看来胡、梅两人不感兴趣后，南大执委会才接触林语堂的。林语堂当时在国际文坛上已有一定的知名度，但是并不以办大学教育著称。他办教育行政的最高履历，乃曾任厦门大学文学院院长。他在任内曾经成功邀请到当时几位重要作者和教授（包括鲁迅）到厦门大学任教。或许南大执委会赏识他这一点。至于林语堂的籍贯，是否是另一个被南大执委会看中的重要因素？这个可能性亦很大。南大创办人大部分乃福建人，为了沟通上的需要，聘请一位老乡，并不是那么不可思议的。[16]

有了上两回没有被理睬和被拒绝的经验，这一次陈六使改变了方式。他委托亲信连瀛洲亲自上门拜会在纽约的林语堂，以展示对校长的尊重和聘请的诚意。林语堂亦极为高兴，但是看来有一点迟疑。从他后来发表他和连瀛洲及陈六使的信函看来，他"耿耿于心"的是南大经费问题，盖"必基金充足始可致南大于稳固不败之地"，不然南大"恐沦为寻常又一大学"。[17] 这是他不愿看到的。他几次询问后，执委会似有承诺，他才认为"事有可为"。下面这封林语堂写给陈六使的信函里，可以窥看出他当初对创办南大的一些思路：

> 六使先生道席：
>
> 奉诵来札，过蒙奖饰，且拟委以南大重任，愈增惶愧。弟何人斯，曷克当此！且老马伏枥久矣，大不想吃

[16] 尤其是陈六使，他只能用福建话交谈。但是显然这一层乡缘关系，并不能够把林、陈两人拉得更近，反而是借着乡语的直接沟通，而使到后来的冲突更加白热化。

[17] 〈1954年5月3日年林语堂与陈六使函〉，《星洲日报》（新加坡），1955年3月21日。

六山草，此项衷情，屡向瀛洲先生言之。瀛洲先生却会真诚感人，乃与之作数夕谈。弟于吾国文化、侨胞福利、亚洲将来，未尝不萦怀，乃以兹事基大且繁，不得不详细考虑，一则任重道远，恐不称职；二则凡事创业艰难，筑室道旁，三年无成，权不专，信不坚，则事不成；三则南大之办，非仅关教育，盖亦寄保存发展吾国文化之愿望焉，必有雄厚基金物力，始能贯彻始终，争得学术界地位，成为亚洲东南第一学府。苟非诸公远瞩，志在必成，或恐沦为寻常又一大学，桔过江南而为枳，斯不足观。与瀛洲兄晤谈后，深知我公热诚为我侨胞谋幸福者如此。而深谋远虑、见识过人者又如彼，窃为星洲华侨幸，故已许附骥尾，追随努力，事有可为，则志在必行。余告瀛洲兄面详。

即请

道绥

民国四十三年正月九日　弟林语堂顿首[18]

林语堂考虑来南大，应该有几个重叠的原因。第一、那时他移居美国已经二十余年，而且职业已经到了一个瓶颈，写作计划也到了一个阶段。他答应到新加坡是因为“他非常渴望变更他二十五年旅美生活方式，回到东方去”。[19] 第二、或许他真正被“侨胞”和陈六使的办学诚意所感动。连瀛洲会晤林语堂后回新报告说，他“受聘出掌南大是侨胞热情感动所然”。[20] 我们姑且信之。第三、他认为在南洋有传播和维护中华文化的必要，“在荒土播下文化种子”是

[18] 此信是万平近《林语堂评传》（重庆：重庆出版社，1996）转录自《林语堂思想与生活》（台北：金兰文化出版社，1984），页320。其后每一本林语堂的传记涉及南大事段都会引录。但是，奇怪的是，1955年3月21日林语堂公开他与陈六使和连瀛洲的函件里，并没有这封信。

[19] 郭存孝〈林语堂与新加坡南洋大学的趣缘〉。林语堂后来（70岁）放弃继续在美国旅居而决定回台湾定居，看来他一直有回归东方的意愿。

[20] 《南洋大学创校史》，页10。

他的理想，而南大正好可以负起这个文化使命。他说："目前世界在动荡困难之时期，吾人有机会在外国办一间中国大学维护吾人之文化，吾人此来，系衷心为延续中华文化在海外之发扬。"[21] 第四、他有一定的政治立场，认为南大可以成为在东南亚的反共堡垒。这一点他开始时并没有白纸黑字明说，只是在谈话间不时透露。

很难说那一个理由最重要。也许因为原因复杂，所以后来才会有不同的解释。显然林语堂来新办学是由几种机缘促成的。有人批评说他是来"淘金"的，但是以常理推测，他不太可能为了钱或享受而来。陈六使也一直重复说林语堂是不嫌弃南洋的资源贫乏和放弃了舒适的生活条件来南洋的。"林博士愿牺牲在美优裕生活，为此间华侨教育事业服务，吾人谨在此致其敬意。"[22] 说得很诚恳。如果林语堂来到新加坡后的生活条件像一般论述里所说的高人一等，那也是南大执委会对他的礼遇。至于他是否感觉到屈才，在他有关南大的有限文字里，我们读不出来。[23]

1954年10月2日，林语堂抵达新加坡，同行的还有林语堂夫人，二女儿和女婿，三女儿及两位外孙。看来林语堂是全家大小移居，似乎有长期居留的意思。这并不是第一次林语堂全家迁移。1936年他们离开大陆移民美国，也是全家一起动员的。来新办学，家人也有点犹疑。那时林太乙对放弃纽约生活和高薪的职业（夫婿黎明在联合国任职）有点不舍，"我们犹疑不决，父亲有点不耐烦了。他说，他请了这么多教师他们都去，难道你不去？我们想来想去，好像没有理由不去。"[24] 可以想象林语堂的家庭观念是很强的。

---

[21] 林语堂在1954年11月10日在欢迎会上的讲话。见《南洋大学创校史》，页117。

[22] 陈六使在南大委员会第二次代表大会上的讲话。见《南洋大学创校史》，页108。

[23] 林太乙倒是觉得以父亲的才识人望，他是屈就了。她也为自己和夫婿感觉如此。见林太乙《林语堂传》。

[24] 林太乙《林语堂传》，页267。

这次来新，林语堂全家旅费肯定不低，但是还算是一次过的费用。更具争议性的，其实是林语堂雇用家人和亲人在南大担任重要职位。女婿黎明被委任为大学行政秘书，女儿太乙为校长秘书，而侄儿林国容为会计师。这样的安排，应该是林语堂那边的要求，而南洋大学执委会这边同意。不过后来这变成林语堂在南大任内“最令人瞧不起的”事项之一。[25] 事实上，这种聘用方式也颇为奇特，以现在经费充足、制度化的新加坡的两间国内大学聘用的条约来比较，它们似乎也没有这样的全家式聘用的惯例。难道林语堂被聘用为南大校长，真的如陈六使1954年2月17日回林氏信中所说，是聘请一位“蜚声国际领袖士林之先知先觉大哲大贤”，又是新马华人“寤寐以求”的大师，[26] 故不惜一切代价？从现在的资料里我们看不出真正的原因。但是，既然南大执委会事先已经同意“合家聘用”，事后反目也就不好反咬林语堂一口了。

林语堂在一个陌生而毫无盟友的环境下，没有安全感，惟有雇用可以信赖的亲人，才能掌握和巩固行政权和财务权。他做了这些人事安排，是可以理解的。但是他这个要求是否符合伦理道德标准，实有商榷的余地。从利益冲突的层面来说，任何社会都必不会允许。校长当然有聘用教授和其他人事的权力，然而从此事的安排可以判断，林语堂似乎有点滥用权力的嫌疑。徐讦认为，这个安排“不合中国传统之情，亦有违现实环境之理”。[27] 说得极是。当年林语堂出任厦大文学院院长时招揽了一批有名的学者，但是并没有像这次这样随意聘请自己的亲人担任要职。

---

[25] 纽约《中美周报》、《联合日报》，引自张曦娜〈南大创建时的林语堂事件〉，页41。

[26] 〈林语堂作正式发表与陈六使来往函件〉，《星洲日报》（新加坡），1955年3月21日。

[27] 徐讦〈追思林语堂先生〉。

撇开林语堂的私心不说，他的确曾为开创南大时寻找过平允笃实“大师”级的老师。钱穆就是其一。林语堂曾经邀请过这位被后世称为中国“文化史的集大成者”[28] 到南大，但是没有成功。当年（1954年）钱穆在香港新亚书院，到了1956年，才应了马来亚大学中文系之邀，也来到新加坡举办过几场公开演讲，那时林语堂已经愤然离开了。这两位影响极大的近代文化人物，到了晚年才相知成莫逆之交，但是始终没有在南洋相遇。林语堂虽然对新马教育和华人社会的需求似懂非懂，但是对于一流大学必须要有大师这一个重要环节上，还是能够把握的。校长为学术带领者和推动者，于此可见其重要性。林语堂物色的其他教授包括：文学院院长熊式一，理工院院长胡博渊，进修班主任黎东方，图书馆主任严文郁，建筑工程主任杨介眉，文学院教授查理士达夫，会计师林国荣等。后来这一批学者与林语堂共进退，林语堂辞职不干，他们也没有继续逗留下来。

关于南大初期聘用教授方面，还有一个小插曲。1953年全星华文中学毕业班艺术研究会发表了一篇〈重申对南大的希望〉的声明，他们对林语堂离美来新之前在纽约所发表的谈话中，说到已经聘用“甚多受高深教育之流亡学者”这一点觉得非常不满，批评说：

> 林博士所指的流亡学者，当是逃出大陆的流亡者，此辈流亡学者在政治上都有背景，对于政治的见解多存有成见，故而这些有政治背景的人士一旦把持校政，必然把南大作为宣传政治之工具，把政治手段运用到校政来；再说有政治背景的教授，他们所繁忙的必然是政治上的把戏，对于教学当然无法全神贯注，因此这些教授充其量也只能

[28] 刘梦溪语。见刘梦溪〈中国现代史学人物一瞥〉，《学术思想与人物》（石家庄：河北教育出版社，2004），页170。

发挥其误人子弟的作用，是绝对谈不上“协助教育青年男女”的。

又说：

为了南大将来不会成为“逃国难”者的避难所，为了南大不致被这群政客所利用，我们坚持反对聘请此类流亡学者为南大教授。[29]

这里有四点值得注意。第一、大学聘请老师，竟然是一个公共空间，人人可以说话，这个组织只不过是其中之一；第二、这个学生组织认为离开大陆者的“流亡”学者皆有政治背景；第三、南大不能沦为“政客所利用”的场所；第四，有鉴于此，南大想要成一学术机构就不能聘请这些学者。且不管这种推论是否正确，逻辑是否合理，这是“广大”社会的回馈和反应，当事人当然不得不回应。林语堂来新后第二天（1954年10月4日），在南洋大学执委会的第二次会员常年大会上，特别发表澄清。他说：

谓南洋大学征聘失业的知识分子为教职云云，实系无稽之言，余从未发表此谈话，余在演说中乃谓“不幸南洋大学并非失业知识分子之紧急救济机构，而余所接触者皆持有重要职位”。此项对南大未来教职之反映，殊不能置之不理不予驳斥。南大一向坚持遵照其政策，能请一般在其学术地位有卓越声誉之学者任职。[30]

林语堂谈话的重点是：大学聘请教授，当然应任人唯贤以学术成就为标准，政治立场和背景不在考虑之列。这个谈话巧妙的回应

[29] 《南洋大学创校史》，页100、101。
[30] 《南洋大学创校史》，页112、113。

了全星华文中学毕业班艺术研究会的诉求。事实上，学生组织并不是无的放矢，当时新中国成立后，大批学者泪辞风雨故国，流亡桴浮海外，很多都是有背景的，包括胡适、梅贻琦，当然也包括了林语堂。用钱穆的话来说，当时的中国知识分子从大陆逃离，是“集体流亡”。[31] 但问题是，这是否就表示他们一律都是政客，聘请到南大“必然把南大作为宣传政治之工具，把政治手段运用到校政来”？这个逻辑似乎不能成立。当时大陆政权移换时留下来的学人不一定亲共，如陈寅恪，而流亡到海外的不一定是反共，如梁实秋、傅斯年等。留在大陆的学者也不可能接受海外大学的聘请。况且，用这个“没有政治立场”标准来聘请教授，以当时南大的条件，恐怕很难物色到真正有学术成就的教授。而后来的事实也证明，在这批流亡学者中找师资，其实是较实际的做法。但是，正因为如此，南大在很大的程度上成了一个中国文化移植的组织。

全星华文中学毕业班艺术研究会提出这个诉求，其实是有政治背景的。当时新加坡华文中学的组织已经开始被左翼分子渗透，表面上说没有政治立场，但是组织的运动和意识形态，政治倾向是相当鲜明的。由于他们思想左倾，所以特别反对与国民党相从甚密的人物。林语堂当然知道这些话都是针对他而来的。从这个事端可以看出，林语堂一开始在南大任职时，其治校权力的威信（即雇用老师）就受到了挑战。这些阻力肯定在他后来的几个月里制造了不少的困扰。

双方所谓的“学术独立”，显然是相对于政治干涉而言。对于王国维“学术之发达，存乎其独立而已”的现代诉求，或是陈寅恪“独立之精神，自由之思想”的学术坚持还是有一段距离的。对这些大师来说，学术本身可以作为一个目的，也就是学术为学术。

---

[31] 钱穆〈中国文化与海外移民〉，《钱宾四先生全集》，第44册（台北：联经出版公司，1995）。钱穆这篇文章是他在1956年在新加坡的演讲词。这里谢谢黄文斌先生的指引。

这是现代学术一个非常重要的特征。学生团体显然没有这种自觉性，而林语堂的认知，也未必能超越这个层次。

其实，南大从创办到关闭的短暂一生里，最大的吊诡是在不同阶段有不同的政治暗影，一直以不同的包装形式来干扰它的选择和发展。开始时殖民政府用政治色彩来看南大的创立，林语堂的政治背景后来成为一个话题，雇用教授又牵涉到思想意识的问题。以后的学潮、学生会组织，以及创办人陈六使公民权的被褫夺、南大与新大合并等等，更是与政治运作有着无法摆脱的密切关系。当事人立场各异，各人自说自话，对政治意识的问题，或作潜意识的逃避，或以权力在位的优势操作事件的发展。南大的历史，简直就是一部政治史，或者更准确的说，一部政治操作史。然而，政治令人疑惑、厌恶，令人感到神经敏感，但是它却无所不在。

办校理念的分歧：办什么样的大学？如何办？

林语堂到达新加坡开始治理校务，与南大执委会之间有几项较大的分歧，其中最早的一项是硬体设备的校舍建筑工程。林语堂来新之前几个月，南大校舍已经动土，各种建筑物的设计已经定了下来。显然离林语堂所想象的理想大学有一段距离。林语堂提出异议时，对方却不愿妥协。这就是双方抵牾的开始。林太乙的描述是这样的："父亲一到就马上遇到困难。最先是建筑方面。他获悉建筑地盘的契约有舞弊的情事，开土机也显然用以做不必要的工程藉以增加利润。大学董事部也违反对他的诺言，不事先征询他对兴建校舍的意见，迳行批准图书馆的一项极坏的设计，光线固然很差，藏书的地方也极少。而且已经率先开工建造。不独如此，他们也不事先征询工学院院长的意见就开始建造工学院大楼。"[32] 林太乙所谓

[32] 林太乙《林语堂传》，页269。

的"舞弊"，乃指南大校舍过程由董事会的人包办。其他事项牵涉到的是彼此沟通的问题。

事实上，林语堂和南大执委会之间，真正的严重分歧，乃软体议题，即：（一）南大究竟应该是一间怎样的大学？（二）校长和董事会的权力范围在那里？前者是办学理念，后者则牵涉到权力的斗争。这看似对硬体发生异议，其实牵涉到的是理念和权力结构问题。

在办一间怎样的大学的议题上，林语堂与南大筹备委员在表面上并没有太大的不同，但是骨子内却是没有共识的。他们对大学功能的认知有异，对办一流大学的执着和用心也有很大的距离。我们不妨先回顾南大创立的宗旨。1953年南大筹备委员会所发表的创立南洋大学的宗旨是：(一) 为华校中学毕业生广开深造之门；(二) 为华文中学培植师资；(三) 为新加坡造就专门人才；(四) 为适应人口增加及社会经济发展之需要。同时指出，南大以历史背景与特殊环境，除了具国际著名大学一般宗旨外，还有两大特色：(一) 沟通东西文化；(二) 发展马来亚文化。[33]

可以看出，事实上，南大宗旨的社会性比其教育性为重。首四项是重点，而国际一流大学云云，则是较次要的。况且，以当时新马的文化水平和经济条件来说，此项目的只能是一项长远的目标，而非急时的需要。连瀛洲1953年12月4日专程到美国拜会林语堂时，《创立南洋大学宣言》已经公布，连瀛洲是否有示之于林语堂？从现在的文献来看，我们不得而知。但是，从林语堂1954年1月9日写给连瀛洲的"备忘录"里，却完全没有提及南大宣言中这些重要的社会课题，如发展马来亚文化、师资问题、为适应人口增加及社会经济发展之需要等等。这封信给人的印象是，林语堂的确对当时南大的创校宗旨没有太深厚的了解。他接到聘书之后，在致陈六

[33] 见《创立南洋大学宣言》。该宣言公布于1953年4月7日。

使的第一封信里，大力赞扬他“热忱为我侨胞谋幸福”、“深谋远虑、见识过人”，讲了许多这些无关重要的话外，涉及文化教育的只有两句：“非仅关教育，盖亦寄保存发展吾国文化之愿望”、把南洋大学办成“亚洲东南第一学府”。[34] 看来林语堂一味想要办一间他心目中的一流大学。

南大创办的最重要目的是要解决当时新马华校毕业生升学的问题。它在很大的程度上是华文高中毕业生升学的目的地。自1940年代中叶起，新马华校高中毕业生不能去中国升学，南大可以给这群有志升学的青年就地得到符合水准的第一学位的机会，陈六使在不同的场合里一再重复此宗旨。1954年11月10日晚，南大执委会在丹戎偶俱乐部设筵欢宴，欢迎校长和多位新到的教授。在宴会上陈六使就说：“吾人何以应先着重华文，收容华校学生为主？因马大既系政府所办，且主要为收容英校学生，吾人所创办之南大，目的纯系先解决华校高中毕业生升学的困难问题。”[35] 南大开办的目的已经说得再明白不过了，其务实面表露无遗。这就是南大的特点，这特点延续了南大的一生。欲成为国际一流大学云云，显然并不是主轴。[36] 至于研究院、学术、做研究工作云云，恐怕要殿后。[37] 然而林语堂却太执着认真了，坚持要落实此一宏愿。这一项坚持又成为日

[34] 〈林语堂作正式发表与陈六使来往函件〉，《星洲日报》（新加坡），1955年3月21日。

[35] 《南洋大学创校史》，页117。

[36] 21世纪的今天，也有刚成立或历史悠久的大学高喊成为“世界第一流大学”，其成效如何，是具争议性的。

[37] 潘受的公子在一篇怀念父亲的文章里，提到有关南大创校史的一些希望，他说：“我们憬悟办南洋大学的首要意义并不在乎第几流大学。大学是高中毕业生升学的当然目的地。自40年代中叶起，新马华校高中毕业生不能去中国升学，南大可以给这群有志升学的青年就地得到合水准的第一学位的机会，从而再凭个人的能力兴趣投入社会工作，或者到其他大学研究院做研究工作。换言之，南大的起步应该是一所脚踏实地，适切而合水准的第一学位大学。”潘思颖〈从牌坊大门说到相思树：记父亲潘受的《南园诗》〉，《联合早报》（新加坡），1997年3月8日。

后他要负的罪名之一。《星洲日报》1955年2月21日〈社论〉写道："由开办南大时起，到林语堂博士昨天公布的声明书，'第一流大学'这名词，听来令人头昏目眩，由办理第一流大学自然联想起需要最大笔的金钱。"[38] 华社大报的〈社论〉既然这样批评，这种流言必然非常普遍。显然华社对"第一流大学"的创立，是有保留的。

林语堂和大学执委会的纠纷根源，不止是较抽象的大学理念上的分歧，在实际的管理校务和财政的运作上，其实更具爆炸力。这就是牵涉到大学董事会和校长权职划分之争。林语堂还未上任之前，已经意识到此事项可能发生冲突。1954年1月9日他写给连瀛洲的"备忘录"里，[39] 他所列出的第一点和第六点（最后一点），都与权职有关。第一点是："校董与校长之间，真诚相对。校董负筹备基金之责，校长负大学行政全责。"第六点是："校董不得干涉大学行政，校长负大学成败荣誉恶名之全责。"

董事会和校长权职的分开，是一个西方管理概念。用在华人社会创办的组织，似乎有点格格不入。南大的组织是在1953年5月5日依照"公司法"，并经新加坡商业注册官批准，以"南洋大学有限公司"之名成立的。显然，创办人只能把南大当着一个商业企业来管理。黄丽松就说："这个结果很严重。"[40] 意思是说，这样的安排表明了大学所授予的学位将不会被政府承认。另一层意义是管理方式。南洋大学有限公司的组织性质，是双方在权职方面冲突的根源。这牵涉到南大执委会管理的认知。

作为一间公司来管理，南大形同大多数华人家族企业。家族对公司的控制权和管理权非常看重，因此他们宁愿企业的发展受到限

[38] 《星洲日报》（新加坡），1955年2月21日。

[39] 这第一封信是林语堂写给连瀛洲的，但是却是一封〈备忘录〉。显然林语堂认为所提事项之重大，双方都必须对此承诺。读完这份文件，陈六使才于1954年2月17日寄上聘书给林语堂。

[40] 黄丽松《风雨弦歌：黄丽松回忆录》（香港：香港大学出版社，2000），页77。

制，也不愿将企业的两权进行分离。海外华人的管理概念仍然停留在此一阶段。

在这个议题上，陈六使是个关键人物。陈六使虽是经济奇才，但是他的管理哲学并不是完美无缺的。研究者认为，陈六使的管理弱点，就是在于每件事都亲力亲为。“他大权在握，事无大小，从决策到管理到执行，都亲自动手，不懂得授权。”[41]

用这种管理方法来管理一间大学，就发生了问题。南大执委会一直“干扰”、“侵犯”校长行政权。他们本分的任务是筹足经费，至于如何经营这笔费用，则是在校长行政权的范畴里。林语堂认为南大董事会犯了两个相关的错误：第一、他们没有筹足经费；第二、他们在核准经费上“越权”。

先说办学基金的筹足。林语堂一直认为，要办好南大，基金必须充足。聘请林语堂时陈六使胸有成竹，这也是林语堂答应来新加坡的重要原因。在他写给陈六使的一封信里，对此事“一再奉询”：

> 六使先生文杞：接奉先生及瀛洲先生四月廿六日华翰用悉执委诸公计划南大基金，早有成竹，步骤开然，至为喜慰。弟前函所以一再奉询，是未悉固中情况，一则临事之初，不敢不慎，再则实为南洋办一好大学，为我华侨争一口气，必基金充足始可致南大于稳固不败之地。耿耿此心。[42]

所以说，林语堂要求基金筹足2000万而陈六使有言在先，是有根据的。他认为这个数目是创建南大的基本费用，也是“造就好

[41] 林孝胜〈陈六使：胶业钜子与南洋大学创办人〉，页54。
[42] 《星洲日报》（新加坡），1955年3月21日。

人才，好国民”的第一条件。来新之后，林语堂也一再提起基金问题，在1954年11月10日的一个宴会上，他说：

> 吾人所办之南大是要造就好人才，好国民，陈主席将南大喻为开船，渠所揭示之宗旨，本人受船主之命，当然接受，但船已开行，船长责任重大，应有充分权力，处理事情，燃料尤需充足，就以飞机来说，只能载三千磅重者断无法载四千磅重，本人当知飞机之载重如何，最大的问题还是要充分之燃料油。[43]

这一笔“燃料油”最后是没有筹足。经费一直是南大创办以及后来发展的大问题。这个情况的产生不是因为大家不慷慨，而是财务这回事实在是一个无底洞。动员各社会阶层（小贩、三轮车工友、剪发师等等）筹款，真正的目的是强化民族认同感、凝聚力和向心力，也同时启发群众的文化觉悟和增强全民的教育观念。从他们身上能够筹到的数目毕竟是有限的。林语堂看到这一点，他之所以不满是针对大富翁而不是小市民。林语堂在第一次的南大执委会会议上就说：“星马侨胞在经济上的力量高人一等，能够利用来办教育是很可喜的，尤其可贵的是南大的基础，是建设在群众的力量上面。”[44] 他看到大富翁的大批捐款，也看到小市民的义卖、义捐。但是不是后者太多，而是前者不够。后来林语堂就直指有些商界只认捐而没有捐出款项。

事实上，南大每一块瓦砖，都是广大“说华语或方言的普通民众”的血汗。1954年12月3日至7日，陈六使和林语堂一行人应槟城、怡保及吉隆坡南大委员会之邀，到此三地巡回访问、演讲和募款。从林语堂和他们的互动来看，他了解到他们的期望，以及募款

[43] 《南洋大学创校史》，页118。
[44] 《南洋大学创校史》，页109。

之困难。华社领袖基本上也给予林语堂极大的尊重，许多甚至是以一代宗师来看待的。但是至于林语堂的办学理念，是否得到这些商界领袖广泛的理解和认同，却是耐人寻味的。

钱既然来得不易，那么如何使用、用在什么地方，就特别敏感了。双方冲突的真正导火线，是林语堂提出的大学预算案。[45] 1954年11月初，南大执委会请林语堂拟定办校预算，林语堂于11月15日起召开校务委员会会议，讨论预算问题，南大执委会并没有参与这个会议。具体的预算数字是在三个月后（2月中旬）林语堂提交给陈六使的。其中包括有开办费概算和经常费概算，总额是5611131.89元。南大新加坡执委会准备2月17日开会讨论，但是在2月14日公开了这个预算，华文报章也大篇幅的报道。[46] 林语堂不满这种讨论方式，立即召开一个校务会议，但是并阻止不了南大执委会开会讨论。17日的会议上，主席陈六使认为预算案数目实在庞大，说实在无能力承担。他说："本人阅后心内感觉非常痛苦，因恐南大无力负担，盖南大向人募捐非如向人收数，而是有如向人求乞。"[47] 那么如何收场？会议决定成立一个开支小组委员会研究预算案。林语堂对于执委会这个举止非常生气，他认为这个小组是不合法的。隔日（18日）他连同几位同僚在南大办公室发表书面声明。全文如下：

> 本人见报载，星嘉坡执委会关于本大学之水准及执委会与校长职权分配之态度，极为诧异，此息若确，则本人及教职员为了创办第一流大学之一切辛苦努力，将尽归乌

[45] 柯南认为："建筑校舍的问题便成为一场风波的导火线，接着林语堂与南大执委会方面又在预算案的争执上闹僵，终于导致双方的决裂。"见柯南〈林语堂与南大〉，页7。

[46] 《南洋商报》（新加坡），1955年2月12日。不管是公立或国立大学，其预算案如此被大众媒体大幅度的报道，应该是史无前例。然南洋大学乃"每一个人"的大学，公众有知的权利。

[47] 《南洋大学创校史》，页154。

有。本人已以此意告知执委会主席陈君六使，陈君将于明日与本人及教职员作非正式谈判，甚愿双方歧见借此可以获得解决，又希望借此最后一次之努力，使星马学子可得受高等教育之机会，而不辜负他们求学之热诚，倘双方不能获得解决方案，本人自当向社会公布前后全部经过，以明真相，特此声明。

这两段话里有几个重要内容。第一、林语堂和南大执委会缺乏沟通，连这样重大消息，林语堂也是在报纸上才获得的。但是虽然有保留（“此息若确”），但是还是相信了。第二、这里透露出的，是“执委会和校长间职权分配”的重大分歧；执委会突然成立开支小组，显然是节外生枝，欲架空校长权力的企图是显而易见的。这一点林语堂无法忍受。第三、林语堂用“谈判”而非协商或讨论，可以看出他已经视之为最后一步棋。证之以他一个月后的谈话（“我所以不愤而辞职者”），已可以看出他有辞职之意。

冲突公开后，新马华社呼吁双方冷静，为南大前途计，应该尽量配合。2月19日双方会面，但是在气氛极坏的情况下，谈判破裂。3月20日林语堂发表了与陈六使来往函件，证明陈六使曾保证款项充足，且在“执委会与校长职权分配”的议题上，有所承诺。3月21日林语堂向记者发表谈话，说：“我所以不愤而辞职者，是为顾全三轮车工友对南大之热心支持，现在，我以为有力者已尽量出力，但有权者未必已尽量出钱支持南大。我没有头家，我的头家是三轮车工友，他们的钱是用血汗换来的。”[48] 4月2日，报章报道“南大事件突呈急转趋势，林语堂有引退之意”。[49] 4月5日，林语堂引退得

48 林语堂以“三轮车工友”为盟友，是有恃无恐的。但是三轮车工人并不领情，同业工友主席庄庆水说，他们并非“头家”，而“吾三轮车工友实未敢擅自独居。”《南洋大学创校史》，页151。林语堂显然表错了情。

49 《星洲日报》（新加坡），1955年4月2日。

到证实。与林语堂到校十余教职员亦在引退之列。全部遣散费总共324000余元。[50]

可以看出，那时几乎所有的舆论，都是站在南大执委会这一边的。虽然大家呼吁双方让步解决这一危机，但是都是认为这是校长的错。以预算案来说，要求南大“平民化”的华社没有人支持庞大的开支。“我们是以血汗换饭吃的劳动阶级”，[51] “南大创办之初，似宜尽量撙节，盖所谓一粥一饭，当思来处不易也。”[52] 以办一流的大学来说，也是不得人心：“不该好高骛远，作不着实际的打算。”甚至有人说：“要使南大成为世界第一流的大学是全马华人同胞谁都赞成的。但这对我们来说只能是南大美丽的远景，目前的实际情况只允许我们把她当着一个目标罢了！”[53] 这才算说了真话。

2月19日的谈判是关键，其实双方都动了气，显然是一场意气的争吵。双方事后有不同的记述，但是其中争论议题、谈话气氛等描述，在追述上大致上吻合。其中有一个双方提到的项目颇为值得一提。《南洋大学创校史》有这样一段：“林语堂接着说陈六使失约背信，说他的不是处。说了相当时候，便拿出一字条要陈氏在律师前面签名承认其中条件。”[54] 林太乙也有类似描述：“接着父亲便说陈六使背信弃义，用闽南语给他一连串的‘我问你’，说了相当时候，拿了一字条要他签字承认其中条件。”[55]

林语堂拿出来的这一“字条”到底写的是什么？没有人讲得清楚。连陈六使也说：“当时本人未予一看亦不敢看，不知其中所写为何。”[56] 从林语堂后来的动作看来，这个所谓的“字条”，极可能

[50] 《星洲日报》（新加坡），1955年4月5日。
[51] 《南洋大学创校史》，页145。
[52] 《南洋大学创校史》，页148。
[53] 《南洋大学创校史》，页147。
[54] 《南洋大学创校史》，页153。
[55] 林太乙《林语堂传》，页275。
[56] 《南洋大学创校史》，页153。

是林语堂、连瀛洲和陈六使最初来往信函。3月21日《星洲日报》以〈林语堂昨正式发表与陈六使来往函件〉为题，刊登了他们之间的八封信件。此八封信不见转载于现已出版的南大资料文献。3月25日（即南大星洲执委会第六次会议前夕），林语堂亦曾发表长篇报告。《星洲日报》3月25日有全文刊登。此报告甚为重要，然亦不见南大资料文献收入。

这些信函刊登后，陈六使似乎有点尴尬。他在3月25日的会议上辩驳说：

> 关于校长在报章单方面发表他和本人来往函件，本人尚未逐一核对，不知是否全部发表抑有若干出入，连瀛洲先生赴美与校长接洽，渠在美来函已公诸报端，吾人致校长之函，多系连先生返星后始寄发者，各函系由连瀛洲或黄奕欢诸先生嘱人执笔，全无私人意见，所有函稿俱经执委过目，每有经连先生修改，当时本人曾主张函文不必写得太过好看，连氏总是认为普通函件并非契约，吾人一片热诚聘请校长多些褒奖之词自无伤大雅，何况南大又是众人的事。连氏每次如是解释，本人细思亦以为然，犹如吾人做生意聘请经理，当然说好话，不但赋予全权，且年终有花红，但经理既来，一味做亏本生意，资本日减，吾人岂可再赋予全权及给花红乎？”

潘国渠在会上也透露："去年之函乃系本人所拟，其内容多被连氏修改，如筹款一则，原系说并非容易，被改为容易，希望校长来做同志，一起牺牲吃苦，并请林校长起草文理商学院500至1000学生之详细计划，此等内容皆被删，对问题未有切实说明，致有今日问题发生。"[58]

---

[57] 《南洋大学创校史》，页154。

[58] 《星洲日报》（新加坡），1955年3月26日。

这两段话极为重要。第一、陈六使是间接承认了当初确有对林语堂作出承诺，虽然这些信件“全无私人意见”，但是内容没有错误。第二、信函内容被送信人修改过，以致产生了问题。第三、这里也透露了陈六使聘请校长其实是“做生意聘请经理”的心态。管理大学，仍然是管理生意一样，“老板”是谁，“打工”的是谁就不言而喻了。[59] 吊诡的是，《星洲日报》1955年3月27日曾报道“有捐过巨款而对推动南大募款工作又不遗余力的某君”，呼吁林校长“勿把开办南大当作是做生意”。[60] 同一天同一版，刊有如下标题：“林校长如无办学诚意，最好是自动下台。三轮车工友余青萍如是称。”倒林之声已经出现。[61]

事实上，林语堂和陈六使在预算案的议题上，是这一场斗鸡式的争吵，累积已久，一触即发。[62] 其实，对林语堂来说，与人争吵并

59 同一个会议上，讨论林语堂的“十条件”时，有人竟说：“南大系公司，校长职权管校务，公事公办，并无所谓争执，校长提条件的风气，诚不可长。”《星洲日报》（新加坡），1955年3月26日。

60 《星洲日报》（新加坡），1955年3月27日。

61 林语堂曾斥责华文报章不公正，临走时曾发表一联句：“黑白操诸报界，是非自在人心。”前联就是指此事。华文报章是否为党派左右，历来是一个极为敏感的问题。现在翻阅当时的华文报章，其左倾意识是明显的。它们不满林语堂，于是大事渲染林语堂的不是。林语堂被“魔妖化”，这些华文报章应负部分责任。

62 南大第二任校长黄丽松在他的回忆录里对南大的这一段历史有较中肯的评论：“1954年秋天，学校大楼仍在施工当中，随他而来的是他自己亲自挑选的三位院长与注册主任。自其伊始，我们之中好些人就觉得林与陈二位显然像是不大相处得来。陈，为建校的计划工作得又长又努力，学校怎么建，怎么办，他挣来的辛苦钱怎么花，他都要直接控制。毕竟他是个生意人，所挣的每一块钱他都要仔细盘算。另一方面呢，林语堂虽无发展大学的经验，也无管理大学的经历，却对大学的未来有些见识、有些眼光。陈所注意的是量的发展，当时之务是扩充校舍，多设额位，而实际上也真有此需要；而林所注意的却是质的追求，他希望的是建一够水准的大学，以符合海外第一所华文大学之名。”黄丽松虽然没有直接涉及林语堂和陈六使之间的纠纷，但是在他任校长时，对此事听闻肯定极多。因此这段话极具参考价值。见黄丽松《风雨弦歌：黄丽松回忆录》，页78。

不是第一次了。1929年他和鲁迅有一场风波，彼此争持，也颇具类似的破裂。[63] 这是另一个议题了。

从聘请“蜚声国际领袖士林之先知先觉大哲大贤”到认为这只不过是“做生意聘请经理”（陈六使），从“任重道远”的期许到“一切辛苦努力，将尽归乌有”的失望（林语堂），从大学建筑设计到预算案的争执到教职员集体辞职，只短短的几个月这样快速而戏剧性的发展和结果，从当初彼此相得的庆幸，到离异的痛惜，再到双方反目的成仇，实在没有人预料得到。

政治拟态：冲突与矛盾

1950年代是一个意识形态极端矛盾的年代。新马社会的文化和教育都因国共斗争产生了剧烈变迁和变化。同时，社会的族群关系复杂（1951年发生玛利亚暴动事件），1954年普遍上左倾的学生反对兵役，举行示威活动，而这些华文中学学生的思想灵感，正是来自大陆。[64] 1955年福利巴士工潮更使到当时的社会秩序极为混乱。1956年是新加坡左派活动和殖民政府斗争激烈的一年。林有福政府上台后，逮捕工会领袖，中学联（新加坡华文中学联合会）被逼解散。这一连串的举止，引发了社会动乱和暴动，全岛戒严。

1950年代亦是以美国为首的国际阵营反共的年代。美国政府企图疏离中国，庇护台湾的蒋介石政权。在很大的程度上，美国的报章媒体是极度给予配合的。当时的美联社、《时代周刊》和《生活杂志》就是其中的佼佼者。林语堂本来就是亲蒋的，反共立场坚

[63] 林语堂与鲁迅的关系，颇具戏剧性。林语堂在〈鲁迅之死〉一文中说：“鲁迅与我相得者二次，疏离者二次，其即其离，皆出自然。”请参考陈漱渝〈‘相得’与‘疏离’——林语堂与鲁迅的交往史实及其文化思考〉，子通编《林语堂评说70年》（北京：中国华侨出版社，2003）。

[64] 有关当时参与者的现身说法，见〈韩山元访问：与时代的浪潮同浮沉〉，《圆切线》，第6期，2003年4月。

定。在聘请林语堂之前，南大执委会是否知道他的这个政治背景？根据林语堂的说法，陈六使等人是惘然无知的。林语堂说："如同某些海外华侨一样，陈六使的政治态度如同墙上草，显示他对于众所周知的我拥护中华民国政府的态度，完全漠然无知。"[65] 说南大这边"漠然无知"可能不确，因为到纽约游说林语堂的不是别人，而是"该银行的营业准证还是由中国国民党领袖蒋介石亲自下令准颁发的"连瀛洲。[66] 可能当时陈六使等人没有认真地考虑林语堂这一层身份背景。即使有考虑到，也没有预料到将会给南大带来怎样的影响。但是后来的发展，证明双方政治意识的分歧，实为一个重大的因素。先说林语堂在未到新加坡之前在纽约饯行会上发表过的谈话。美联社记者写了一篇特稿，其中引用了林语堂一句话："南洋大学将成为亚洲非共人士对抗共产主义斗争中之思想前哨。"此谈话后来一直是南大舆论批评林语堂的重点。当时新马报章转载这段新闻，华社普遍哗然。最具代表性的，是全星华文中学毕业班所发表的声明："谁都不能否认这种'抵抗共产主义斗争'是纯粹的政治活动……无论如何我们是绝对反对南大为政治活动场所。"[67] 南大还没有正式开课，己经卷入了是否成为政治活动场所的纠纷。

林语堂来新后第二天，就觉得气氛有点紧张。他很快地作出了反驳，企图纠正这些舆论。他说：

> 美联社特稿乃根据本人于七月十一日在纽约发表之演讲及同一早晨发行之时代杂志编辑所撰之南洋大学消息而写者。关于南洋大学成为新加坡青年对抗共产主义思想之前哨一点，乃直接取材于时代杂志之新闻，视为余作，其实时代杂志系当作其本身所获之新闻发表，并未指明系余之谈话。[68]

---

[65] 林语堂〈共产党如果摧毁了一个自由的堡垒〉，《生活杂志》，1955年5月2日。
[66] 郑明彬《连瀛洲传》(香港：名流出版社，1998)，页29。
[67] 《南洋大学创校史》，页100。
[68] 《南洋大学创校史》，页112。

看来是反共的外国记者歪曲了林语堂的话。其实，林语堂一开始就说，南大的主旨方针的第一项，就是“大学宗旨纯真，不得为政治党派所利用”。[69] 这和华校学生会的要求是一致的，只是大家心照不宣。当时新马社会左派和右派拥护者都有，但是左派占了上风。林语堂希望大学不为政党所利用，他所顾虑的，不是右倾的教授，而是左倾的学生。中国共产党在大陆取得政权后，许多教授都逃离到香港，也有部分到台湾。他们不喜欢共产党，至于是不是都是喜欢蒋介石，都有参与政党，却不能一概而论。显然林语堂一开始就知道这里学生运动的性质。他在第一次会议的谈话上，就提到了这一点：“有人说学生多是左倾，我不说左倾对不对。但是学生为什么会左倾？就是因为社会没有上轨道，大学生毕业后不能找到职业，愤懑之余，觉得社会制度不良，想要把它改革。”[70] 他是点到为止，没有进一步的申说。不过可以看出，他担心的不是老师的政治立场，而是学生的政治倾向。

那么这就非常吊诡了。新加坡的学生团体这边要求政治不得介入学府，但是一些团体本身就有了很浓厚的政治色彩。而林语堂的立场却是学术独立，学生不可参与政治活动。显然，不是不允许政治介入，而是不允许不同于自己的政见政治介入。学生会是要求教授政治中立，而林语堂则是认为学生不可搞政治活动。问题是，南大有可能是纯粹的学术机构吗？当万众期待“南洋大学成为马来亚华文教育精神上的‘司令塔’”时，[71] 它有可能会是一个完全与政局无关的学府吗？

那么南大执委会（董事会）的成员的政治立场又如何？在当时的新马，国共仍然是一个斗争的场所，中国和台湾国民党政府都极

[69] 林语堂写给连瀛洲的〈备忘录〉，《星洲日报》（新加坡），1955年2月21日。

[70] 《南洋大学创校史》，页109。

[71] 林连玉语。见郑良树编《林连玉先生言论集》（吉隆坡：林连玉基金，2003），页97。

力争取海外华人的支持。在政治认同和文化认同的议题上，对于新马华人来说，仍是一个悬而未决的问题。其实新加坡中华总商会自1911年中华民国成立以后就出现了权力斗争。开始时是亲工会与保皇两派，后来是亲民国与亲共两派。在“久客南洋，志怀祖国”的陈嘉庚的领导下，总商会的地位日见重要。后来陈六使的领导使总商会成为新加坡华社的领导权威。商会里各派人士并存，而南大董事会就是总商会董事会的复制。“董事会里有一股很强的亲国民党势力”，[72] 这包括了黄奕欢和连瀛洲。同时，董事会的成员亦有倾向中国的，如陈六使和李光前。陈六使在战后已开始转向本土认同，他致力争取华人公民权和选举权，以新加坡人自居。陈六使对商业的兴趣甚于政治这一点上，应该可以成立。但是他较倾向于左派势力，应该也是没有疑问的。他与陈嘉庚不同的地方是，陈直接表明，而陈六使只是同情和偏向而已。[73]

南大50年代后期和60年代的发展，证明了它离不开政治的纠缠。南大学生会成立后被左派分子渗入，官方认为这个组织就是共产党的温床，以致对大学采取了直接的管制。南大成为政治活跃的场所，实以学生活动为主。从这一个角度来看，显然林语堂当初的顾虑其实是正确的。后来林语堂虽然已经离职，但是有政治色彩的学生仍然把他当作“反面教材”，把南大一些状况归罪到他身上。例如，对于1959年白里斯葛等人评议委员会报告书的发表，师生都表示极度不满，并提出了反驳。学生刊物《行动周刊》第三期里（1960年2月1日），有这样一段话：“南大目前所存在的组织、行政及管制不符合大学型的现代教育也是当时时代所使然。南大创立

[72] 见韩素音著，陈德彰、林克美译《韩素音自传——吾宅双门》（北京：中国华侨出版公司，1991）。

[73] 李光耀说，陈六使“仰慕新中国，只要共产党人不损害他的利益，他愿意同他们打交道”。见《李光耀回忆录》，页383。

之初，就遭受到林语堂等国外分子的破坏。”[74] 在他们的心目中，林语堂已经摇身一变，成为“国外”的捣乱分子了。

后来林语堂和林太乙离开南大后都说是被共产党逼害的。1955年4月24日，华文报章大篇幅报道：“林语堂在法国胡说八道，妄指全星各华校，均受共产党把持。”[75] 他在美国《生活杂志》发表了〈共产党如何破坏我的大学〉的文章，就非常明显的把矛头指向新马的左派分子，把矛头向着陈嘉庚和李光前。林语堂说李光前是“聪明无情之商人”，指责他“于接得其岳父之信后，开始这项破坏工作，李氏之岳父与北平之华侨事务委员会有关系，此机构乃负责惑乱华侨之责任”。又说：“真正之纠纷，乃彼欲使南大成为一真正自由大学，在反对彼等时并未提及，所提及之南大预算案，乃一种虚伪之纠纷，彼乃被歌唱北平高调之李氏及其势力者所迫走者。”[76]

李光前后来立刻站出来誉清和反驳。他不喜欢林语堂应该是事实，至于他是否有参与倒林语堂之举，现在所看到的文献资料并无法证明。林太乙后来就直接说这是一场“政治迫害”，[77] 甚至说“北京就下令要把林语堂赶走”。北京政府有没有那份力量解聘林语堂？如果林语堂和林太乙的话可信，也可能是间接的。但是新马左派势力对林语堂的到来感到不满，显然是一直存在的。林家父女不了解当时中国政府和当地政治形势的关系，把这两股势力划上了等号。

---

74 王嘉心〈万众一心，把南大办得更好〉，原载《行动周刊》，第3期，1960年2月1日，收入李业霖编《南洋大学走过的历史道路》，页163。

75 《星洲日报》（新加坡），1955年4月24日。

76 《星洲日报》（新加坡），1955年4月28日。所有林语堂之谈话，都引自本地华文报章转录自林语堂“美国杂志撰文”。徐讦却认为，“语堂后来听说，是老华侨陈嘉庚自大陆写信给其女婿李光前种种，这当然是有所根据。”见徐讦〈追思林语堂先生〉，页151。

77 林太乙《林语堂传》。

林语堂辞职时把离开南大喻为一个自由主义阵地的失陷，把办教育当成意识活动。如果说林语堂对共产党的认识是肤浅、还“停留在很低的水平上”的话，[78] 那是针对他对中国共产主义而言。不过他对新马两地左翼思潮的认识，应该也是如此视之。追根到底，林语堂认识共产主义（或恐共、或恨共）的来源有四：（一）学生的左倾运动；（二）华文报章的普遍左倾；（三）英国殖民政府对共产主义危害的大力渲染；（四）南大执委会里亲左的董事（这里林语堂直指李光前）。这恐怕与他1930年代在大陆时的经验有密切的关系。林语堂曾受大陆左翼文学大肆攻击，批评他什么“帮闲文学”、“小摆什”、“有闲阶级的玩意儿”、“麻醉青年的毒剂”一类恶毒的话。林语堂不能幸免地被扣上帽子，也是后来全家愤而赴美的原因之一。从他对新马左翼的谈话中展示出他过去在大陆受伤过的经验。

对林语堂来说，南大的政治干扰一直存在。从开始来新前夕，到离新后的言论，林语堂在认知上是属同一指归，说明了其意识思维和政治立场具有一定的连贯性。林语堂对本地左派运动的认知，不仅仅是基于生活经验，也不仅仅是一种文化态度，同时还是一种不可移易的认知观点或一种立场。他这种立场显然是建立在个人经验，以及对当时国际形势和新马社会特性的理解基础上。对林语堂而言，反共或许已经成为一种文化积淀，已内化为他人格构成的心底的躁动。他坚持受共产党逼害的说法，是他价值判断偏差的结果。当然，林语堂的离职并不能排除当时新马左派政治势力的介入，再加上美国反共媒体的大力渲染和报道，事件的演变变得更加复杂。根据林太乙的追忆，林家当时的处境受到政治势力的干扰，甚至恐吓，恐怕不是空穴来风。只是很可惜的是，林语堂对此事的判断，被他政治立场所影响，事后也给予过度的夸大，以致不接近事实了。

---

[78] 万平近《林语堂评传》，页426。

文化离异：个人与时代

这个历史个案的两位主角林语堂和陈六使是两位完全不同类型的人物。从他们的出身背景和文化面貌，可以窥看出双方离异的根源。先看语堂。

林语堂，福建省龙溪人。原名和乐，后改玉堂，又改语堂。家庭小康，早年是一虔诚的基督徒。1912年入上海圣约翰大学，毕业后在清华大学任教。24岁（1919年）出洋赴美哈佛大学文学系。同年转赴德国入莱比锡大学。1923年获博士学位后回国，赴北京大学讲学。1926年任厦门大学文学院院长。1927年任外交部秘书。1932年主编《论语》半月刊。1934年创办《人间世》，1935年创办《宇宙风》，提倡“以自我为中心，以闲适为格调”的小品文。1935年后，在美国用英文写《吾国与吾民》、《京华烟云》、《风声鹤唳》等文化著作和长篇小说。1944年曾一度回国到重庆讲学。1954年赴新加坡筹建南洋大学，任校长六个月。1966年回台湾定居。1967年受聘为香港中文大学研究教授。1975年被推举为国际笔会副会长。1976年在香港逝世。

再看六使。

陈六使，福建省同安县集美乡人，亲朋好友都称他“六伯”。父亲务农捕鱼为生，家贫，念完集美小学，1916年（19岁）过蕃，到新加坡白手创业，他先后在陈嘉庚属下的橡胶公司工作，后成立自己的公司——树胶益和公司，分行遍布于马来亚、东印度、暹罗和越南等地港口，为新马最大规模之树胶输出商。热心公益，多次被推举为中华总商会正副会长、中华树胶公会主席及树胶公会主席、南洋商报董事主席，福建会馆主席等重要职位。1950年呼吁创办华文大学，不果。三年后重新号召提倡成立南大。1963年9月21日新加坡大选，陈六使呼吁人民支持南大毕业的候选人，有对抗人民行动党之意。大选结果是人民行动党在大选中获胜。隔天（22日）政府宣布吊销陈六使的公民权。1972年在新加坡病逝。

语堂和六使，是同一个时代，但却是两个不同世界的人。两人故乡相距不远，然而却有截然不同的人生经历。陈六使“过蕃”不久（19岁），林语堂则“出洋”去了（24岁）。此去经来，60岁相遇于南端小岛。两人相遇，是历史的偶然。彼此不能相知，却是历史的必然。两人年龄虽然几乎相同，但是文化背景、宗教信仰、价值认知和政治立场，都有极大的差异。林语堂的思想、性格、爱好和志趣等都可以说是充满矛盾的。在《八十自述》里，他直说自己是“一团矛盾”。郁达夫说他“生性憨直，浑朴天真”[79] 也应该不会太离谱。陈六使自认读书不多，但却是一位经营奇才。一生的奋斗与追求，都与商业和教育分不开。他热爱母语文化的热忱实不比大师级的同乡低。他回应了当时华人社会的文化和教育需求，创办南大，起了推动作用。他虽无自觉性的历史意识，但是却有一种难于明喻的历史使命感。林语堂是“两脚踏东西文化，一心评宇宙文章”的文字工作者；而陈六使则是“经济则成大业，教育则立大本”的热心母语教育的商界领袖。[80] 显然，他们都走不进彼此的世界。

当然，陈六使只不过是林语堂接触过众多的“侨领”之中最明显的一个例子而已。新马“儒商”大多数是“陈六使类型”的人物。林语堂面对的，不只是一位陈六使而已，而是一个陈六使团体。显然，林语堂和这群社团领袖，在社会身份、自我认同、思想资源和奋发支点上，都有很大的不同。在治校的过程里，两方面不能构成互补互动的对话关系，其利益往往互相冲突，发生磨擦完全是意料之中的事情。后来彼此磨擦不断升级，而又涉及董事会的重大利益安排，文化冲突掺杂个人利益，矛盾更加的复杂化了。

---

[79] 见《中国新文学大系·散文二集·导言》（上海：良友图书印刷公司，1935）。

[80] 陈六使1972年9月11日逝世，潘受所写的挽联。全联为：“经济则成大业，教育则立大本，生可谓荣，死无憾也。果断乃出天资，刚直乃本天性，动也得谤，名亦随之。”

何止“侨领”，新马文化界、报界亦是这个矛盾的一分子。林语堂为一大学校长，所任何事？治校乎？筹款乎？竟成为社会议论的重点。《星洲日报》1955年2月27日〈社论〉如此“劝告”“林校长”：“林校长抵星以来，未见刻意联络与南大筹备时期，现在，及将来关系最亲切的社会各阶层人士，我们认为，为学府前途而奔走联络，广结人缘，绝无损于大学校长的尊严地位，为大学前途而呼吁号召，更是大学校长之分所当为。”[81] 明显摆出了校长有“奔走联络”任务的姿态。这种“广结人缘”的社交形式，显然是新马华社的历来习俗。他们对“专业”这个概念似乎并不敏感。对林语堂来说，要他“奔走权贵之门”，实非他的职责所在。这项互动又证明了双方文化习俗认知的分歧。

相对于当时的新马保守、半封闭的社会，林语堂的思想是开放的。但是对当时的形势，他事前似乎没有想得太多。在林语堂的身上，我们却看到了一位虽犹疑但是仍然“吾往矣”的先驱者。但是他对南洋的人文社会、文化风俗和政治情势，到底认识有多少？综观林语堂来新加坡之前的著作，我们找不到一篇有关南洋的作品。我们只能说，他对新马华人社会的认识，可能只限于他在美国华人移民社会的经验。事实上，他对社会科学、区域地理、海外华人的阅读兴趣也不大，“林语堂一生中没有认真研读社会科学著作，并没有形成一套系统的完整的政治观。”[82] “他对于社会科学的知识就很弱。”[83] 可以推测，他对当时新马一带政治环境和风土人情等等，大概有所听闻，但是肯定不深入。他可以很自在地“两脚踏中西文化”，但是真正遇上了一个夹在中西且多元的南洋文化时，他就翻了一个跟斗。

---

[81] 〈社论：南大必成〉，《星洲日报》（新加坡），1955年2月27日。
[82] 万平近《林语堂论》（西安：陕西人民出版社，1987），页49。
[83] 徐订〈追思林语堂先生〉，页139。

林语堂对这块土地有认知上的隔膜，但是却曾感觉到乡亲般的亲切，只不过后者不但不能减轻误解，反而加速了彼此的离异。林语堂虽然在美国居留多年，他对自己的故乡和乡音还是有浓厚的感情的。他以“我本龙溪村家子”（《四十自叙诗》）自诩，乡情萦萦。1966年他回台湾定居，在那儿嗅到闽南的乡土气息，极为快乐。他写道：“我来台湾，不期然而然听到乡音，自是快活。”[84] 在新马他曾在公共场所用闽南话发言，私下和陈六使交谈时也是用方言。很可惜他并没有以同样的温情回忆他到新马时所听到乡音的感受。

除乡音之外，其他的就显得格格不入了。林语堂复杂的文化思维，尤其是他提倡的性灵幽默感，在当时的新马华人社会文化中显得很“别类”。且不说士大夫与草根社会的阶级相异，两者对时代的感受和反应也不一样。1950年代的新马华人社会，经济小康、政治剧变、文化被挤压，而华文教育在经历本地化的过程里正感受着极大的阵痛。这个年代中产阶层尚未出现，一般大众生活劳苦，而文化和知识分子均拥有强烈的忧患意识。赤道的华人子弟虽然不能以愤世嫉俗形容之，但是他们基本上对民族和国家的前途是感到焦虑和困惑的，心中郁闷，从而产生了一种悲凉中奋力抗争和自强不息的情怀（“我们还是被歧视、被排斥的一群”、“我们愿把青春献给祖国！”《南大学生会成立宣言》1958年4月20日）。是的，当时的新马华人社会是一个严肃、深沉的社会，也是一个没有笑声的社会。休闲、趣味和情趣云云，往往只是资产和士大夫阶层的一种奢侈。从这个角度来说，林语堂的幽默和风趣只能是说笑话耍嘴皮而已。说者感觉良好，听者的心里却是很难平衡的。且听听林语堂在南大时的幽默（1954年12月1日）：

[84] 林语堂〈说乡亲〉，《无所不谈合集》（台北：开明书店，1974），页659。

> 熏火腿的办法，或许是培养学生的一个好办法。要熏火腿，我们须将生肉放在室中，以烟熏之，久而久之，它必成为火腿。为辩论起见，我可以说，我们也可以将学生关在图书馆里，任他们在里面抽烟，或打瞌睡，但久而久之，他们会对学问发生兴趣，而成为学问丰富的人。

这些话是不是有点不切实际？说得严重一点，林语堂的幽默是“酸腐”的，因为它实在缺乏社会责任感。它的底蕴只是建立在上层知识分子的趣味上的。陈平原说：“林语堂缺乏儒家天下为己任的社会责任感，也没有佛家苦海慈航普渡众生的大慈大悲心，倒是道家任自然、求安逸、享受每一刻的时光是性之所近，真正了然于心。”[85] 这论点应该是正确的。林语堂说来心境轻松，但是对那些面对权势压迫的悲凉群众来说，对那些想做匡正时弊的社会栋梁的学生来说，这却是一种对现实时代的叛逃。无可否认的，林语堂所说所言，给人的荒诞感多过趣味感。即使现在读来，也不见得可以令人产生会心的微笑。

后林语堂的南大：行政局限、学潮政治、学术水平

讨论南大史上的林语堂，必须讨论后林语堂的南大。南人执委会（董事会）在“林语堂事件”之后，是否有集体反思？除了“痛定思痛建校信念更坚强”之外，[86] 其他南大创校时所凸显出的问题（如权职、财务来源、课程编排、教员福利、大学目标、政治面向等等），是否有认真检讨？华人社会是否有审时度势、求是务实地深度反思？事实上，后来南大50年代后期和60年代的发展，处处显

[85] 陈平原〈林语堂东西综合的审美理想〉，《林语堂评说70年》，页313。

[86] 《南洋大学创校史》，页165。

示出当初的问题不但没有解决，并且有日逐严重的趋向。林语堂离开时所遗留下来的种种问题，南大董事会并没有真正的面对。

首先是校长和董事会的权力分配问题。如上面所说，这是林语堂与南大执委会决裂的主要原因。这里牵涉到治校和筹钱的分工与专业化。组织管理（尤其是董事的权力）到现在为止仍然是华社团体的一个大毛病。新加坡华社在国家独立之后渐渐被国家机关所牵制，有关华社领导层和管理事项，似乎已经有所改变。但是马来西亚华社的用人和管理作风，仍然脱离不了陈旧的钱权不分的格局，因此漏洞百出。以管理华社的方式来管理一间大学，其效率和效果可想而知。

其实南大管理层的此一缺陷，在白里斯葛等人评议委员会报告书中全部暴露出来。报告书如此说：

> 我们无意对现在的南大组织作详细的描述，但提出数项评语乃认为值得的。大学正式文告尝称“南洋大学的设立乃是模仿中国最佳大学而设计”，但是我们找不到任何证据显示一间好的中国大学是依照有限公司方式组织的。南大的一般组织在任何地方的任何大学无此类似。基金的收集和投资很明显的是由大学执行委员会的财政委员会处理。大学教授在此等委员会中并无地位。其他有关的事务是集于行政委员会手中。此刻南大无校长，虽然我们知道学校方面曾一再试图聘请一位。南大亦未委任一位代理校长；结果，虽然行政委员会据称是实际掌校长职权，但由于未设立此一职位，使整个组织完全与美国或中国大学不同。尤有进者，财政收支并不属于行政委员会而是大学执行委员会的财政委员会处理，其账目保管且不在大学而在中华总商会。同样地，据我们所知，建筑事项亦照样地完全不属于行政委员会处理。

白里斯葛等人评议委员会报告书接着说：

> 我们认为把财政及建筑事项的管制权从普通的行政委员会手中移开，和既缺乏美国意味的校长又无马来亚大学意味的副校长，乃是导致南大今日极大混乱以及在处理大学事务方面缺少统一性的最大原因。[87]

报告书的批评显然是针对南大董事会而发的。对南大董事会的领导方式有意见，从林语堂始，然而并不以林语堂终。对办学有理想的学者来说，内心对南大管理行政方面是存有不满的，只是没有像林语堂当初那样把事情的纠纷白热化或者公开摊牌。比如说黄丽松，他是南大第二任校长，他的意见和感受应该是一个重要标志。王赓武曾经在一次访问里透露，黄丽松当时的心情并不愉快。“黄丽松也是我的挚友，他在南洋大学当校长时显得不开心，因为他觉得南大远比不上新大，不是他理想中所要建构的南大，因此在1972年提早离开南大，到港大任校长。”[88] 黄丽松“不开心”的原因，大学行政组织应该是一个重要因素。那句“不是他理想中所要建构的南大”，不正是林语堂当初失望的回响？

第二是在聘请校长的课题上，南大董事会显然一再逃避。林语堂辞职后，南大没有立即聘用正式的校长，只是组成行政委员会，由张天泽担任行政委员会主席，主持校务。1960年至1964年，庄竹林担任副校长。当庄竹林在1964年7月1日辞呈后，南大组成了“监时校内行政委员会”，由刘孔贵担任主席，主持校政。到了1969年4月14日，才聘用黄丽松出任第二任校长。从1955年林语堂离职到1969年黄丽松出任独当一面，整整相隔了14年。这14年来南大校政都是以委员会的形式来管理的。黄丽松感慨的说：“我在南大为期三年半，然而在南大校史上仍是服务年资最长的校长。”[89] 又说：“继

87 〈1959年南洋大学评议会报告书〉。收入李业霖编《南洋大学走过的历史道路》（八打蒜：马来亚南洋大学校友会，2002），页63。

88 〈王赓武教授访谈录之三〉，《星洲日报》（马来西亚），2003年7月27日。

89 黄丽松《风雨弦歌：黄丽松回忆录》（香港：香港大学出版社，2000）。

我为校长的薛寿生教授，虽然在校长一职的待遇颇有改善之下，仍做了两年多便离职他去，继任的李昭铭博士，亦只做一年。之后南大似乎又回到了旧日的老路，只任用代理校长，最后由教育部派去的高级职员，以秘书长的身份接掌南大。”[90] 南大校务行政一直在原地打圈。校长长期空缺，一言以蔽之，就是没有了令人信服的学术领导中心。可以看出，1959年白里斯葛等人评议委员会报告书对南大行政提出批评后，南大才有了反应，不过那还是来自新加坡政府的压力。《白里斯葛报告书》后，新加坡政府教育部于是成立了“七人委员会”，具体提出18项改革南大的建议，其中第一项就是要任命一名代理副校长。

第三是南大学生的政治活动。当年林语堂所担心的，是政治活动渗入大学的学生团体。南大学生会后来的发展，是与政治活动分不开的。当然，南大学生会所掀起的学潮，尤其是从现在的角度来看，其社会关怀面和文化使命感，还是值得肯定的。这种时代的参与精神，在学生刊物和文艺活动里表露无遗。问题是，这些学生运动并不是纯粹自动自发、完全没有政治色彩的运动，有一部分是由左翼控制、摆布，用来达成政治目的的手段。后林语堂的南大，是一所政治活动不断的华文高等学府。这个特征后来也越来越明显。政治势力入侵学府，引发学潮，被政府虎目监视，更证明了林语堂当初对政治提防其实并不无道理。事实上，后来南大学生运动的激烈程度，以及政治性质的演变，已远远超出林语堂当初的预料和想像。

第四是南大的学术水平问题。作为一间高等学府，学术水平极为重要，而这个学术水平是需要外界鉴定的。南大的学术水平一直受外界置疑。历年来几份报告书都不约而同地对南大的学术水平提出疑问。当然，其中有歧视华文大学的文化和政治因素。例如当

[90] 同上。

局已经一意要推动国际化政策要求学校以英语授课，淡化华文教学等等，为后来的发展埋下了伏笔。不过南大师资的水平、课程的安排、教学的设备等等，都是值得南大管理层特别注意和检讨的。即使没有这些报告书的置疑，也应该反思。有了报告书的提醒，难道不该痛定思痛吗？南大董事会必须要问，林语堂为办一流大学失望离开后，南大的学术水平是否不升反降？或者，南大是不是维持了一个被公认的学术程度？直到1980年与新加坡大学合并之前，南大的学术水平一直还没有解决。当局也用了“南大学术水平低落，不能吸引优秀学生”为借口整顿南大。无可否认的，新加坡大学和南大的合并，在很大的程度上是一项政治决定，但是与南大的校务、学术水平等等没有更上一层楼不无关系。

如今经历了半个世纪，如果“林语堂事件”还能给予反思南大什么历史意义的话，它的意义应该是：第一、“世界第一流大学”这个概念不可轻易提出，至少在财力没有基础的时候，更不可随意出口。即使有雄厚的政府财力资助，一流大学的标准和条件，也不是“破旧立新”、“科技教学”、“师资全球化”、学术鉴定一切以外国大学为准等步骤便可成就。第二、大学校长的任命的确重要，所托非人，影响到大学的发展和师生的士气。不设立校长一职，亦不能解决原来的问题。校长治校的专业化，必须被肯定。第三、政治介入学府，无论是草根或高层，都可以造就或溃灭一间大学。要求学生专心读书，与要求他们“家事、国事、天下事，事事关心”并没有冲突。同样的，要求政治领导者不以政治色彩看待大学、不以大学人事任命为政治服务，也是学术建设的基本原理。这些原则都应该受到尊重。

结语：南大文化痛史与“不知我者”林语堂

林语堂从世界的大都市纽约，以他的绅士派头和权威作风，来到了尚在开发中的星洲，与一群充满着平民气质、公仆意识的“侨领”共事，认真（也天真）地办一间所谓的一流大学，也难怪会碰钉子了。以当时之政治局势和文化风气，即使胡适或梅贻琦到任，恐怕结果也是一样。厌恶林语堂的论者认为林氏在南大的种种行为实展现严重的“破坏”格局，而稍微同情林语堂的却认为林氏与大学董事会的冲突其实是源自于“认知”的歧异。事实上，无论是破坏还是认知歧异，其根源源自于两者截然不同的时空省思、文化认知和生活经验，而不幸的是这个差异也不断被政治意识所左右，导致彼此萌生了强烈的相互剥夺感。

对新马华社来说，林语堂显然是一位“不知我者”。他的昙花一现，可能不足于让人拥有足够的历史厚度来衡量他在南大校史上的地位，但是他不该是“千夫所指”的破坏者或扰乱者，应该是这一点，现在我们可以纠正的。南大有太多的历史遗憾，而“林语堂事件”只是南大文化痛史上伤痕累累的第一道伤疤而已。从这个角度来看，即使林语堂一无是处，亦无需以敌体相待。

虽然在南大的最后一天林语堂曾言“永远不会忘记新加坡”，[91] 但是南洋大学这一段经历，是他想隐蔽和忘记的。在《八十自述》里，他对此事一字未题。相对于他任教过且骂得凶狠的厦门大学，南大对他来说，实在是一份文化孽缘。事实上，他对南洋没有太多的感情，对新马华社的认识，也只是停留在与一群“侨领”和同情左派势力的人物的认知上。他本来就缺乏一股人格和道义力量，让时人信服和令后人缅怀，这种走法更难休众人悠悠之口。他曾提倡“以自我为中心，以闲适为格调”的小品文，两者并行，但是用在处世用事方面，尤其是离职费这件事上，“自我为中心”的成分似乎多了一点。

从某种程度来说，林语堂是一位先行者，无论是他的文化思维或办学理念，都远远走在当时新马时代的前端。他有前瞻视野，

---

[91] 《星洲日报》（新加坡），1955年4月18日。

有敢为天下先的勇气，但是却无驾驭能力。从另一个角度来说，他是一位不识时务者。在短短几个月里他发觉情况离他的想像太远，但是却没有快速去调整、适应，仍然坚持那股憨直脾气。显然，做南大校长的日子实为他一生中的一项挫折，在创作上是一片空白。南洋，在林语堂的思维里，是一个南端荒漠之地，但是毕竟不是他所喜爱的苏东坡所说的那片“九死南荒吾不恨”的南荒。而南洋大学，如果他地下回首，也会感慨那毕竟只是一个终成为废墟的梦中殿堂。

5

跨越国家疆界的意识形态角力
以南洋大学《白里斯葛报告书》为例

周兆呈

南洋大学于1953年1月倡办，1955年6月先修班开始上课，1956年3月正式开学，1958年3月举行校舍落成典礼，1960年4月第一届毕业典礼，其不断发展的过程，伴随着新加坡由殖民地迈向民选政府、自治政府和独立建国的进程。在新加坡逐渐形成自己的国家疆界概念时，新加坡政党、英国、美国、马来亚等各方力量之间，由于对新加坡国家疆界版图和性质的目标存在差异，或主动、或被动地出现意识形态角力，加上华人因素、共产主义力量、反殖理想等错综复杂的原因纠葛，身为华文大学的南洋大学，无法避免地成为角力的对象之一，各方试图通过影响南洋大学的发展方向，来改变政治版图中的力量对比。南洋大学成为政治力量的争取对象、改变目标甚至是敌对角色，自身也或主动、或被动地卷入政治运动的旋涡，在新加坡建构国家疆界和国家形象的过程中被消磨改造。

本文将围绕改变南大命运的《南洋大学评议会报告书》（又称《白里斯葛报告书》），分析论述南洋大学评议会成立前后及形成报告书的过程中，各方政治力量所进行的角力，以及其中体现出的对新加坡国家定位目标与理想的差异。

以西澳大学校长白里斯葛 (Stanley Lewis Prescott) 为主席的南洋大学评议会于1959年1月由新加坡殖民地政府委任，工作范围为“调查南洋大学的学术水准和教授的适当程度以及为保证满意学术水准工作而采用的设备与方法，并提出建议”，[1] 但最后报告书提出“不建议承认”南大学位，使南大从此命运多舛。

评议会由新加坡政府委任，其概念却是由南洋大学主动提出。1957年11月13日，南大行政委员会致函新加坡政府，建议聘请国际著名学者组成大学评议会，以审查大学（包括政府主办的大学在内）的学术水准，表明南大准备接受该评议会之调查。其后经过南大与政府双方共同讨论人选和细节问题，并确立双方各负担一半费用的原则。1958年3月，南大行政委员会主席张天泽将所推荐的五名委员人选，正式提呈教育部考虑。

新加坡内部力量围绕报告书的角力

评议会成立时，新加坡正处于民选政府向自治政府的过渡期。1956年出任首席部长的林有福与英国的宪制谈判已经在1957年3月取得成功，双方同意建立新加坡全面自治政府，议会选举即将在1959年5月30日举行，由获得最多席次的政党负责组阁。新加坡的公民权也将扩大，占新加坡人口比例大多数的华人成为各个政党必须极力争取的对象。

在南洋大学的问题上，林有福政府进行了多方面准备，以改善与南大的关系，争取华人的支持。林有福后来曾表示，他的政党极力为华人扩大公民权，冀望他们“在下届大选中用选票表达对替他们争取公民权的政党的感谢”，只不过林有福“没有料到的是，这些新公民却把劳工阵线联合政府拉下了马！”[2]

成立评议会，以解决南洋大学问题，为选举铺路，是林有福政府争取华人选民的其中一个措施。南大建校落成典礼之后不久，林

---

[1] *Report of Nanyang University Commission* (Singapore: Government Print Office, 1959), p. 1.

[2] Lim Yew Hock, *Reflections* (Kuala Lumpur: Pustaka Antara, 1986), p. 63.

有福表示“政府将在承认南洋大学学位后，在经济上资助南大”，只是要等“一个由独立专家组成的调查委员会去研究，才能先了解南大如何颁赠其学位，再予以决定”。[3]

同时，在南洋大学建校落成典礼之前，林有福也特意营造与南大创办人、南大执行委员会主席陈六使友善的相处气氛，特别批准陈六使的新加坡公民权，“避免陈六使成为公然的敌人”。[4] 而之前，林有福和周瑞麒都曾经“非常盼望撤销陈六使在英国和殖民地的公民权”，但英国殖民当局则要有支持这一提议的旁证，后来担任新加坡总督的顾德(William Goode)本人就“对在没有罪证记录的情况下，仅仅靠旁证就采取如此过激的行动非常犹疑”。顾德也承认，“让陈六使在新加坡舞台上消失会在政治和商业领域带来更健康的气氛，但是显然用这种方式困难很大，而且会把英国牵扯进来”。[5] 但是“新加坡政府仍准备拒绝陈六使注册成为新加坡公民的申请”。[6]

后来，“林有福改变了主意”，他告诉顾德“陈六使已经向周瑞麒求和，尤其是在3月31日南大重要庆典演讲稿草稿的措辞方面”。林有福因此决定，“善意显然比把陈六使视为永久敌人要对自己有利得多，更何况陈六使也可以在新政府下重新申请注册公民权”。林有福希望陈六使“会在即将到来的大选中，在政治上对他有所帮助”。[7]

就在这样的政治期待和利益交换中，陈六使获得了公民权，林有福政府也对陈六使和南洋大学不断释放善意。在南大1958年

---

3 《南洋商报》（新加坡），1958年4月1日。

4 “Letter from W.I.J Wallace to Governor of Singapore William Goode, 17 March 1958,” Public Record Office (London), CO 1030/654.

5 “Letter from William Goode to W.I.J Wallace, 2 December 1957,” Public Record Office, CO 1030/654.

6 “Letter from William Goode to W.I.J Wallace, 7 March 1957,” Public Record Office, CO 1030/654.

7 Ibid.

3月举行校舍落成庆典时，教育部长周瑞麒亲自出席，作为首席部长的林有福虽然在出席途中“身体突感不适而折回，电告陈六使表示歉意”，[8] 但在他专门发表的贺词中，对南洋大学大加赞赏和鼓励，表示“南洋大学的设立，不但应值得我们的全力支持，而且是迎合了我们当前的建国需要”。林有福表示，劳工阵线“一向对南大寄予无限的同情与期望”，并且“劳阵联合政府在过去三年的执政中，曾不断图谋与南大当局接触，希望能够贡献微劳”。林有福也承诺，“我们不但希望南大学位不久即可得到承认，而且相信政府一定可以对南大予以实际的支援。”林有福并且对南洋大学的远景进行非常高的期许，盛赞陈六使等人“为国兴学”。[9] 作为劳工阵线的主席，为了第二年将举行的选举，林有福也需要为政党争取民众支持。他指出，“这次劳工阵线常年大会，在3月10日举行时，曾热烈地通过了两项支持南大的议决案，本党对南大关怀的殷切，由此可见。”[10]

因此，对于南大要求设立评议会解决承认南大学位的问题，林有福政府将其与大选的需要结合起来，试图以合作的姿态换取华社的支持。白里斯葛评议会的成立时机，就已经蕴含了政治因素。

已经形成较强政治力量、在受华文教育者和左派中具有很大影响力的人民行动党，也利用南洋大学校舍落成典礼的机会，表示对南洋大学的支持和对政府的批评，展现了该党当时对南洋大学的政策。

由人民行动党主席杜进才发表的〈马来亚教育的里程碑〉，赞扬南洋大学的正式成立“标志着马来亚教育史向前迈进的一个重要

---

8 《南洋商报》（新加坡），1958年3月31日。林有福未能出席庆典是因为当日交通堵塞，需要步行数英里路程才能到南大，林有福遂半途而返。见《南洋商报》（新加坡），1958年4月1日。

9 〈对于南洋大学的希望——星洲首席部长兼劳工阵线主席林有福〉，《星洲日报星期刊》（新加坡），1958年3月30日。

10 同上。

步伐”，更为特别的是，南洋大学是在“没有得到政府的丝毫鼓励或援助情形下建立起来的”，这使得“南大的成功更见显著，特别是在一个如马来亚的国度，本邦人民大部分是习惯于盼望政府给予助力与赞助，还要官方承认方能享受平等地位”。[11]

对于当前南洋大学与政府的关系，人民行动党看出其中困境与胶着的焦点，因此在这方面发力，给政府施压、为南大说话。杜进才指出，当前面对的问题有二，一是南大的维持问题，二是南大学位的承认。对于前者，由于世界其他地方的“多数大学是多多少少要靠国家的援助”，如果南大因为经费的问题而“受到威胁，将是一项令人遗憾的事”，因此，从这一角度看，“显然马来亚和新加坡的政府必须自告奋勇地帮助南大，因为此间最高学院将能扮演重要的角色，为星马两邦造就更多有训练的人材。”

对于即将成立的白里斯葛委员会，杜进才表示支持。该党认为，应该客观务实地根据社会环境来看待南大的学位承认问题，“不能纯粹根据学术观点”。杜进才批评政府本身根本没有资格决定南大的学术标准，因为“部长会议固可稍为动笔必使南大学位得到承认，但却不能被视为有资格人士的集团，可以判断学术性的标准”。因此，杜进才支持南大“自身提议组成的学者（与科学家）委员会，将会是对大学地位实行评价的适当人物”。而对南大学术水准的评定，必须要放在马来亚的建设背景之中务实地看待，“不能盼望在马来亚的任何一间大学，能够与世界上已具有一百年或百年以上历史的其他大学有相等的学术标准。”[12]

白里斯葛评议会的报告，出台前已经满城期待，更是缓解政府与南大胶着状态的良机。如果做出有利于南大的结论，将成为林有福政府彻底改变南大政策、承认南大学位的转折点。林有福政府确

---

[11] 〈马来亚教育的里程碑——人民行动党主席杜进才〉，《星洲日报星期刊》（新加坡），1958年3月30日。

[12] 同上。

实也在等待《白里斯葛报告书》出台之后，再重新制定南大政策，以争取华社支持，赢得选举的胜利。1958年，南大当局开始郑重考虑申请援助问题，政府的处理方式显示《白里斯葛报告书》将是政策改变的转折点。

南大由于经费维持压力很大，1958年入学人数已达1340人，每月开支已经超过10万元。若到1959年底，单单是建筑费就将达到一千万。[13] 在南大各地委员会1958年7月18日举行第六届代表大会，通过向政府寻求援助之后，[14] 林有福对此作出反应，称政府“将尽速给予南大财政上援助，援助的时间和方式，将由教育部长决定”。[15] 于是，陈六使率领南大执委以及议会副议长林泉和等十五人，于8月14日拜晤教育部长周瑞麒，“在极融洽与愉快的气氛中”，[16]“进行了一个半小时的闭门商谈”。[17] 周瑞麒要求南大执委会提供一份南大收支情况的书面报告，由教育部提交部长会议讨论。周瑞麒同时保证“对补助南大一事，将尽最大力量，以促其早日实施”。[18]

虽然南大向政府申请援助似乎有了良好的开端，但援助的方式和性质，说明政府对南大的政策并没有根本性改变。政府津贴南大，是以与马来亚大学同样的地位和方式，还是对南大的特殊处理？如果是前者，势必带来南大学位获得顺水推舟的承认和每年固定财政拨款的结果，为南大地位的正式确立奠定基础。但是林有福政府显然还不想这么早或者这么容易地让南大实现这一愿望。林有福在南大建校庆典前曾公开表示，“资助南大与承认学位是密切关

---

[13] *The Straits Times* (Singapore), 19 July 1958.

[14] 南大各地委员会于1958年7月18日举行特别会议，专门讨论是否以及如何向政府申请援助。见*The Straits Times* (Singapore), 19 July 1958.

[15] 《南洋商报》（新加坡），1958年7月22日。

[16] 《南洋商报》（新加坡），1958年8月15日。

[17] *Singapore Standard* (Singapore), 15 August 1958.

[18] 《南洋商报》（新加坡），1958年8月15日。

联的问题，必须先解决承认学位的问题，才可决定资助南大。”[19] 在建校庆典之后，林有福再次明示，“政府将于承认南洋大学学位后，在经济上资助南大。”[20]

此时白里斯葛委员会已在酝酿成立之中，等到评议会结果出炉之后，再进行正式援助，显然更名正言顺。周瑞麒在与陈六使等人会面后所表示的“政府将采取补助南洋大学学费的办法，以减轻南大学生及其家长之负担”，就已经暗示政府援助南大的出发点是因为“南大在1959年度，对每名学生须每月征收一百元学费”，[21] 因此政府出手减轻学生的负担，而不是因为南大入不敷出，需要由政府直接拨款援助南大。这就确定了政府援助南大的性质并非是将其与马来亚大学对等来处理。

南大建校之初，采取的就是美国式或中国式的大学制度，学制为四年，与马来亚大学不同。两种并存的大学制度，林有福政府（包括英殖民地政府）一直尝试改变。由于承认南大学位、白里斯葛评议会、津贴南大的前后因果纠葛在一起，大学制度的矛盾尚不十分突出，也未与教学用语问题捆绑。与后期相比，南大此时对于学制的捍卫并不强烈。

在陈六使向新加坡政府提交津贴申请函之后不到一个月，就传出教育部向南大建议将学制由现行的四年改为三年、与马来亚大学一致的消息，而南洋大学为此特意召开全校扩大校务会议，邀请全校教师一起研究，最终“原则上接受修改南大学制的建议”。[22] 这项建议由教育部常务次长李绍茂提出，在不影响大学水准的原则下，希望南大将四年学制改为三年，即学生于修完大学三年学制课程，

---

19 《南洋商报》（新加坡），1958年3月18日。
20 《南洋商报》（新加坡），1958年4月1日。
21 《南洋商报》（新加坡），1958年8月15日。
22 《南洋商报》（新加坡），1958年9月19日。

考试及格后获得普通学士学位，成绩优异的学生，可多读一年，参加荣誉学位考试。计划在教育界服务的，则多受一年师范训练，考取师范文凭，“毕业年限与学位资格与马大相同”。[23]

南大四年学制是“采取中国一般大学的传统制度，也属于美国式的学制”，李绍茂称提出这项建议是要使南大“适应当地的情形，使当地之高等教育制度达于一致”。李绍茂同时指出，更改学制问题要等南大当局提出具体计划后，“须由南大评议会研究审核”后才可实行。[24]

由李绍茂代表教育部提出的将南大与马大学制统一的建议，是南大成立以来，教育部首次对南大教学和制度提出具体的建议，而这一建议正是在南大申请政府津贴后不久提出，因此，外界有舆论解读为“可能将是政府资助及承认南大学位之先声”。[25]

从南大的角度来看，在津贴申请函呈交之后，为配合与政府关系的互动，对于政府“干预”南大事务并没有表现出强烈的反对，相反是刻意迎合，处处示好。首先就是前文所提的对教育部改变南大学制的建议，南大“原则上接受”，合作态度非常良好，更在10月份宣布接受李绍茂的建议，开设教育文凭班，“具体计划安排由南大与教育部协商解决。”[26] 如果与后来强烈反对政府任何意欲改变南大的措施相比，此时的南大可说是非常灵活和“现实”。

其次，陈六使再次释放善意，对外宣布南大将聘任“新加坡民选政府之在任首席部长为南洋大学校长，马来亚联合邦民选政府之在任首相为南大名誉校长”，以“进一步谋使政府与人民间之合作，益形加强”。[27] 陈六使同时指出，首席部长或首相更动，

---

[23] 同上

[24] 同上。

[25] 《南方晚报》（新加坡），1958年9月18日。

[26] 《南洋商报》（新加坡），1958年10月27日。

[27] 《南洋商报》（新加坡），1958年10月13日。

南大之校长或名誉校长也随之更动。从而将南大与政府紧密地联系在一起，不以政党而以政府为联系对象。对于“陈六使突然发动的这一新趋势”，外界也自然将其与南大申请津贴联系起来，认为这“可能是配合着他希望星加坡政府批准南大申请津贴的事早日实现”。[28]

概括来说，在林有福政府阶段，政府对南大存在着政治上的不信任，但是由于选举的需要，政府在1958年开始刻意改善对南大的看法，并在经济援助上采取主动，获得华社和舆论的赞扬与支持。而南大对政府的主动援助，由于数额与所期待的相差甚远，因此对政府仍保持一定的距离。但是，至少双方在确定政府援助南大的原则和学位评议上取得了一致，同意成立评议会讨论学位承认问题，这是南大与政府关系的两大突破，处理得好，将为南大的地位与发展带来根本性的改变，也为南大与政府的关系带来质的突破。

《白里斯葛报告书》与英国力量

以白里斯葛为主席的评议会1959年1月成立后，评议会委员于同年2月12日及17日分别抵达新加坡，成员包括美国哈佛大学教授洪煨莲、台湾大学校长钱思亮、荷兰莱顿大学汉学院院长胡思威、菲律宾东方大学教授谢玉铭。首次会议于2月17日举行，3月12日完成报告书，前后不到四个星期。时间短暂显然是该评议会最大的缺陷。由“代表多种文化——美国、英国、中国及荷兰——的大学传统的各委员”，在短短不到四个星期的时间发表报告书，并且最终提出“对南大的学术水准作不利的报告”，“目前不能向新加坡政府建议承认南大学位与其他经被承认的大学的学位相等。”[29]

[28] 《南方晚报》（新加坡），1958年10月13日。

[29] *Report of Nanyang University Commission*, 1959.

虽然评议会意识到这一巨大缺陷，而白里斯葛之前也“担心留给评议会的时间不足以使评议会提供有价值的意见”，[30] 但是所给予的理由也很牵强，甚至于有些蜻蜓点水：“我们想要保证评议会作详尽完整的建议，势必需要比四星期更长的时间。但是事实上证明不可能把调查时间延长，因为各委员多在他处事先有预约，无法避免”，若是先收集资料，消化后再回新加坡讨论，“那是再好不过的事情，可是由于急切需要早日提出报告书，这种意思便无法实现。”[31]

此外，评议会最初的调查范围是在“调查大学的学术水准及其地位”，但是评议会自身很快发现“在所有提供的意见及所有我们正式或非正式会见的想法，多含有一种假设，那就是要我们对承认南洋大学有限公司为大学及它打算授予毕业生的学位，加以评述”。[32] 评议会在此实际上陷入了一种自相矛盾的境地之中，一方面最初政府成立评议会的目的并没有明确涉及南大学位承认的问题，但是社会舆论和公众印象都是评议会将承担这一功能，而评议会自身也“越俎代庖”，超越了最初的设定范围，对南大学位加以承认与否的判定。

英美教育制度的差异和矛盾为评议会衡量南大学术水准制造了难题。评议会的报告书中指出，承认大学的两种模式，一是英国式的“必须经过国会法案或皇家特许状准许”，二是美国式的“自由得多”的方式，虽在新大学办理之前可能需要获得一项州特许状，可是在美国并无一种正式机构来承认学校和维持水准。毕业生尤其是专门行业需要再度通过州考试或联邦考试，由“各种私人的专门组织加以严格监督，鼓励大学达成适当水准”。评议会认为南大现

30 “Letter from J.D. Hennings to Wallace, 16 June 1959,” Public Record Office, CO 1030/567.

31 *Report of Nanyang University Commission*, 1959.

32 Ibid.

在“混乱的局面是一方面在设立形式和教学组织上多仿照美国大学形式或仿照中国大学形式之具有美国典型者，一方面新法令赋予约摸相等于马来亚大学的法律地位”。[33] 从这点看，评议会意识到承认大学有两种模式，但评议会自身都不具备承认的资格，却提出不承认南大学位的建议，是自相矛盾的。另外，按照评议会对南大“混乱局面”的说法，如果换一个角度，甚至可以说南大同时具备了英式和美式两种承认的方式。

扣除“越俎代庖”的部分，《白里斯葛报告书》对南大存在的问题和缺陷应该是比较中肯的，是一种客观陈述。这也是因为参与评议会的委员在学术和行政上都拥有丰富的大学经验，更是蜚声国际的著名学者。而且其中三位都是华人，有中国和美国的双重教育背景，对按照中国式或美国式大学模式办校的南大，也有着直接的感受。

比如美国哈佛大学教授洪煨莲（洪业，1893–1980）是一位史学大师，是第一位获得法兰西学院颁发汉学儒尊奖的中国学者。[34] 他曾留学美国，后长期担任燕京大学教务长兼历史系主任，并成立哈佛－燕京学社，推荐学生赴哈佛深造。[35] 另一位委员、台湾大学校长钱思亮（1907–1983）也是留学美国，获得伊利诺大学化学博士学位，1949年即担任台湾大学教务长，1951年任校长，1957年任台湾中央研究院评议会第三届评议员。[36] 钱思亮后来在其任内还促成了与南大的合作，台大在1966年与美国密西根大学进行全校性合作之后，1967年与南洋大学订立了合作交换学生的办法。[37]

[33] Ibid.

[34] 第二位为饶宗颐。

[35] 邸永君〈时代呼唤学术战略家〉，《光明日报》（中国），2001年10月9日。

[36] 〈中国科学技术专家传略——钱思亮〉，见中国科学技术协会网页，http://www.cpst.net.cn。

[37] 〈国立台湾大学校史〉，见国立台湾大学网页，www.ntu.edu.tw。

第三位华人委员谢玉铭（1893－1986），1926年获美国芝加哥大学物理学博士学位，曾任燕京大学物理系主任，1946年起赴菲律宾东方大学任教共18年，其中16年担任物理系主任。[38]

这些学者的中国和美国教育背景以及身为华人的特质，应该为南洋大学的评议带来比较公正和客观的结果。但是英国始终坚持评议会主席人选须是英联邦大学校长的原则，以主导评议会的最终结果。事实证明，这一原则确实发挥了重要作用。

推荐白里斯葛担任评议会主席，应是南大行政委员会主席张天泽的主意，因为“白里斯葛是他的好朋友”，有几位委员也是张的朋友。张天泽和潘国渠都“理所当然地认为报告书会是积极正面的，但是他们都忘记了白里斯葛也会被其它政治目的所影响”。[39] 白里斯葛在1958年12月接到新加坡政府的邀请时，特意要求英国驻堪培拉最高专员向新加坡政府转告，由负责安排评议会事务的新加坡官员向他提供“不仅是委员会的工作范围，还包括需要由委员会考虑的政府方面的所有看法事项”。[40]

在《白里斯葛报告书》从酝酿到形成到最后出版的过程中，英国的力量都发挥了主要的作用。对白里斯葛的邀请是通过英国殖民部联络，再由英国驻堪培拉最高专员公署转发邀请信函。在白里斯葛委员会在新加坡调查和工作期间，白里斯葛本人与英国有关机构也保持了密切的联系。在《白里斯葛报告书》完成之后，白里斯葛单独去见了新加坡总督顾德，并交给他一份报告书。此时，报告书非但没有出版，也还没有提交给新加坡的部长们讨论。[41]

---

38 〈中国科学技术专家传略——谢玉铭〉，见中国科学技术协会网页，http://www.cpst.net.cn。

39 南洋大学前理学院院长郑奋兴与作者的电邮，2002年3月28日。

40 “Letter from S.L. Prescott to W.S. Bates, Office of The High Commissioner for the United Kingdom, Canberra, 22 December 1958,” Public Record Office, CO 1030/567.

41 “Letter from William Goode to W.I.J. Wallace, 3 April 1959,” Public Record Office, CO 1030/567.

顾德表示根据白里斯葛的建议，将“安排让陈六使在报告书广泛传播之前就得到一份，并由委员会的秘书关贤强向陈六使解释报告书的发现和建议”，因此陈六使可能很早就得知报告书的内容。但是根据陈六使在后来行动党政府公布报告书之后的对外反应来看，似乎他并没有很早知道报告书的内容。陈六使说，“在本月（1959年7月）22日本人得到教育部长通知，到教育部会见，在当日下午3时40分，由部长手上接到了30本《南洋大学评议会报告书》。在接到报告书前，由评议会结束始，我曾经十次以上，直接或间接向教育部征询报告书，欲知其评议结果是否妥当，但该报告书乃是先呈总督，然后交给教育部，再给南大当局。”陈六使还说，在接到报告书时，教育部长嘱咐他当天暂不可发表意见。在当天陈在教育部时，教育部常任秘书李绍茂“曾当场读了九条给我听，我感到十分奇怪，而且大大出乎意料之外，后来，本人重读了这份报告书，结果是抛进了字纸篓去”。[42]

但是英国殖民部的档案却显示，陈六使可能事先已经得知报告书的内容和褒贬。他和英国一样，都在等待新政府的表态和下一步动作。在1959年行动党上台之前，教育部常任秘书李绍茂致函英国殖民部官员，通报林有福政府“已经决定在大选之后才公布这份报告”。他同时指出，“南大的主要赞助人陈六使同意我的观点，认为延后到大选以后再公布报告书是件好事。”[43] 如果陈六使不了解报告书的内容，应该不会贸然同意展延公布报告书。

在白里斯葛1959年3月面见顾德之后，顾德还指出，将由李绍茂负责向部长们提交报告书以及立刻落实委任七人委员会检讨报告书的建议。如果在报告书公开发表时就宣布这一措施，将降低情绪上的反应。但是顾德不确定林有福是否会在选举之前对报告书采取任

---

42 《星洲日报》（新加坡），1959年7月25日。

43 “Letter from Lee Siow Mong, Permanent Secretary of Ministry of Education, Singapore, to Sir Christopher Cox, 15 May 1959,” Public Record Office, CO 1030/567。

何行动。[44] 实际上事隔不久，林有福就表示担心公布这样对南大不利的报告书，会让南大成为大选的议题而决定暂时搁置。[45]

需要指出的是，白里斯葛委员会的成员可以说是背景不一、目的不一、性格不一。白里斯葛认为委员会的工作非常吃力，他要花费大量的时间寻求共识。他对成员之一、来自美国哈佛大学的洪煨莲特别不满，他认为68岁的洪煨莲年龄太大，不适合做这种工作，思维定势也使他难以接受既有思想以外的东西。白里斯葛建议今后类似的委员会不要包括这一年龄的人参加。[46] 有趣的是，白里斯葛对与洪煨莲同龄的谢玉铭却没有如此批评，大概是因为洪煨莲的观点大异其趣。

在白里斯葛面见顾德的交谈中，有诸多没有见诸报告书的内容，将其结合报告书的一些评定观点来看，更有相应的比照价值。根据顾德的报告，白里斯葛说“南洋大学已经毫无希望了”：教员远低于标准的要求，有些人根本没有自己所宣称的文凭，建筑非常不适合大学的使用，比如科学实验室没有提炼水和排水设备，这些都是应该在建筑工程一完毕就安置好的。白里斯葛说，如果他承担将南大变成正确的大学的任务，他得将大学所有的一切推倒重来。他坚信，那些与大学有关联的人物都十分清楚大学缺乏所需的标准。大学的教员甚至不了解西方大学和中国大学里中华语言和文化研究的巨大进展（这一点大概是洪煨莲、谢玉铭以及钱思亮的观点），商业系的课程甚至还包括“打字这一根本在大学没有立足之地的内容”。[47]

[44] “Letter from William Goode to W.I.J. Wallace, 3 April 1959,” Public Record Office, CO 1030/567.

[45] “Letter from William Goode to W.I.J. Wallace, 4 May 1959,” Public Record Office, CO 1030/567.

[46] “Letter from William Goode to W.I.J. Wallace, 3 April 1959,” Public Record Office, CO 1030/567.

[47] Ibid.

白里斯葛也认为教员对新加坡或是马来亚的效忠没有真正的兴趣。他们纯粹只考虑中国，大学成了中国殖民主义的战斗阵地，教师全部是跑到国外的，而且都以中国为考虑出发点。白里斯葛也发现这些与马来亚大学在艾肯委员会时遭受的纯粹是英文大学的批评有明显的类似。他在报告书中加了一段点明这一点，但是其它成员反对，就删除了。白里斯葛的这一观点在评议会中受到具有留学海外背景的华人学者的反对，是意料中事，显示其观点明显带有典型的英国色彩。

对于承认南大毕业生的问题，白里斯葛说报告书宁愿把它交给公共服务委员会，建议他们按照自己觉得合适的公共服务等级来接收毕业生。在当时的条件下，南大评议委员会不可能超越于此。他个人不同意南大与其他大学享有同等的待遇，认为“如果在公共服务接收南大毕业生，与其他大学的毕业生享受同样的薪金等级是错误的。但是一旦他们开始工作，就应该获得证明自己价值的机会”。[48]

对于白里斯葛努力维护英国教育制度，英国政府当然十分满意。殖民部的官员多次在信件中称赞白里斯葛。“我们对白里斯葛在一个荷兰人和三个华人之中，掌控报告书保持直率的结果感到大为惊异。删除一些尖锐的观点也是取得共识的小代价。”[49]

殖民部官员亨宁斯(J.D. Hennings)在致华乐斯(W.I.J. Wallace)的信函中说，“报告书对我们来说是重要的惊喜，对南大当局来说则是令其不快的惊讶。这代表了白里斯葛在面对严峻的困难面前所取得的个人成就。”他接着建议殖民部大臣波蔼(Alan T. Lennox

[48] Ibid.

[49] “Letter from J.D. Hennings to R.S. Aitken, 29 July 1959,” Public Record Office, CO 1030/567.

Boyd）直接致信白里斯葛表示感谢，“我认为大臣写致谢信是很公平的，我确定白里斯葛会感激这样的做法。”[50]

华乐斯对此表示赞同，但是他提出在信中“注明是个人表示，以强调殖民部大臣没有正式关注的事实，因为在新宪制下新加坡政府对此事有全部的自治权”。[51] 其后殖民部大臣波霭在致白里斯葛的信函中如此赞扬白里斯葛：“尽管你的南洋大学评议委员会已经将报告提呈新加坡政府，我还是要以此封个人信函表达对你极为完美的工作的感谢和钦佩。”殖民大臣认为，白里斯葛提出了“建设性的建议”，报告书是“毫无异议的，而且没有牺牲直率或是学术的正直”。波蔼赞扬白里斯葛取得的成就是“给你自己最高的礼物，我要热烈地祝贺你”。[52]

围绕南大的英美教育制度之争

《白里斯葛报告书》出台之后，引起包括南大学生会、南大教职员等团体和组织在内的广泛批评。他们都将《白里斯葛报告书》的越权、不注重南大实际情况、新马历史背景等问题作为批评的对象，但是很少有人会注意到《白里斯葛报告书》背后，在某种程度上折射出了当时在英国殖民地势力日益弱化的情况下，围绕南洋大学而产生的英美教育制度之争，《白里斯葛报告书》在一定程度上是要发挥作为维护英国教育制度的护法使者的作用。这也是为何英国殖民地政府坚持评议会主席须为英联邦大学校长的原因之一。

南洋大学虽然是“华人大学”和陈六使所称的“中国式大学”，但是它所依照的“中国式大学”的模式却是来源于美国。从

[50] “Letter from J.D. Hennings to Wallace, 16 June 1959,” Public Record Office, CO 1030/567.

[51] “Wallace's Notes, 22 June 1959,” Public Record Office, CO 1030/567.

[52] “Letter from The Secretary of State, Alan T. Lennox Boyd to S.L. Prescott, 29 June 1959,” Public Record Office, CO 1030/567.

美国延揽而来的中国学者、首任校长林语堂到新加坡之后，所确定的大学设置、招生、学年基本上依照美国大学的制度。《白里斯葛报告书》也认为南洋大学在“设立形式和教学组织上多仿照美国大学形式或仿照中国大学形式之具有美国典型者”，而且按照美国的制度，“设立一所大学，比较说来，是自由得多”，“美国并无一种正式机构来承认学校，或为其系论来维持水准。”[53] 南大依照美国大学制度，也因此在大学的承认问题上避免了英国制度的复杂与繁琐。从这一点看，南大在新加坡受承认与否，本身就存在了英美制度的差异。

《白里斯葛报告书》之所以要作出对南洋大学不利的评议，不仅仅是因为按照英国的大学承认制度，南大还没有象马大一样符合英国制度的要求。另一方面更深层次的原因，是英国不想看到在自己的殖民地上却出现按照美国制度发展出来的教育机构。将其置于战后英美两国势力此消彼涨、互相竞争的历史格局下观察，这一点就尤为明显。过去的研究或人们的印象都将南大的问题集中在南大华文大学的性质以及英国政府和自治政府重视英文教育的矛盾上，却忽略了南大作为大学本身的美国式制度，与英国政府及其在殖民地建立的英国式制度的矛盾。而这一矛盾的失察，往往又误导人们在分析和解读《白里斯葛报告书》时产生偏差。

白里斯葛委员会除了白里斯葛本人是来自英国教育体系的西澳大学之外，其余来自美国、英国、中国（台湾）、荷兰。《白里斯葛报告书》中已经委婉地表示这种制度差异也在南大评议问题上表现出来：

> 虽则我们共同具有一大学概念的一般了解，以及共享以高度学术水准的重要作为大学主要特征的共同信念，但

[53] *Report of Nanyang University Commission*, 1959.

> 各委员仍然不免有个别不同的观点，原因是他们乃是自身经历的大学的产品。但实际办理上说，虽则美、英、中及欧洲大学都是旨在向着同一目标进行，那就是说训练社会上具有天才的青年，但各大学的组织、行政、方法和课程编制的基本方式，都大不相同。鉴于这项原因，各评议会委员实行互相了解每一成员的传统观点，本身就是一项有趣味的工作。再把这种互相了解的结果应用于审查及分析在南大获得的现有情形，诚然是一项错综复杂的课题。[54]

报告书中委婉含蓄地表达出制度差异在南大问题上的表现。然而，在私下的信函和报告中，白里斯葛毫不掩饰地说明维护英国教育制度的目的和想法。根据新加坡总督顾德向殖民部的报告，在向顾德提交《南洋大学评议会报告书》之后，白里斯葛表示，“个人希望新加坡能保持英国的制度，大学、理工学院、工艺学校等不同教育机构间有着合理的差别，而不是美国制度，无视学术机构不同的基本价值，允许学校颁发学位。”[55]

在其后白里斯葛致英国殖民部的信函中，他更明确地表示了对英美两种教育制度在新加坡成为政治问题的担忧和分析。由于《白里斯葛报告书》被行动党政府公开之后，引起了广泛的批评，白里斯葛对行动党政府颇为不满，认为报告书被政治利用，“如果他们能够始终坚持学术目的，我们的重组建议才能有所帮助。如果重组只为了短期政治目的，我担心结果会是失败。”白里斯葛也批评行动党政府“充满勇气、有点小聪明却缺少智慧，对历经长久知识斗争而形成的英国大学理念的基本学术价值根本就不尊重。现在的新加坡似乎任何事情都是为政治结果服务”。[56]

---

54 *Report of Nanyang University Commission*, “Chapter 1: Introduction.”

55 “Letter from William Goode to W.I.J. Wallace, 3 April 1959,” Public Record Office, CO 1030/567.

56 “Letter from S.L. Prescott to Sir Christopher Cox, 12 August 1959,” Public Record Office, CO 1030/567.

白里斯葛认为，由于新马的现状，“美国和英国大学教育制度之间的紧张会开始变得重要和政治化。”简而言之，“这是一个英国制度下受承认、制度化发展、具有可比较标准的大学与美国形式下繁殖出多种标准的大学间的差异”。[57] 白里斯葛认为，在博士阶段，英美两种制度间的差异不大，但是在本科阶段，两者间的分歧十分显著，让人混乱。

在完全取得独立的新兴国家，美国式教育院校的多样性的自豪感在当地也有着吸引力。美国模式对英国教育理念造成冲击和困惑，“殖民力量徒劳无功”的政治宣传又加剧了这种困惑，英国的内部大学理事会很难从一开始就提供帮助和领导，因为会被视为前殖民力量的代理。除非与众多的美国机构联手，否则这些机构将从无知转变为削弱英国制度仅存的最后一丝希望。[58]

白里斯葛也相当确信，新加坡的大多数人民低估了华文教育受鼓舞会引起联邦不满反应的危险性。马来亚回教和新加坡华人民族主义力量的崛起使建设一个统一的国家变得困难。共产主义国家强有力的意识形态动力或许可以解决这一问题，但是在新马，要建立统一国家的唯一选择就是培育受过某种程度上一致教育的精英。因此白里斯葛建议内部大学理事会和殖民部尽快与美国和美国教育当局达成共识，最理想的是双方联合成立小型的学术机构来探讨高等教育的统一政策。[59]

但是就新马的情况，白里斯葛向英国殖民部提出，“不能允许同一个地区同时实行两种制度。如果马来亚大学是一所受承认的大学，华人的面子就会要求南大也被承认，尽管很少人真正关心南大的学术水准也应该提高和马大一致。”白里斯葛也感受到了“盎格鲁萨克逊的正直理念和华人面子理念之间的紧张”。白里

[57] Ibid.
[58] Ibid.
[59] Ibid.

斯葛认为，如果大学的财务支援需要大部分依赖政府，英国的制度是最好的选择。“今后需要不惜一切代价避免的是允许私人建立大学然后用大量的学生和低学术水平造成政治压力，来勒索政府的支持。”[60]

白里斯葛也认为新马的大学都应该实行完整的多语教育，因为新加坡受英文教育和受华文教育之间存在着明显的利益鸿沟和日益紧张的关系。

在这一封白里斯葛自己都认为“长度大大超出预先计划”的信函中，白里斯葛谈到了对新加坡公布报告书后社会的反应以及自己对这些反应的看法。最重要的是，他着重阐述了对英美两种大学制度的看法以及明确表示新马只能够实行一种大学制度，不可能英美两种大学模式都采用的观点。这对于解读《白里斯葛报告书》中所做出的结论有着重要的意义。

英国殖民部对于白里斯葛的观点十分了解，官员亨宁斯甚至认为“有明显的证据显示如果按照白里斯葛的方式，他更愿意废除现有的南大，然后重头再来”，不过他又说，“实际上白里斯葛不寻求将南大取而代之，而是新加坡没有空间容纳一个马来亚大学那样的西方式大学和像南洋大学那样的中国式大学。”对于白里斯葛提出的英美教育制度之争，亨宁斯认为，“我们必须研究假定南大存在而且将继续存在，并寻求中国模式和美国的学术训练方法的这一情况。”他提出与白里斯葛有所不同的观点：“我不认为有必要遵循按照美国模式培养出来的都是低水准毕业生这样的观点。我们要接受南大寻求建成的大学理念不是英国式而是美国式的，我们应在力所能及的范围内确保南大通过最佳的可能方式来实现它的命运。”[61] 这是英国殖民部中难得一见的对南大抱持正面态度的看法，

[60] Ibid.

[61] “Letter from J.D. Hennings to Wallace, 16 June 1959,” Public Record Office, CO 1030/567.

但显然白里斯葛维护英国教育制度的做法和用心还是会在英国政府中获得更多的支持和赞同。更重要的是，它也得到继承完整英国教育制度的新加坡精英统治阶层支持，行动党政府也需要维护这种制度。

从这一角度看，《白里斯葛报告书》之所以超出新加坡政府设立的职权范围，作出不建议承认南大学位的决定，一个重要的考虑出发点就是，在马大这个英国制度的大学已经获承认的情况下，实行美国制度的南洋大学不能够获得承认。由于美国式大学的学术水准是在学生毕业之后“须通过州考试或联邦的再度考试，各种私人的专门组织加以严格监督”，这与英国式相差甚远，除非南大进行改组，否则对英国制度情有独钟，也不同意两种制度兼存的白里斯葛来说，利用评议会的机会，实现维护英国教育制度的理念，就显得理所当然了。

《白里斯葛报告书》对南大的伤害显而易见，从名誉、地位到发展都受到挫折。某种程度上，南大成为英美教育制度之争的牺牲品。

行动党政府对报告书的政治处理

林有福政府担心《白里斯葛报告书》会使南大问题在大选期间成为课题而对自己不利，选择暂时不公布报告书，甚至特意在同意援助南洋大学后，一直到1959年5月中旬才将拨款交到南大执行委员会手中，此时离大选只有半个月左右的时间。陈六使形容为“政府的最佳礼物”，已经“认识到南大的重要性”，[62] 显然林有福寄望这笔拨款能够对选举有所助益。虽然如此，林有福在大选中仍然落败，行动党上台。

行动党政府同样面对报告书的问题，但由于没有政治包袱，反

[62] *Singapore Standard* (Singapore), 19 May 1959.

而可以将其视之为一种有效的工具，可以为李光耀政府带来主动的局面。一方面，华社和南大的强烈反弹，并不会为政府直接带来巨大的压力，因为白里斯葛委员会是由林有福政府委任的，李光耀政府并不需要为此承担直接责任。

另一方面，对于已经意识到南大将成为一个政治问题的李光耀政府来说，要解决南大问题，《白里斯葛报告书》无疑是一个很方便的工具，可以为政府提供介入改变南大的依据。相反，若是拖得太久才公布，反而会使报告书成为行动党的政治包袱。白里斯葛甚至听到这样的说法，"行动党政府公布报告书是为了使陈六使和公司就范，如果陈六使之前在某种程度上准备与行动党政府合作（未必非要南大重组），报告书就不会公开。而且不管学术问题上谈出怎样的结果，都将由教育部控制南洋大学。"[63]

李光耀执政不久就认识到政府内部的最大问题："共产党人渗透政府和政府部门的危险固然永远存在，但在这个时期我们最关注的，却是进不了政府部门的南洋大学的那些华校生。当时我们知道，南大的发展肯定很快就会形成一个巨大的政治和教育问题。"因为"第一批学生将在10月毕业，由于他们实际上不懂英语，到头来可能没人能雇佣他们"。对于《白里斯葛报告书》建议政府不要承认南大的学位，"在说华语或方言的社群中引发抗议浪潮"，以及"商界领袖认为这是冒犯他们，低估了他们的能力"，李光耀认为，"他们受到这样的对待是活该，因为学术人员的工作本该由大学评议会来处理，可他们却一直在指挥和干预。"[64]

显然，李光耀对南大由商人控制的事实同样感到不满。一方面带来学术水平的担忧，另一方面，更为重要的是对政治导向的无力

63 "Letter from S.L. Prescott to Sir Christopher Cox, 12 August 1959," Public Record Office, CO 1030/567.

64 李光耀《李光耀回忆录》（新加坡：联合早报，1998），页382。

感。站在政府的角度，这是最为危险的。因此，对于陈六使“委任庄竹林博士为南大校长”（其实是副校长），“还增加了当年的招生人数”，李光耀认为是陈六使“对我们尤其不满”而“表示蔑视政府”之举。因为“亲共的庄竹林曾任中正中学校长，后被革职。陈六使这么做会更方便马共利用南大作为滋生地”。[65]

尽管对南大存在诸多不满和意欲改组的计划，但刚刚执政不久的事实令行动党政府解决南大问题颇有些力不从心。对于李光耀政府而言，更在南大课题上学到了政府并不能随心所欲地行使权力的事实。“把宪法正式规定的权力和行使权力所必需的政治力量分离开来，这是我（李光耀）所上的第一课。”事缘教育部长杨玉麟向内阁提出了一份法案草稿，目的是授予政府以管理新加坡大学的同样权力，使陈六使无法干预南大行政。“这个办法过于简单，在内阁里引起哄堂大笑。”对于通过1958年3月31日南大校舍落成典礼而“感受到说华语或方言的普通民众对创办南大满怀激情”的李光耀来说，“如果接受杨玉麟所提的法案，所有华文中学都会发生暴乱。”[66]

行动党公布《白里斯葛报告书》的政治决定也让英国感到有些意外。在1959年6月22日英国殖民部的文件中还显示：“我们不知道新政府将如何处理报告书。”[67] 7月22日公布以后，在殖民部官员的一封私人信函中称，“报告书对于前政府来说，在大选之前公布太具爆炸性了。新政府看起来没有什么犹豫，即使报告书的结论一定会在讲华语的华人中引起恨意，这些人正是行动党政府的支持者。李光耀好像一点也不缺少勇气！”[68]

---

[65] 同上。

[66] 同上，页383。

[67] “Report of Wallace, 22 June 1959,” Public Record Office, CO 1030/567.

[68] “Letter from J.D. Hennings to R.S. Aitken, 29 July 1959,” Public Record Office, CO 1030/567.

《白里斯葛报告书》公布之后，引起了华社和南大的强烈反弹。行动党政府很快就在公布次日，委任由魏雅聆任主席的南洋大学检讨委员会，来检讨《白里斯葛南洋大学评议会报告书》，“以审定认为必要改组的范围和程序”。[69] 委员会共有七名成员，包括医生魏雅聆、经济学者翁姑阿都阿芝、会计师符气林、马来亚大学教授黄丽松、报馆主笔廖颂扬、《南洋商报》连士升以及医生B.R.史林尼哇山，体现了种族和阶层代表性，其中的黄丽松更在多年以后成为南洋大学的校长。

成立检讨委员会既是行动党政府的主动之举，被称为“是行动党政府高度地关心这问题”，是教育部的“极其积极的态度”，[70] 也是顺应了《白里斯葛报告书》中的建议：“设立一个拥有不超过七名委员的特别委员会，该会委员将包括南洋大学及政府代表，以检讨我们的报告书并决定我们认为需要改组的范围与程序。”[71]

行动党政府成立了检讨委员会，但是成员并没有包括“南洋大学及政府代表”。有所为有所不为的政治技巧，可以为政府创造不少的回旋空间。如果就此成立包括南大及政府方面的代表，南大的改组势必成为必须之举，可能制造直接冲突或者难以周旋的余地，这是还不愿直接与南大交恶的行动党政府所希望看到的。李光耀就称委任检讨委员会是“为了在过渡时期缓和紧张的局面，争取时间”。[72] 教育部长杨玉麟在其后在立法议院就南大问题发表的政策演说时也曾就此有所解释：“检讨委员会的委任是根据1959年《白里斯葛评议会报告书》的建议而行的，唯有在委员会的成员组成方式

---

69 《南洋大学检讨委员会报告书·弁言》（新加坡政府文化部，1959），页2。

70 王嘉心〈万众一心，把南大办得更好〉，《行动周刊》（新加坡），1960年2月1日，第3期。

71 *Report of Nanyang University Commission*, 1959.

72 李光耀《李光耀回忆录》，页383。

有所不同"，"由于白里斯葛评议会的判定，我们认为有需要委任一些杰出的、独立的当地人士去担任这个检讨委员会的委员。每一个人都在他们各自的日常业务中有显著的表现，例如在高等教育方面，在医学方面，在新闻业方面以及在理财业方面。南洋大学和教育部也各自派出一名职员来担任检讨委员会的联合秘书。"[73] 杨玉麟特别提出，委员会成员的委任"受到了各方面的热烈赞扬"。[74] 陈六使则表示相信"该七位委员中，不论过去对南大如何支持爱护，或对南大有何成见或立场者乃为另一问题，可拨在一边"，对于调查南大学术水准、教师资格等问题，"应以公开方式进行调查，提出客观、公平的评断，而不似过去评议会在其整个调查工作过程中，充满了浓厚的神秘色彩。"[75]

魏雅聆检讨委员会的成员中，有两位其实与南洋大学有着深厚的渊源。连士升和廖颂扬曾经在倡议设立南大之初，受筹备委员会邀请，担任宣传组正副主任，"积极进行策划本大学应设院系、行政首长人选、师资、设备等事项"。[76] 行动党政府对此自然十分清楚，仍然委任他们出任检讨委员会成员，可以显示公正客观，避免制造南大与魏雅聆委员会和政府的矛盾。

《魏雅聆报告书》的绪言部分对南洋大学的诞生背景进行了不同寻常的介绍，体现出对南洋大学"是为了特定目的而设立的，即为应华文中学学生进修高等教育的需要"的同情。[77] 这番在《白里斯葛报告书》中见不到的文字，体现了对南洋大学华文大学特性的认

[73] 〈新加坡教育部长对南大问题发表政策演说〉，《南洋商报》（新加坡），1960年2月10日。
[74] 同上。
[75] 陈六使谈话，见《南洋商报》（新加坡），1959年7月25日。
[76] 〈南洋大学校史略〉，《南洋大学创校十周年纪念特刊》（南洋大学创校十周年纪念特刊编辑委员会，1966），页13。
[77] 《南洋大学检讨委员会报告书》，页1。

可和尊重，有利于争取华社和南大的认同与善意，也是“为了避免遇到对《白里斯葛报告书》类似的批评”。[78]

《魏雅聆报告书》也提出了委任副校长是南洋大学“刻不容缓的事项”。由于“正式的委任恐怕不是短期内所能办到，因为这个职位必须广事刊登广告，且必须以最大的小心和缜密考虑，然后方能作最后的选择”，因此报告书建议，“就当地具有适当资历且在教育上有经验的人士中立刻委任一名副校长，在此过渡时期代行副校长职权。”[79]

这一建议已经被陈六使“提前采纳”了。1960年1月，在《魏雅聆报告书》公布之前，庄竹林博士就任南洋大学副校长。这一人选引起了李光耀的强烈不满，认为是陈六使向政府抗议的方式，因为庄竹林是亲共分子。但是就当时的情况来看，陈六使委任庄竹林也有一定的理由，甚至具有一定的重要意义。

首先是南大的实际需要。《魏雅聆报告书》建议从“当地具有适当资历且在教育上有经验的人士中”选择人选。庄竹林是中正中学1939年创校起的首任校长，直至1957年9月26日被捕入狱，教育方面具有丰富的经验，同时他也具有博士学位，“有适当资历”。最重要的是，当时的当地教育人才确实匮乏。仅以当时南洋大学聘请的教师为例，全校100名从助教到教授不同级别的教师中，仅有六名本地人，其余全部来自海外。[80] 本地教师都如此难找，何况主掌校政的校长？

另一层需要是，陈六使之所以不顾连瀛洲等人的公开反对，在《魏雅聆报告书》公布之前就宣布庄竹林就任南大副校长，是因为

---

78 M. Van Der Kroef Justus, “Nanyang University and the Dilemmas of Overseas Chinese Education,” *The China Quarterly,* No. 20, 1964.

79 《南洋大学检讨委员会报告书》，页2。

80 〈“附录I：教师资历分析表”〉，《南洋大学检讨委员会报告书》，页2。

南大首届学生即将毕业，3月将举行毕业典礼，大学需要一个校长来签发、颁授学位。[81]

从大学制度和管理的角度看庄竹林的任命，对南大来说另有深意。

其一，委任一位副校长，是南大开校四年来，自林语堂之后，首次聘请专人负起校务全责，“廓清了过去因职权任务混淆的缺陷”，“供应金钱物力居主导监督地位的公共组织与负责校务行政学术工作的校长与教授团同人，两者之间，职权划分清楚，由此而发挥出分工合作的最大效验。”[82]

其二，副校长的名称为南大的制度转变留下空间。南大是实行美国制，校长称为Chancellor，但是英国制的马来亚大学校长英文就是Vice-chancellor，中文却称为副校长。陈六使委任庄竹林为副校长，英文媒体称为Vice-chancellor，[83] 是否就与英制的校长一致？在南大新加坡委员会的大会上提到“至于校长问题，则有待南大草案通过后解决之”，[84] 是否为南大的制度改变埋下伏笔？根据陈六使在会上的解释，为何任命庄竹林为副校长而不是校长，是因为在大学里其实是副校长而不是校长掌管事务，就像马来亚大学一样。[85] 这显示陈六使有意识地参照借鉴马来亚大学的英式制度。舆论也认为，“由副校长的延聘，南大当局看来有意于修正现行的《南大法令》，使称为更加适合马来亚大学教育组织制度的基础章则。这一层对南大进展前途，有好无坏。”[86]

---

81 *The Straits Times* (Singapore), 12 January 1960.

82 〈南大兴革与世界大学教育新潮〉，《星洲日报》（新加坡），1960年1月13日。

83 “Dr Chuang named Vice-Chancellor,” *The Straits Times* (Singapore),12 January 1960.

84 《南洋商报》（新加坡），1960年1月12日。

85 *The Straits Times* (Singapore), 12 January 1960.

86 〈南大兴革与世界大学教育新潮〉，《星洲日报》（新加坡），1960年1月13日。

结语

大学是社会的重要组成部分，培育未来的国家精英，也是政治力量关注的主要对象。在新加坡逐渐形成自己的国家疆界概念时，由于对国家定位性质的目标与理想存在差异，新加坡主要政党、英国、美国、马来亚等力量之间，或主动、或被动地出现意识形态角力，作为华文大学的南洋大学无法避免地成为角力的对象之一。各方试图通过影响南洋大学的发展方向，来改变政治版图中的力量对比。《白里斯葛报告书》正体现出了各方对新加坡定位国家目标的差异，具有重要的参照意义。

通过档案中白里斯葛与英国殖民当局的来往信函以及其他相关的论述，可以看出围绕《南洋大学评议会报告书》，英国政府、新加坡殖民政府、林有福政府、行动党政府以及南洋大学本身都有着不同的目的和想法，这些差异通过不同的方式体现在报告书的内容以及处理报告书的态度上。这其中既牵涉到在新加坡的英美教育制度发展之争，更深刻地反映教育制度背后牵涉的华文教育发展、与中国关系以及新加坡马来亚内部社群关系和未来定位等复杂因素。《白里斯葛报告书》在南洋大学的发展历史上具有重要的转折意义，也通过改写南洋大学的进程，影响了新加坡内部的社会和政治关系，某种意义上可以这样说，《白里斯葛报告书》影响了南洋大学与新加坡政府之间的关系，南洋大学与新加坡的建国理想、国家建构目标、社群关系从此变得更加复杂，南大问题也变得更加难以处理。

6

Nanyang University and the Language Divide in Singapore
Controversy over the 1965 Wang Gungwu Report

Huang Jianli

Introduction

The "language divide" within the Chinese community on the island city-state of Singapore has a profound impact on the history and politics as well as the social fabric of Singapore. Its origins can be traced back to the founding of modern Singapore by the British in 1819 when Singapore's proclaimed free port status quickly attracted an influx of Straits Chinese who had settled and grown up in colonized Malacca and Penang for several generations as well as a bigger pool of new migrants coming directly from South China. In fulfilling the educational needs of this exploding population, the British authorities adopted a *laissez faire* approach and devoted minimalist resources only towards the training of a small corps of English-educated civil servants, doctors and lawyers. As indigenized and seasoned colonial subjects, the Straits Chinese were in a better position to take advantage of the limited offerings in English education and career openings. The larger group of relatively new settlers from China were left to fend for themselves. They had to organize and raise their own funds to build vernacular schools for their children, beginning with primary education and working up to the first Chinese-medium secondary school by 1919. Over the years, as Singapore prospered and educational opportunities expanded, more of the Chinese migrants were able to gain access to an English education and there were some English-speaking Chinese who crossed over to the other side to gain a different life experience. However, generally speaking, the colonized Chinese community was dichotomized into the two segments of "Straits Chinese/English-educated" and the "Chinese New Migrants/Chinese-educated".

As the new migratory inflow slowed to a trickle from the 1930s on and as the recent migrant families acquired a degree of permanency, the divide mutated to become simply the "English-educated" and the "Chinese-educated". Some of their differences in language, culture and mindset were brought into sharp focus amidst the heated politics of decolonization after World War Two and during the struggle for political supremacy to decide on the course of post-colonial nation-building.[1] Notwithstanding the more stable political environment and greater opportunity for integration provided by the making of a unified national education system from the 1970s on, this language divide remains pertinent today as Singapore grapples with new challenges in its march into the twenty-first century. The then Prime Minister Goh Chok Tong 吴作栋 in his National Day Rally speech of

[1] Dynamics of this language divide have been explored in Lee Guan Kin 李元瑾, *Dongxi wenhua de zhuangji yu xinhua zhishi fenzi de sanzhong huiying: Qiu Shuyuan, Lin Wenqing, Song Wangsiang de bijiao yanjiu* 东西文化的撞击与新华知识分子的三种回应：邱菽园、林文庆、宋旺相的比较研究 (Three Responses of Singapore Chinese Intellectuals to the Clash of Culture between East and West: Comparative Studies of Khoo Seok Wan, Song Ong Siang and Lim Boon Keng) (Singapore: Global Publishing, 2001); Quah Sy Ren 柯思仁, "Shehui de bianchui yu xiandaixing de zhongxin — Xinjiapo huawen zhishi fenzi de jingyu" 社会的边陲与现代性的中心——新加坡华文知识分子的境域 (The Periphery of Society and the Centre of Modernity: Singapore's Chinese-Language Intellectuals in Context), paper presented at the Hwa Chong Alumni Association seminar, Singapore, 28 February 1999; Huang Jianli, "Positioning the Student Political Activism of Singapore: Articulation, Contestation and Omission," in *Inter-Asia Cultural Studies*, 7(3) (September 2006): 403–430; Sai Siew Min and Huang Jianli, "The 'Chinese-educated' Political Vanguards: Ong Pang Boon, Lee Khoon Choy and Jek Yeun Thong," in Lam Peng Er and Kevin Tan (eds.), *Lee's Lieutenants: Singapore's Old Guard*, (St. Leonards, NSW: Allen & Unwin, 1999), pp. 132–168; Kwok Kian-Woon, "Chinese-Educated Intellectuals in Singapore: Marginality, Memory and Modernity," *Asian Journal of Social Science*, 29(3) (2001): 495–519; and Eugene Tan, "Re-engaging Chineseness: Political, Economic and Cultural Imperatives of Nation-Building in Singapore," *The China Quarterly* 175 (September 2003): 751–774.

August 1997 had called for the cultivation of a Singapore Chinese cultural elite.[2] Lee Kuan Yew 李光耀 as the Senior Minister then also reinforced the point in June 2004 calling for the moulding of 100 to 200 students in every year's cohort who "must not only be able to speak and write Chinese but also have a deep understanding of its culture and history to be able to connect with China's leaders."[3]

With a history in the training of Chinese-educated undergraduates from 1956 and its eventual closure through merger with the English-medium University of Singapore in 1980, the Nanyang University 南洋大学 (hereafter used interchangeably with the abbreviated term "Nantah" 南大) is important for the discourse on language divide in Singapore. This paper focuses on the linkage between Nanyang University and the language divide through the *University Curriculum Review Committee Report* submitted in 1965 by Professor Wang Gungwu 王赓武 as the chairman of the committee (hereafter abbreviated as the *WGW Report*). The final report went beyond the examination of curriculum matters and had deep repercussions on Singapore's political and cultural landscape. Significantly, the starting point

---

[2] Goh's speech was followed by curriculum changes which allowed more students to opt for Chinese language as a school subject at a higher level. This sparked a round of public debate on the meaning of being a Chinese-educated intellectual in contemporary Singapore, *The Straits Times* (Singapore), 2 March 1999. Chew Cheng Hai 周清海, the then director of the Nanyang Technological University's Centre for Chinese Language and Culture, offered his views on the language divide: "Traditional monolingual Chinese intellectuals, like Pan Shou 潘受 (who was once the secretary-general of Nantah), are disappearing from the scene" and the new "Chinese intellectuals" and "Chinese elite" are products of the modern bilingual system and have good command of English in addition to in-depth understanding of Chinese language, art, and culture," *The Straits Times* (Singapore), 28 March 1999.

[3] Lee argued that this task is critical, otherwise "Singapore faces a very serious problem". *The Straits Times* (Singapore), 2 June 2004, p. 4; *Lianhe Zaobao* 联合早报 (Singapore), 2 June 2004, pp. 1, 5, editorial in p. 16; *Lianhe Zaobao* (Singapore), 5 June 2004, pp. 18, 29. The English press studiously avoided the phrase "Chinese elite" which had provoked much discussion since 1997, instead preferring the term "China experts". The Chinese media had no such qualms and its editorial earnestly supported this call and demanded that a handsome reward system be institutionalized for such an elite. *The Straits Times* (Singapore), 16 June 2004, p. 3 and *Zaobao* (Singapore), 16 June 2004, p. 2.

and reference grid for Wang Gungwu and his committee members was not Singapore but the Malayan hinterland.

Setting the Stage for another Review of the University

The Wang Gungwu Curriculum Review Committee was appointed on 20 January 1965 while Singapore was still a member of the Federation of Malaysia and it was the third major external review conducted on the Nanyang University. The notion of building such a university was first mooted by a group of rich Chinese businessmen in 1950 and then publicly announced in 1953. Formal lessons began in 1956 and a grand official opening ceremony launched in 1958. The birth was a painful one, running parallel to the complicated constitutional developments in the devolution of British colonial power after the end of World War Two.

After the initial failure of the Malayan Union scheme, the Malay Peninsula was granted self-government in 1948 and then independence in 1957. The colonial island of Singapore had to walk a much longer path and achieved full internal self-government only in 1959 under the leadership of Lee Kuan Yew and his People's Action Party (PAP), following which it merged, in concert with a couple of other North Borneo states, into the Malaysia entity to attain independence from colonial control in 1963. Nantah was thus born under the watchful eyes of the British masters and a group of local elites participating in the transfer of power. There were concerns about financial resources and employment opportunities in having yet another tertiary institution so soon after the English-medium, state-funded University of Malaya was established in 1949. There were also worries over the impact on inter-ethnic relations, as well as the danger of coming under communist manipulation amidst the brewing international Cold War and the local communist insurgency in Malaya. Governmental approval for Chinese businessmen to proceed was thus granted with reluctance and with no promise of state funding or official recognition in civil service admission for the degrees awarded — the two ingredients regarded by the Chinese community as critical for the early making of a successful university. Another setback was when the first appointed Vice-Chancellor Lin Yutang disagreed vigorously with the university management board over the running of the university and abruptly resigned in 1958.

It was under these dark clouds that the university and government commissioned the first major review of Nantah by Professor S.L. Prescott from Australia and four other team members in January 1959. Against the university's hope for a sympathetic hearing and appraisal within the context of an infant university in a developing country, the report turned out to be another major blow. Submitted on 12 March 1959 and released almost immediately, it was damning about the weak organization and administration of the university, inadequacy of the library and laboratories, poor employment terms, ill-qualified staff, depressing lack of a research culture, and an overloaded curriculum. The Prescott Report concluded with a flat refusal to recommend governmental recognition of its degrees.[4] This negative report created an immediate uproar within the Chinese community in general and among the founders of Nantah in particular, with accusations made about unrealistic expectations, inadequate observations and the improper use of confidentiality in soliciting feedback.

A second external review was convened on 23 July 1959 because Prescott had recommended a follow-up committee and also to get a second opinion in the wake of the PAP electoral victory and attainment of self-government. Dr Gwee Ah Leng 魏雅聆, a medical practitioner, headed this committee with a team of six other committee members. Its report was submitted on 20 November 1959 and released in the Legislative Assembly on 6 February 1960. Its findings turned out to be more or less an endorsement of Prescott's observations — the mismanagement of university administration and finance, low salary scales, lack of academic calibre in staff, unsystematic curriculum, and a further indication that the governmental recognition of its degrees would not be forthcoming. What was worse from the perspective of the university's founders and supporters was that the Gwee committee

[4] *Report of the Nanyang University Commission, 1959* (Singapore, 1959), passim.

ventured further by advocating the broadening of student recruitment from other language streams, the learning of Malay, a wider use of the English language in teaching, and a higher level of English in admission standards.[5] The deepening despair of the Nantah sponsors, the new PAP government's acceptance of the Gwee Report and its energetic inclination in putting into place a prompt reorganization of the university, triggered off an even bigger uproar among the students and the larger Chinese community. This round of protests snowballed into a firestorm as it overlapped with the intense politicking arising from the tumultuous political events of the PAP split in July 1961, the political battle of 1961–63 for a merger with Malaysia to gain independence and the post-merger General Elections of September 1963.

What then were the impetuses for the third major external review of Nantah by Wang Gungwu and his committee who were appointed in January 1965? Fresh from their political victories and driven by a desire for rapid economic development, Lee Kuan Yew and his colleagues moved promptly on the Nantah front as soon as the political battles of 1961–63 were over. In January 1964, pro-PAP forces made preliminary moves to seize the leadership of the Student Union and the Guild of Nanyang University Graduates.[6] Working intermittently from October 1963 to April 1964, Lee's two lieutenants overseeing the Nantah educational front, Lee Khoon Choy 李炯才 and Jek Yeun Thong 易润堂, hammered out an agreement under the aegis of the Joint Government-Nantah Council Liaison Committee by 5

---

[5] *Report of the Nanyang University Review Committee, 1960*, presented to the Singapore Legislative Assembly on 6 Feb 1960, passim. The Gwee Committee's comments on languages will be discussed later.

[6] Lee Ting Hui, *The Open United Front: The Communist Struggle in Singapore, 1954–1966* (Singapore: South Seas Society, 1996), pp. 306, 308. Lee notes that the early January effort was far from successful and the government had to resort to suspending the recalcitrant student union in August 1964.

June 1964.[7] The accord proclaimed that it hoped "to seek early resolution to the problems of Nantah so that students can study in an environment which is peaceful and without political interference." After the proposed reorganization, the Singapore government would give Nantah the same kind of treatment which it had extended to the University of Singapore in order to lessen the financial burden for the students, increase compensation for teaching staff and provide for better campus facilities. However, Nantah was to become an institution which would be purely academic and not come under the influence of any political parties or engage in subversive activities. The Singapore government in this accord reiterated its stand that the Chinese language would remain as Nantah's medium of instruction as previously promised on numerous occasions because, under the Malaysia constitution, Singapore would retain educational autonomy and continue to implement its policy of parity in the treatment of all four educational streams. It also held forth the carrot of recognizing the Nantah degrees in due course and of persuading the Malaysian central government to do likewise. A new agreement on the composition of the Nantah University Council was reached and this was couched as a compromise by the PAP government in order to "indicate its sincerity in solving the problems of Nantah."

---

[7] The Joint Government-Nantah Council Liaison Committee met on 2, 3, and 4 October 1963 and 5 April 1964, and the agreement is dated 5 June 1964. A photocopy of the manuscript has been shared by KC Lee. The discussion below is based on "Xinjiapo zhengfu yu Nanda lishihui de lianhe shenming" 新加坡政府与南大理事会的联合申明 (Joint Declaration by the Singapore Government and the Nantah University Council) in Li Yelin 李业霖 (ed.), *Selected Historical Sources of Nanyang University, 1953–1980* 南洋大学走过的历史道路——南大从创办到被关闭重要文献选编, bilingual publication (Petaling Jaya: Nanyang University Alumni of Malaya, 2002), pp. 306–307; Lee Ting Hui, *The Open United Front*, pp. 307–308 states that this accord itself sparked further student protests but the release of the 27 June 1964 White Paper on *Communism in the Nanyang University* (Kuala Lumpur, 1964) by the federal government in Kuala Lumpur linking Nantah with communist subversion as well as a firm round of arrests and dismissals in mid-July suppressed the disorder.

Armed with this agreement, the PAP proceeded to reorganize the Nantah University Council. The founding father Tan Lark Sye 陈六使 had challenged the PAP earlier and resigned from the Council after being stripped of his citizenship following the PAP's victory over the Barisan Sosialis in the September 1963 General Elections. The reassembled University Council that conducted its first meeting on 20 July 1964 was helmed by Ko Teck Kin 高德根. Born in 1910, Ko was a native of Fujian 福建 province of China who had his early education at Palembang before following his father in becoming a merchant and relocating himself to Singapore after World War Two. His main businesses dealt with rubber, sea transport, and the construction industry, He headed the Singapore Chinese Chamber of Commerce intermittently in 1954 and from 1958 to 1965. He also served as a member of the Malaysian Senate and was tasked with being Singapore's first ambassador to Malaysia. He died of illness in Hong Kong on 9 April 1966.[8] His strong Malaysian background cultivated over the years pointed

---

8 *Nanyang daxue chuangxiao shizhounian jinian tekan, 1956–1966* 南洋大学创校十周年纪念特刊 (Souvenir Magazine of the Tenth Anniversary of the Founding of Nanyang University) (Singapore, October 1966), p. 23; His close relations with the PAP was hinted at by his resignation in October 1963 as the treasurer of the previous Council on the basis that he was distressed by attacks on him by students and leftist trade unionists who had accused him of trying to sell out Nantah to the government. See Ong Teck Hui, "Nanyang University, 1956–1968: The Question of Official Recognition," unpublished B.A Honours Thesis, Department of History, National University of Singapore, 1983–1984, p. 48, citing *The Straits Times* (Singapore), 5 October 1963; Ko was also appointed to the sensitive post of being the first ambassador to Malaysia after the Singapore-Malaysia separation. When Ko died unexpectedly from illness on 9 April 1966, Chen Xijiu 陈锡九 was elected to take over the chairmanship on 24 May 1966 at the 3rd meeting of the second Nantah University Council. Chen had also been born in China in 1906 but come over to Singapore at the early age of seven, undergone an English-based education at St Anthony and Raffles Institution, gone back to China for further studies and eventually returned to Southeast Asia and risen to become the director and manager of the Four Seas Bank. He was the deputy head of the 26th Singapore Chinese Chamber of Commerce (hereafter SCCC) and the head of the 27th and 29th SCCC. In October 1966, he was made Singapore's ambassador to Thailand. See *Nanyang Daxue chuangxiao shizhounian jinian tekan, 1956–1966*, p. 20.

to some possible role which he might have played in persuading Wang Gungwu and another Malaysian university professor Thong Song Pak 汤寿柏, to come on board for this major revamp of Nantah.[9] Equally notable is that two of the three government representatives on this second Council of 1964 were Lu Yaw 卢曜 and Tan Chok Kian 陈祝强. Lu was the Principal Assistant Director of Education with the Ministry of Education and who was soon to join the WGW Review Committee. Tan Chok Kian would eventually be the key person in bringing about the merger and closure of Nantah fifteen years later in 1980.[10] A *The Straits Times* editorial noted that this new Nantah University Council was radically different from its predecessor and "far more disposed to seek agreement and compromise."[11]

Another clearing of the deck in preparation for the WGW Committee was taking place at the operational level of university administration. Chuang Chu-lin 庄竹林 had taken over the Vice-Chancellorship since 11 January 1960 in response to the Gwee Committee's call for someone to take over the deteriorating university administration temporarily while an international hunt for a new Vice-Chancellorship was mounted. Chuang came from with a background of leading Chung Cheng High School 中正中学 as its principal for many years and helping to administer Nantah as a member of the Executive Committee after the sudden departure of Lin Yutang. Having served as the Vice-Chancellor for nearly four years, Chuang resigned on 1 July 1964. He was a controversial figure, having once been arrested by the Japanese during the War as a suspected communist. When a similar line

9 For Wang Gungwu to come onboard, the most important role was played by Ong Pang Boon 王邦文, the Minister of Education who was a former university friend of Wang. See Lee Guan-kin, "Wang Gungwu: An Oral History," Billy So, John Fitzgerald, Huang Jianli, and James Chin (eds.) in *Power and Identity in the Chinese World Order* (Hong Kong: Hong Kong University Press, 2003), p. 388.

10 *Nanyang daxue chuangxiao shizhounian jinian tekan, 1956–1966*, pp. 39–40. The prominent government representative on the first Nantah University Council was the young Sim Kee Boon 沈基文 who later rose to the top of the Singapore civil service.

11 Ong Teck Hui, "Nanyang University, 1956–1968: The Question of Official Recognition", p. 53, citing *The Straits Times* (Singapore), 8 June 1964.

of accusation was laid out in the June 1964 Kuala Lumpur Parliamentary White Paper on *Communism in the Nanyang University*, Chuan was forced to resign from the Vice-Chancellorship.[12] No one was appointed to replace him, instead a Pro-tem University Executive Committee in the style of the late-1950s was set up to govern Nantah.[13]

The situation now seemed ideal for Lee Kuan Yew and his lieutenants. They had wanted the best possible setting to bring about a successful revamp of the so-called "Nantah problem" which had been haunting the PAP government since its assumption of power through the 1959 General Elections. On 9 November 1964, Lee felt ready and confident enough to deliver a keynote speech entitled "Some Old Problems in New Perspective" to the newly launched, pro-PAP Nanyang University Fellowship Association.

---

[12] Parliamentary White Paper *Communism in the Nanyang University*, p. 5: "The appointment as Vice-Chancellor of a former Middle School Principal who had submitted to previous Communist intimidation was the final act that brought the University student body under severe communist influence." A more sympathetic account of Chuang's resignation can be found in Qiu Xinmin 邱新民, *Chuang Chu-lin boshi zhuan* 庄竹林博士传 (A Biography of Dr Chuang Chu-lin) (Singapore: Seng Yew Book Store, 1989), pp. 129–130, which suggests that the departure was because of the unpleasantness of being quashed between the Nanyang University Student Union and the pro-government Nanyang Student Fellowship and also because of his judgment that Nanyang would have to switch over to English in view of the changes in using English at the secondary school level, thus essentially making Nantah a English university which would go against its founding principles. The reference to him being arrested during World War Two by the Japanese as a communist suspect is in p. 48.

[13] This Pro-tem University Executive Committee was headed by the Acting Dean of Commerce Liu Kung-kwei 刘孔贵 from 8 July 1964 and he later became a member of the WGW Committee. Huang Ying-jung 黄应荣 took over as the Acting Vice Chancellor from 16 February 1965 to 15 February 1969, until Rayson Huang 黄丽松 was appointed on 14 April 1969. See Ou Rubo 区如柏, "Huigu Nanyang Daxue de lishi" 回顾南洋大学的历史 (Reflections on the History of Nanyang University) in *Nanyang Daxue chuangxiao sishi zhounian jinian ji quanqiu Nanda xiaoyou lianhuanhui jinian tekan* 南洋大学创校四十周年纪念及全球南大校友联欢会纪念特刊 (Souvenir Magazine for the Fortieth Anniversary of the Founding of Nanyang University and for the Global Nanyang Alumni Gathering) (Singapore, 1995), p. 131.

He emphasized that a golden window of opportunity was now available for a smooth reorganization:[14]

> More than five years ago when I first talked about the future of Nanyang University at a meeting of its students I touched upon the problem of language and culture in a multi-racial society, such as in Malaya. I was struck, in re-reading the text of my script, by the thought that after all these years, nothing has changed to make our problems any easier to solve. So long as language and culture do not become immediate political issues, [we will be able to buy time] in which we can try to resolve some of the problems of building a nation out of the many diverse linguistic and cultural communities now in Malaysia ... Malaysia has presented its component parts with the need for some fundamental re-thinking on old problems ... *Now for the first time since the University was founded,* it is possible to consider the problems of the content of education in Nanyang University, the raising of the status of the university and improving the standard of instruction without it becoming an acute political issue to be exploited by pro-Communist groups. This is an [improvement] and we can now resolve the problem of getting this university to play its role in training our youth for their task of developing the economy of Malaysia.

Less than three months later, the review committee headed by Wang Gungwu, Professor of History at the University of Malaya, was assembled

---

[14] The entire speech and the Q & A in Chinese are available in *Nanyang wenzhai* 南洋文摘 (Nanyang Digest) 6(2) (February 1965): 35–37 and reprinted with dating errors in Li Yelin (ed.), *Selected Historical Sources of Nanyang University, 1953-1980*, pp. 402–406; The English version, with some typographical errors and without the notes pertaining to the important Q & A session, is available from National Archives of Singapore website <http://www.a2o.com.sg>, accessed on 29 May 2004, pp. 1–2. Emphasis added.

on 20 January 1965. The panel members were all ethnic Chinese, unlike the previous committee of Gwee Ah Leng, possibly because the latter's two non-Chinese members, Ungku Abdul Aziz and B.R. Sreenivasan, had then expressed the unwelcome opinion that Nantah should be "integrated with the University of Malaya as soon as possible."[15] Wang's team comprised of Thong Saw Pak 汤寿柏 (Professor of Physics, University of Malaya), Liu Kung-kwei 刘孔贵 (Professor and Head of Accountancy and the Acting Dean of Commerce, Nantah), Wang Shu-min 王叔岷 (Visiting Professor of Chinese Studies, University of Singapore), Koh Seow Tee 许少治 (Lecturer, Singapore Polytechnic), Lu Yaw 卢耀 (Principal Assistant Director of Education, Ministry of Education, Singapore), Lim Ho Hup 林和合 (Director of the Economic Development Board, Singapore) and Koh Thong Ngee 许统义 (Acting Librarian, Nantah who served as secretary to the committee).[16] The terms of reference for the committee were surprisingly terse and narrow: "To review the current organisation of courses of study and contents of individual courses in the Nanyang University and to recommend to the University revised courses of study adapted to the needs of our society."[17] This main committee then organized three academic sub-committees (one for each of the three Colleges of Arts, Science and Commerce) and one other for matters pertaining to teaching staff. It met for a total of twelve sessions from 12 February to 25 April 1965. The completed report was submitted on 14 May 1965 when Singapore was still part of the Federation of Malaysia but released publicly only on 11 September 1965, after Singapore's sudden and painful exit from Malaysia.

---

15 *Report of the Nanyang University Review Committee, 1960*, p.1.

16 *Report of the Nanyang University Curriculum Review Committee, 1965* (Singapore, 1965), frontispiece. Liu Kung-kwei landed up in this committee after relinquishing the headship of the Pro-tem University Executive Committee which governed Nantah from 8 July 1964 to 15 February 1965, taking over the seat vacated by Huang Ying-jung who was Professor and Head of Political Science as well as the Acting Registrar until he was named the Deputy Vice-Chancellor and Acting Vice-Chancellor from 16 February 1965. See appendices, p. 3.

17 Ibid., p. 1.

Essence of The Report and Its Immediate Aftermath

The *WGW Report* began on a polite and cautious note of assurance that "we have approached the task of the Committee with diffidence and with respect for the University's integrity. We have no wish to cause embarrassment to any member of your staff. Our recommendations have been made because we believe that the University has a future. In all humility, we hope our recommendations will help you to ensure the rapid growth and development of the University." This was a note carefully crafted to prepare the readers for a forceful conclusion:[18]

> It appears to us that the University has so far served only a limited purpose. Attention has been paid to producing large numbers of graduates without adequate consideration of the prospects of employment for the graduates, or of high standards of teaching and research, or of the fundamental objectives of higher education in a plural society. It has so far catered only for students from the Chinese-medium schools in the country. We feel that this function is too narrow and a great deal can be done to re-orientate the University towards our society as a whole.

The WGW Review Committee technically went beyond its terms of reference and the intended curriculum focus, but it felt justified in doing so because many other issues were closely intertwined. In particular, the structure of its sub-committees and content of its report signalled the importance placed on teaching staff and the recruitment of strong, eminent professorial heads. Yet, paradoxically, there was a conspicuous silence on the issues of governmental recognition of the Nantah degrees by both the Singapore and federal Malaysian authorities as well as on the provision of governmental funding.[19] The key recommendations included a new degree structure,

---

[18] Ibid., covering letter and p. 1.

[19] The following account on what was excluded or included in the *WGW Report* is based on Ibid., passim.

consisting of pass degrees (based upon a rationalized course credit system) and honours degrees (with a classification system and to be offered only to the top 20% of the cohort). The curriculum was to be revamped by going beyond formal lectures and moving into tutorial and seminar discussions, as well as by streamlining courses to be more logical in sequence and with tighter but less frequent examinations.

The committee also argued that Nantah should open its doors partly by a careful re-evaluation of the entrance qualifications concerning languages so that students from all streams of education in the country would be eligible for admission. Upon admission, all students were to have at least bilingual if not trilingual language capabilities. To achieve this, an independent Language Centre with well-equipped laboratories serving the whole university would be set up.

At the departmental level, the WGW Committee proposed to rename the Department of Chinese Language and Literature as the Department of Chinese Studies partly because the proposed Language Centre would be taking over the task of all language training and partly because of a recommended thrust into studying the local Chinese community. A Department of Malay Studies was to be launched so that the national language Malay could be accorded full recognition. However, it was deemed necessary to abolish the Department of Modern Languages and Literature (due to its unsatisfactory offering of a large variety of language courses at different levels as well as the poor standard of English even for those studying English literature), the Department of Education (since such post-graduate professional training should be conducted by another specialized institution), and the Department of Chemical Engineering (due to the lack of workshop facilities and weak employment prospects). Students affected by these changes would be transferred to other related departments. The Department of Political Science was recommended for reorganization and renaming as the Department of Government and Public Administration so that there would be a sharper focus in curriculum and its graduates more suitable for public services. The Department of Industrial Management and the Department of Banking and Finance were to be merged into the Department of Industrial and Business

Management, while the College of Commerce was to peg its standards to that of professional guilds.

Given its concern about quality of teaching staff and academic leadership, the WGW Committee recommended the appointment of strong professorial heads at departmental level, new salary scales with security of tenure as well as study and conference leave to attract and retain good staff. To encourage active research, there was to be more provision of working space, library facilities and laboratory equipment. There was also to be a long-term programme of local graduate training with offerings of research assistant scheme and higher degrees. The belief was that a university could thrive only on the energy and enthusiasm of keen young staff with a deep understanding of local and regional conditions.

The *WGW Report* was released to the public on 11 September 1965, about four months after its submission and a month after dramatic changes in the course of history for the island city-state. The response from the University Council and the Vice-Chancellor's Office was a rather bland summary and endorsement of the report, hinting only at the time being taken for the University Council and professors to study the report in detail and to get it translated into Chinese. No political consideration of any sort was registered, not even the earth-shaking event of the Singapore-Malaysia separation.[20]

---

[20] The following discussion on the University's response to the *WGW Report* is based upon "Nanda caina kecheng shencha weihui baogaoshu, Nanda shishi xinxuezhi" 南大采纳课程审查委会报告书，南大实施新学制 (Nantah's Adoption of Curriculum Review Committee Report and Its Implementation of New Degree Structure) in Li Yelin (ed.), *Selected Historical Sources of Nanyang University, 1953-1980*, pp. 363–367. Another indication of support from the university administration came from Huang Ying-jung's tenth anniversary of Nantah speech which spewed a number of statistics as a marker of Nantah's ten years of achievement and mentioned briefly how the *WGW Report* would help the University to move forward. It was also on this occasion that he revealed the government had agreed to fork out $2 million for Nantah to purchase scientific equipment and library books as well as to build a new library building. See Huang Ying-jung, "Nanyang daxue xianzhuang ji qi zhanwang" 南洋大学现状及其展望 (The Present Conditions and Future Prospects of Nanyang University) in *Nanyang wenzhai* 6(9) (September 1965): 28–29 which is reprinted in Li Yelin (ed.), *Selected Historical Sources of Nanyang University, 1953–1980*, pp. 407–409. The speech is dated here as 20 September 1965, eight days after the release of the *WGW Report*.

The Nantah authorities categorically accepted all the recommendations of the *WGW Report*, including the admission of students from all language streams and a new degree structure. The latter was to be implemented from the forthcoming academic year. No objections were raised about the possible displacement of the Chinese language and the administration's response merely reiterated: "Due to the nature of the environment and the necessity of the tools of learning, Nantah had always emphasized training in bilingualism but it had not been effective in the past and thus the report is now recommending that Nantah should henceforth pay more attention to the language training of students so that they would at least be effectively bilingual." On the setting up of a Malay Studies Department, the Vice-Chancellor's Office accepted the recommendation and affirmed that "Nantah should try its best to let the Malay Studies be an important cultural bridge."

The *WGW Report* is historically important not just in terms of the ramifications it had on the reorganization of university's structure, curriculum and language training, but also for its marking of a special chapter on student political activism in Singapore. No one had anticipated such a storm of backlash bordering on vehemence, certainly not Wang Gungwu and his team members and most likely not even Lee Kuan Yew. Lee had apparently overestimated his success in the clearing of the deck during the last quarter of 1964 and misjudged his timing for a decisive university restructuring. All hell broke loose on campus the moment the report was released. Students hurriedly organized themselves to stage protest marches, petitions, and boycotts of classes and examinations.[21] The Singapore government's reaction was equally strong, accusing them in Parliament of having fallen prey to a

[21] One account of such student protests actions can be found in Lee Ting Hui, *The Open United Front: The Communist Struggle in Singapore, 1954–1966*, pp. 310–311. See also Khe Su Lin 丘淑玲, *Lixiang yu xianshi: Nanyang Daxue xueshenghui yanjiu, 1956-1964* 理想与现实：南洋大学学生会研究 (Idealism and Reality: A Study of Nanyang University Student Union, 1956–1964) (Singapore: Centre for Chinese Language and Culture and Global Publishing, 2006), passim and Huang Jianli, "Positioning the Student Political Activism of Singapore."

group of anti-national, pro-communist elements who were employing the familiar technique of stirring up trouble in the Chinese educational stream by encouraging boycotts, violence, intimidation, vandalism and even arson.[22] It retaliated with a massive presence of security forces on campus and the large-scale arrest, detention and expulsion of students.

The literary content of student displeasure was as blunt as their organized activities. A coordinated and substantively-argued student response was the memorandum submitted jointly on 26 October 1965 by ten Nantah student organizations, cutting across a wide spectrum of interests: the Chinese Language Society, History Society, Preparatory Committee of the Geography Society, Education Society, Mathematics Society, Physics Society, Chemistry Society, Biology Society, Choir, and Drama Society.[23] The students began by noting that the WGW Committee had been appointed at a point in time when there had been no Vice-Chancellor in the university and only a governing Pro-tem University Executive Committee in place and hence it was "procedurally wrong and illogical." They also felt that the Committee had also "deliberately exceeded its terms of reference" and "recklessly and unnecessarily" intruded into other areas and thus this report should "never have served as a blueprint to reorganize Nantah." Such excesses had questioned the "reason for Nantah's existence" and were "not only extraordinary but also preposterous and we have reasons to suspect that their motive and intention." The students believed that the *WGW Report* represented the "manifesto and foundation of the government's attempt to change the character of Nantah after it has taken total control of the university" and

---

22 Ong Pang Boon's 20 December 1965 speech to Parliament, *Parliamentary Debates, Republic of Singapore*, vol. 24, cols. 356–359. Ong also made the unusual claim that "unfortunately, a number of errors in the Chinese translation of the Report had been mischievously exploited to lend credence to their distortion that Nanyang University was to be converted into an English University."

23 The following discussion is based on "Youguan Nanda kecheng shencha weiyuanhui baogaoshu de beiwanglu" 有关南大课程审查委员会报告书的备忘录 (Memorandum on the Nanyang University Curriculum Review Report) submitted by ten Nantah student organizations, reprinted in Li Yelin (ed.), *Selected Historical Sources of Nanyang University, 1953-1980*, pp. 368–386.

they went on to list an entire chain of perceived suppressive actions which had been mounted against Nantah from day one of its birth.

The *WGW Report* was regarded as having "wilfully exaggerated" Nantah's shortcomings and the proposed new degree structure was a "cruel method" aimed at "destroying Nantah's degree system, creating chaos and complementing the effort aimed at changing the medium of instruction." The introduction of an honours degree for only the top performing 20% students would "deprive most students of another year of learning," "emasculate Nantah's complete four-year educational system," "lower the scholarly standard" and "create a small number of aristocratic scholars." The students claimed that the report was "decorated with beautiful languages" and implanted with "smokescreens" but in reality worse than the Prescott Report and the Gwee Report in terms of "damages to ethnic education." It was regarded as being "even more naked than the Gwee report" in terms of its favouritism towards English and certainly seemed "determined to put Nantah to death." It would "severely damage the healthy development of Nantah" as it had deliberately gone against Nantah's founding principles and was "even more poisonous in its attempt to destroy Chinese education." By aiming at changing Nantah's medium of instruction and its character, it was "exterminating Chinese education." "In a few fleeting strokes of the pen, the report has severely injured the ethnic pride of hundreds of thousands of Chinese people."

The ten Nantah student organizations find it incomprehensible that the report did not say a single word about the problems in the funding of Nantah and the recognition of Nantah's degrees. To them, Wang Gungwu and his team had missed what they regarded as the real problems of their university: (a) the lack of university autonomy and academic freedom, (b) the lapse in implementing the original principles of the university, and (c) the absence of unconditional governmental assistance.[24] The students con-

[24] Ibid., p. 385. The call for "university autonomy and academic freedom" in this memorandum refers to the white terror of government arrests, interferences with university administration, banning of student organizations, and expulsion of students.

cluded that "Nantah has weathered all kinds of storms in the previous ten years, but has never quite faced with such a critical danger as of now" and they urged all Nantah students not to remain silent and instead to express their views openly.

In the same petition, students also extended their criticism beyond the WGW Committee, targeting the university administration which had released and supported the report and as well as the PAP government. They believed that "the appearance of this report is not coincidental, but rather it is the PAP government's manifesto and foundational attempt to change the character of Nantah and is its most important step in subverting the Chinese educational system." They pointed to the hypocrisy of the university administrators and the PAP:[25]

> Now we can see that some people had, on one hand, unreservedly accepted this unfair report towards Nantah's development and hurriedly established the "new degree implementation committee" even before soliciting views from the public and media. On the other hand, they had also come out to publicly guarantee that Nantah's medium of instruction would never be changed. This is unfathomable. Their bullying is intolerable, and their attempt at cheating is heart-aching. Obviously the report has openly violated the 5 June 1964 Agreement reached between the Nantah representatives and those of the government: the repeated guarantee that the Government of Singapore would maintain Chinese as the medium of instruction in Nantah. The ink on this agreement is not yet dried, yet it has been brutally thorn apart. What is the worth of such a guarantee?

[25] Ibid., pp. 385–386.

A week later, another student notice issued on 1 November 1965 raised the pitch of protest.[26] It explained that student boycotts were mounted to protest against the "change in character of Nantah," "transformation of Nantah into a party school by the People's Action Party," and "persecution of students," as well as to defend "Nantah's ethnic education." Although "the ruling PAP had attempted to impose a news blockade and used police batons, tear gases, bayonets to frighten us into retreat," they vowed "never to allow the *WGW Report* to change the character of Nantah" and "never to allow the PAP to let Nantah to backslide into becoming its party school." They regarded the Nantah Student Guidance Department as a spying agency for the PAP and the Nantah Disciplinary Board as its tool to persecute students, declaring that "both these agencies have committed monstrous crimes." They made three minimum demands: (a) Nantah should seek public opinion and reject the *WGW Report*, (b) any reorganization of Nantah should not go against the founding principles of the university and should not change the foremost agenda of it being a Chinese language university, (c) the university authorities should withdraw the unreasonable expulsion of 85 students and guarantee that it henceforth would not punish any other students unreasonably. Like the previously cited memorandum, this student notice ended with the proclamation of "Long live Nantah," replicating the exact words inscribed on an air-balloon released on the day of the university's inauguration in 1958.

Two weeks later, a group of reportedly 2000 students was continuing their boycott of classes, and orchestrating a sort of pan-Singapore student action.[27] On 13 November, students representatives from the Ngee Ann College Students' Union, the University Socialist Club of the University

---

[26] The following discussion is based on "Nanda tongxue bake xuanyan" 南大同学罢课宣言 (Manifesto from the Boycotting Nantah Students), submitted by the Nantah Student Anti-Reorganization, Anti-Persecution Action Committee, in Li Yelin (ed.), *Selected Historical Sources of Nanyang University, 1953–1980*, pp. 387–388.

[27] The following account is based on "Memorandum on the Present Nanyang University Crisis", no pagination, available in the National University of Singapore Central Library.

of Singapore and the Singapore Polytechnic Political Society presented to Soon Peng Yam 孙炳炎, President of the Singapore Chinese Chamber of Commerce, a memorandum to explain "the present situation in Nanyang University" in the hope that he would exercise his "good office to seek an early and amicable solution to the present crisis" and to "ensure that free development of the Chinese language and culture in Singapore is not suppressed." They believed that "the Committee had acted ultra vires the Terms of Reference" and that it should not recommend a change in the medium of instruction of the university because "the very basic purpose on which the University is founded is to provide a higher education to students from the Chinese stream." They felt that "it is indeed regrettable that the members of the Committee had not been able to appreciate or are ignorant of the history of the University or perhaps with a deliberate and sinister motive of suppressing the growth of the Chinese Language, which accounts for the adverse Report and the emphasis of using English Language as the medium of instruction." They had no doubts that the report harboured "the vicious motive of converting the Nanyang University into an English University." The memorandum concluded by urging the university administration to reject the *WGW Report*, normalize all student activities, reinstate the 85 expelled students and "to make a clear, and categorical and unequivocal stand that Chinese Language shall remain the medium of instruction in the University." It also called upon Soon Peng Yam "as President of the Chinese Chamber of Commerce to preserve and safeguard Chinese Language and culture in our country and not to allow Nanyang University be converted into an English University."

While the "language divide" in terms of defending ethnic Chinese education against the imposition of English learning was mercilessly exposed by this series of student protests in the aftermath of the release of the *WGW Report*, it bears noting that there were bridges over this divide, even if some of them might have been fragile in construction. The fact that the Chinese-language cause of Nantah could have galvanized student bodies from the English-medium University of Singapore and the Singapore Polytechnic to participate in the above joint petition to the Chinese Chamber of Commerce was itself a significant example of such a cross-over. It would be simplistic to brush this aside merely as a communist-orchestrated united front action with no genuine, spontaneous sympathy from the English-educated students.[28] A more complete history of the complex dynamics of this inter-connectivity at the level of student organizations and activities would have to wait for a greater opening of society and more access to archival documents. At the moment, it is more productive to probe another kind of bridge constructed on the mental horizon — the identity notion of 'being Malayan'.

"Being Malayan": A Bridge Too Far

The separation of Singapore from the Federation of Malaysia in August 1965 was one of the most traumatizing events for people on both sides of the Causeway. As Wang Gungwu was to reflect some twenty years later, "Singapore's withdrawal was a big tragedy.... Lee Kuan Yew was heartbroken. He was in tears when he went on TV to proclaim the establishment of the Republic of Singapore. All of us were heartbroken."[29] From the late

[28] Linkages between Chinese and English-educated student activists through their union activities had an early beginning. The Nanyang University Students' Union (NUSU) evolved through a number of stages: as the Undergraduate Self-governing Society in May 1956, and with the name NUSU probably first used in August 1956, applied for registration by July 1957, obtained government recognition in April 1958, but was eventually banned by the government in 1964. In June 1958, NUSU reportedly made a move to form a union with the English-medium University of Malaya Students' Union (UMSU). See Lee Ting Hui, *The Open United Front*, pp. 137, 141. Using confidential sources from the archives of the Internal Security Department at the Ministry of Home Affairs, Lee's analysis has attributed such bridging attempts to mere communist subversive tactics in fostering united fronts.

[29] "Wang Gungwu on the Nantah Incident: An Interview," conducted by a group of seven Hong Kong University students on 14 August 1986, barely a week after he assumed the Vice-Chancellorship of Hong Kong University, originally in Chinese, translation available in Gregor Benton and Hong Liu (eds.), *Diasporic Chinese Ventures: The Life and Work of Wang Gungwu* (London: RoutledgeCurzon, 2004), p. 32. See also Lee Guan-kin, "Wang Gungwu: An Oral History," pp. 389–390, 404 fn. 12.

1990s, as part of the state effort to launch a National Education programme to teach the young generation about the making of Singapore during the hitherto sensitive decades of the 1950s and 1960s, that tearful image of Lee was replayed many times in the media. The degree of anguish over this event was partly related to the closeness of the two entities prior to the break-up. Being collateral parts of the British Empire and governed by overlapping colonial authorities for more than one century, a sense of "being Malayan" had been engendered among the people of these two countries. This notion of an imagined integral community was probably strongest in the economic realm given the tightly-knit economic grid which had evolved through the maritime port and hinterland commerce vis-à-vis China, India and the Indonesian archipelago. It was also visible in the field of education.

Nantah's founding in the early 1950s was rooted in this sense of togetherness. The initial fund-raising campaign to get the university off the starting block had included rich business tycoons, trishaw riders, taxi drivers, boatmen, barbers, and cabaret girls from both sides of the causeway. Up to the early 1960s, Nantah's University Council as the highest governing authority was subdivided partly into twelve regional seats to cater for better representations of these early sponsors coming from different parts of Malaya.[30] Student enrolment was never confined to the Chinese community in Singapore and there were always a high proportion of students coming from Malaya and later Malaysia. The Gwee Report has noted that, of the 1,700 Nantah students in 1959, "the number of students from the Federation exceeds 50 per cent of the total enrolment."[31]

This notion of "being Malayan" cut across language barriers and could be detected among both the Chinese and English-educated communities. The English-educated political elite, led by Lee Kuan Yew, was also a

---

[30] For a preliminary analysis on the composition of Nantah University Council, see Lee Ting Hui, *The Open United Front*, p. 265 and Ong Teck Hui, "Nanyang University, 1956–1968," pp. 39–42.

[31] *Report of the Nanyang University Review Committee, 1960*, p. 11.

subscriber to such an identity as reflected by its seeking of independence from colonial rule via the path of a merger with Malaya to form the larger entity of Federation of Malaysia. What was Lee's vision of Malayanization at this particular juncture in history? How did he see Nantah fitting into it? Not surprisingly, there was a realist balance-of-power streak in his thinking. He was acutely conscious of the need to grapple with the harsh geo-politics of the region and to restrain the radical Malay politicians from imposing the Malay language on the national polity. Lee's approach was to diminish the threat from Malay radicalism by seizing the initiative to move away from an overt focus on Chinese language. He urged Nantah to take in students from all language streams and be a Malayan university rather than a Chinese or Chinese language university. As early as December 1958, as a backbencher during the second reading of the Nanyang University Ordinance bill in the Legislative Assembly, he said:[32]

> Ethnologically, Singapore stands in the centre of a belt of Malay-speaking people stretching from the north of Sumatra right down to the Celebes, perhaps nearly to the tip of West Irian. There are 80-million such people and one day they are going to put their house in order. When that happens, this is their region. Therefore, I say, as a Chinese I would not wait and create problems which are difficult of solution later on but would resolve these problems now before they get out of control.... Nanyang as a university, where primarily the Chinese foregather, is not objectionable, and will not be, provided it does not pose a threat to the indigenous language and indigenous culture.

After his electoral victory and attainment of self-government powers, as well as following the appointment of the Gwee Committee (but before

[32] *Singapore Legislative Assembly Debates*, vol. 8, col. 1085–1086; this and the next few references have been highlighted in Ong Teck Hui, "Nanyang University, 1956–1968," passim.

the submission of its report), Lee argued on 28 October 1959 in an address to members of Nantah:[33]

> [Nantah graduates] must demonstrate by their words and their deeds that they are graduates of a Malayan university which used the Chinese language as *one of* the media of instruction, not graduates of a Chinese university which incidentally also teaches the Malay language.... Let us never forget that Singapore is part of South East Asia; that we are in the centre of a Malaysian people; that despite the fact that 80% of our population are Chinese we cannot escape from our environment.... Our geographical and ethnological positions are realities which we must face. If Nanyang becomes a symbol of Chinese excellence and of supremacy of Chinese scholarship and learning, then verily we will aggravate the position of the overseas Chinese in all the other places in South East Asia.

Yong Nyuk Lin 杨玉麟 who was Lee's Minister of Education, in presenting the Gwee Report to the Legislative Assemby on 10 February 1960, added:[34]

> The Singapore Government, on its part, has decided to take all the steps necessary to make the Nanyang University a real university.... Just as we expect the Singapore Division of the University of Malaya, which was established to meet the needs of higher education for the English stream, to open its doors to those emerging from the non-English secondary streams, so in the like manner Nanyang University, which was established to meet the needs of higher education for the Chinese stream,

[33] Singapore Government Press Statement BYC/INFS.OC.91/57, pp. 4–5, in "Republic of Singapore Prime Minister's Speeches," vol. on 1959–61. Emphasis added.

[34] *Singapore Legislative Assembly Debates*, vol. 12, col. 147.

> should develop in a similar fashion to absorb the products from the non-Chinese secondary streams. The media of instruction in the two universities will remain as they are.

Lee followed up on 29 March 1960 with a speech on "Language and Politics" to the Nantah Political Science Society, emphasizing:[35]

> What then does this mean in relation to Nanyang University? It means that in the immediate future Chinese would be the chief medium of instruction. But with every passing year more and more of the National Language must be taught and used, to keep in line with the trend of Malaya's linguistic future, and also to fit Nantah students to play a useful role in Malayan society. The more sensibly we make the adjustments the less ground we will give to those who think that only Malay can be taught in Malaya. And the more likely are we to succeed in taking the language issue out of the centre of the political arena....
>
> Under no circumstances should it be regarded as a Chinese or Chinese language university. For this is the sort of provocation that will only strengthen the cause of racialism amongst the Malays. The original aim of Nanyang University is surely to found a Malayan University in Malaya to cater for the needs principally of the Chinese-speaking section of the population. But the ultimate aim must be a Malayan University to cater for all Malayans, Chinese or otherwise....

[35] Singapore Government Press Statement JK/MC.MA.93/60, p. 4, in "Republic of Singapore Prime Minister's Speeches," vol. on 1959–61. The Chinese version of this speech is available in *Li Guangyao sishinian zhenglunxuan* 李光耀四十年政论选 (Selection of Forty Years of Lee Kuan Yew's Political Speeches) (Singapore: Lianhe Zaobao, 1993), pp. 370–373.

Two months before the convening of the WGW Committee, Lee on 9 November 1964 hinted at not letting Nantah remain a Chinese university:[36]

> The future of Nanyang depends on the future of Singapore. The future of Singapore depends on the future of Malaysia. The future of Malaysia is fortunately still determinable by what we and our fellow Malaysians in all the other territories of Malaysia choose to make of it. If we work together in tolerance and harmony, we can set up standards of life and development unparalleled by any other country in this region ... When Nanyang University was founded there were some who wanted it to be a Chinese university for Chinese in South East Asia. That was in the days of colonial rule when most of the Chinese had no political stake in this country. But today, within Malaysia, the role that Nanyang must play is that of a Malaysian university, turning out loyal Malaysians, proficient in the Chinese language, but competent and disciplined to discharge their duties to all fellow Malaysian and to further the interests of their fellow Malaysians whatever their language, race or religion may be. Success in this will have arrived the day Nantah can boast of having both teaching staff and undergraduates coming from all various communities within Malaysia.

Wang Gungwu and his team members were not politicians and their language of discourse was less akin to that of the geo-political realists.

[36] Speech on "Some old problems in new perspective" delivered on 9 November 1964, Chinese version printed in *Nanyang wenzhai* 6(2) (February 1965): 36 and reprinted with a dating error in Li Yelin (ed.), *Selected Historical Sources of Nanyang University, 1953–1980*, p. 404; English version with some text errors available from National Archives of Singapore website <http://www.a20.com.sg> (accessed: 29 May 2004), pp. 5–6. Lee was more forthright about Nantah not remaining a Chinese-language university in his question and answer session.

Nonetheless, the track they laid down for Nantah was not much different from that adopted by Lee and the PAP. Wang and his team too were convinced that, in the era of decolonization and nation-building, there should be a deliberate effort at enhancing the Malayan character of the people and at promoting inter-communal harmony. The *WGW Report* strongly advocated a broader intake of students from all communities and a conscious shift away from China focus in terms of culture and language and a move towards a Malayan and Southeast Asian emphasis as quickly as possible. The very first page of the report expressed the view:[37]

> We feel that the nature of our society must be reflected in any institution of higher learning which purports to serve that society. In order to achieve this, the courses of study in the University must be adapted to ensure that students from all streams of education in the country may benefit from the University's existence. Our society is greatly concerned with the prosperity and peaceful development of our new nation of Malaysia. In this context, there is an urgent need for people with a deep, rational and sympathetic understanding of the multi-racial basis of the country.

In the shift away from Sino-centricity, the recommendations of the *WGW Report* on the Department of Chinese Language and Literature, the bastion of Chinese-ness in Nantah, had a particular bearing:[38]

> The Department of Chinese Language and Literature will be expected to produce graduates with very high standards in the Chinese Language. It should, however, perform the task with the needs of our society clearly in mind. We recommend that the Department place greater emphasis on courses pertinent to the culture, literature and linguistic background of the Malaysian

[37] *Report of the Nanyang University Curriculum Review Committee, 1965*, p. 1.
[38] Ibid., p. 14.

> Chinese. The students should be prepared to adapt themselves to the language condition of the country, and be equipped to study subjects like the nature, distribution and use of local Chinese dialects, Chinese society in Malaysia and the relationship between Chinese and Malay. It is hoped that graduates of the Department will play their part in contributing towards the maintenance of inter-communal harmony in the country. In this context, the University may consider changing the name of the Department to the Department of Chinese Studies.

The report proceeds to recommend Malaysia-oriented courses for students of this Department, including "History of the Chinese in Southeast Asia, I and II" and "Malaysian Chinese Literature," as well as for students to enrol in more elective courses relating to Southeast Asia offered by other departments such as History and Geography. Reinforcing this perceived importance of "Being Malayan," the yearly curriculum laid out here channelled the students of this Department of Chinese Studies specifically into Malay language training rather than English.[39]

This shift from a Sino-centric to a Malayan focus and a globalized perspective was replicated in the cases of the other departments. For courses in the Department of History, the *WGW Report* prescribed that they "should deal primarily with the history of our region and that this be supported by the study of the histories of other parts of the world. We find the existing courses resting too heavily on the side of the Chinese history. While we recognise the importance of Chinese history, we cannot agree that it should be given so much prominence at the expense of Southeast Asian and particularly Malaysian history."[40] More specifically, the *WGW Report* requested that students in the history course "History 12: General East Asian History" should have "a chance to read a few foreign books about China and learn something about how Chinese history appears to non-Chinese

[39] Ibid., pp. 15–17.
[40] Ibid., p. 14.

and how Chinese history can be seen in the context of world history." On "History 23: Modern Chinese History, 1840–1945," it was suggested that "Useful work could be done by comparing western views on modern China with Chinese interpretations." As for "History 28: Chinese History," "there should be no difficulty offering such a course along conventional lines with Chinese historical works. What is recommended is that studies by non-Chinese scholars be [used] to illustrate different approaches and points of views."[41] For several modules, specific authors and titles of English publications were identified for the Department's consideration.

The notion of "being Malayan" was not seriously contested by anyone at the level of first principle. Given the decolonization process from 1945 and the excommunication of Communist China since 1949, there was a general consensus among all quarters on the need for Malayanization (or the indigenization process of cultivating rooted-ness to the place of residence in Singapore and Malaya), including constitutional development and staffing for the civil service.[42] In the realm of language and education, there was also notably little public dispute over the status of having the Malay language as the designated National Language to facilitate the moulding of the Malayan identity. Beyond this, the rubric of understanding broke down. In the early years of its power, the PAP political leadership dominated by the English-educated group subscribed to the "melting pot" approach in which each respective communal group would lose its distinctiveness in the process of mixing and melting into a new national entity. The WGW team held similar views. In the short-run, inter-racial harmony might still have to be underpinned by tolerance, accommodation and parity of treatment towards

[41] Ibid., appendices, pp. 4–6.

[42] The opposition of the Malayan Communist Party, the Barisan Sosialis and Indonesian authorities to the merger of Singapore into the Federation of Malaysia was not against Malayanization *per se* but was based on the premise that this was a false, neo-colonialist ploy orchestrated by the British.

the four major racial groups.[43] In the medium and long-run, however, the enterprise of building a Malayan nation would be geared towards moulding a common citizenry which, among other things, would accept the pre-eminence of Malay as the national and regional language and English as the common language for official and international interactions.

However, the Chinese-educated community had a different mental construct of what "being Malayan" meant. While accepting Malayanization as the first principle, they apparently rejected the "melting pot" approach in favour of retaining compartmentalized ethnic uniqueness and using it to contribute to the development of the whole country through a "unity-in-diversity" approach. It is this contestation at the secondary level that led to an incomplete bridging and thus a remaining divide between the two language streams. Nantah as the highest level of learning for the Chinese educational system was at the centre of this tussle over the appropriate process of integration and thus accentuated the divide. The very name "Nanyang" was a signifier in differences of approach towards Malayanization. Moreover, although Wang Gungwu as a scholar had played a critical role in helping to define the term "Nanyang" and emerged over the years to become the doyen of scholarly studies on Chinese overseas communities, the report of his committee in 1965 was seemingly at odds with the special Malayan/Nanyang perspective which the Chinese-educuated community had come to embrace.

The story of this complex "Nanyang-Malayan-Southeast Asian" nexus should begin with the naming of the expected baby in 1953, with the British playing a key role. When a university for the Chinese community was first proposed, the British authorities were generally not in favour of it because of various considerations, including the conflict of interest with the recently

[43] *Report of the All-Party Committee of the Singapore Legislative Assembly on Chinese Education* (Singapore, 1956), 76 pp. This Committee, chaired by Chew Swee Kee 周瑞麒 and included Lim Yew Hock 林有福 and Lee Kuan Yew as members, played an important role in implanting the principle of parity in the treatment of all language streams in the Singapore education system.

launched University of Malaya and the possible danger of communal-based tertiary education. However, Malcolm MacDonald, the High Commissioner-General of Southeast Asia, was among the few who stood up in favour of letting Nantah materialized.[44] He also had elaborate consultations with the wealthy sponsors to decide upon the name "Nanyang University" on 20 February 1953. Hitherto, the university had been known as the "Malayan Chinese University" or the "Chinese University." The term "Nanyang" was eventually chosen because it was regarded by these discussants as being applicable to the islands and peninsulas in the South Seas, thus covering the whole of Southeast Asia region. Furthermore, the term was deemed to connote impartiality towards all communities in this region and was thus a better name than "Malayan Chinese University."[45] This 1953 conflation between the Nanyang University and Southeast Asia in territorial space was carried forward in time all the way to 28 March 2003 when Su Guanning 徐冠林 delivered his inaugural speech in being appointed as the second President of Nanyang Technological University 南洋理工大学, holding out the prospect of dropping the middle name and resurrecting the full name of "Nanyang University" in the near future: "Our name, Nanyang, is the traditional name in Chinese for South East Asia. We cannot address our future without going back to our heritage, here in Singapore, a hub of Nanyang for over a century."[46]

---

44 For a brief account of Malcom MacDonald overruling the Governor of Singapore Sir John Nicoll's objections, see Edwin Lee and Tan Tai Yong, *Beyond Degrees: The Making of the National University of Singapore* (Singapore: Singapore University Press, 1966), pp. 163–164.

45 Tan Eng Leong, "The Establishment of Nanyang University, 1953–1956," unpublished B.A. Honours thesis, Department of History, University of Singapore, 1972, pp. 28–29, citing *Nanyang Siang Pau* 南洋商报（新加坡）, 17 February 1953 as translated in *Weekly Digest*, No 8/53 for the week ending 22 February 1953.

46 Huang Kailin, "Interplay between the Chinese community, state and legislation in 'Nanyang' university education, 1953–1991," paper submitted for "LLA4104 Singapore Legal History," Faculty of Law, National University of Singapore, 2003–2004, p. 1, citing speech retrieved from website, <http:// www.ntu.edu.sg/PRO/ Speeches/inaugural +speech+pg+3.htm>. This paper makes a tentative effort in trying to handle "Nanyang" as a conceptual construct.

However, this territorial equivalent is a postwar conceptualization and it neglects an important layer of Chinese-ness with which the Chinese community came to be associated with.[47] The term "Nanyang," translated literally as "Southern Ocean" or "South Seas", originally had China serving as the reference point. It was used long before the other term "Southeast Asia" became commonly deployed during and after World War Two. Wang Gungwu in his scholarly writings has reminded us that the "Nanyang," as referred to by the Chinese in ancient times, excluded much of hinterland territories and essentially covered only the "key coastal strips of the mainland and of most of the islands of Indonesia, British Borneo and the Philippines." It was only the name for territories accessible to the Chinese by the South China Sea and it was "never a geographical or political concept, only a Chinese commercial one".[48] It was a Chinese-centred construction

[47] For the following discussion on the mutation and nuances of the term "Nanyang" as well as the range of sources consulted, I am indebted to Leander Seah, "Beyond Local Shores: The South Seas Society and its Hong Kong Connection", paper presented at the Joint HKU-NUS History Department Workshop on "Hong Kong and Singapore in History: A Comparative Study", December 2003, pp. 2–3 and Leander Seah, "Historicizing Hybridity and Globalization: The South Seas Society in Singapore, 1940–2000", MA thesis, Department of History, National University of Singapore, 2005, ch 2.

[48] Wang Gungwu, *Don't Leave Home: Migration and the Chinese* (reprint edition, Singapore: Eastern University Press, 2003) (1st edition in 2001), pp. 298–299. For the genesis of Wang's ideas vis-a-vis the parallel term of "Nanhai", see Wang Gungwu, *The Nanhai Trade: The Early History of Chinese Trade in the South China Sea* (Singapore: Times Academic Press, 1998) (1st edition in 1958), pp. 3–5. Another major scholarly effort to trace how the term "Nanhai" 南海 was used much earlier since the Qin 秦 dynasty, before giving way to "Nanyang" by the time of the Qing 清 dynasty, partly because of an effort to distinguish it from "Beiyang" 北洋 (Northern Ocean/Seas) where the Manchus were implementing extensive naval and military reforms, is Qiu Xuanyu 邱炫煜, "Zhongguo haiyang fazhanshishang 'Dongnanya' mingci suyuan de yanjiu" 中国海洋发展史上"东南亚"名词溯源的研究 (A Study on the Origins of the term "Southeast Asia" in the History of the Chinese Oceanic Developments) in Wu Jianxiong 吴剑雄 (ed.), *Zhongguo haiyang fazhanshi lunwenji* 中国海洋发展史论文集 (Writings on the History of Chinese Oceanic Developments), Vol. 4 (Taipei: Zhongyang yanjiuyuan zhongshan renwen shehuikexue yanjiusuo, 1991), pp. 311, 312 and 322.

of maritime trading space serving the needs of the Chinese people and facilitating their seaborne movement and coastal strip activities.

This construct was first carried over into the realm of academia and research work during the republican China era of high nationalism that was directed by the Kuomintang 国民党.[49] The term "Nanyang yanjiu" 南洋研究 (Nanyang school of research) was born with the birth of the Bureau of Nanyang Cultural Affairs at Shanghai's 上海 Jinan University 暨南大学 in 1928, supported by Chinese government financial assistance. Its publications included the periodicals *Nanyang yanjiu* 南洋研究 (Nanyang Studies) and *Nanyang congshu* 南洋丛书 (Nanyang Series). The focus of this field of research was the Nanyang region and was multi-disciplinary in approach. Most importantly, it referred almost exclusively to research by Chinese scholars using essentially Chinese sources and writing in the Chinese language. This China-oriented Nanyang school of research was pushed to greater heights by the wave of Chinese newspapers editors and writers who migrated south to Singapore to join the newspaper *Sin Chew Jit Poh* 星洲日报 when it was launched by Aw Boon Haw 胡文虎 in 1929. Their effort soon climaxed in the founding in Singapore of the China South Seas Society 中国南洋学会 on 17 March 1940 as an independent academic organization dedicated to research on the Nanyang. Hence, while the object of their study was the territorial space now associated with Southeast Asia, Sino-centricity was obvious in terms of their origins, medium of communication and identity orientation.

Therefore, when the name "Nanyang" was adopted for the university apparently at the prompting of Malcom MacDonald, he was probably not aware of this Sino-centric dimension in the terminology. It was a dimension inherited from the past and which did not totally disappeared despite being steadily diluted along the way from the 1920s to the 1960s. The reality

[49] The following account is based upon Leander Seah, "Beyond Local Shores: The South Seas Society and its Hong Kong Connection," pp. 3–5 and his "Historicizing Hybridity and Globalization: The South Seas Society in Singapore, 1940–2000," ch. 2 and 3.

of China having turned communist in 1949, the emerging Cold War, the Malayan Communist Emergency from 1948 to 1960, and the constitutional developments of new nation-states, had invariably diminished the orientation towards China and cultivated an identity towards the local region of residence. It was in this context that the China South Seas Society itself underwent changes in 1958 when it dropped the prefix "China" to signal its further localization, the same year when Nantah held its grand official opening ceremony with the blessing of Malcolm MacDonald. While both were now clearly much more rooted in the Malayan and Southeast Asian contexts, they nevertheless held on to a commitment to the importance of Chinese language and Chinese-based education. The national identity of "China" could be dispensed with, but the Chinese-ness as associated with Chinese culture and language was deemed to be still important especially when millions of Chinese overseas were making adjustments to the permanency of their residency in the new Nanyang environment. To this group of Chinese-educated elites, the use of Chinese sources and language to understand this part of the world did not constitute going against the spirit of indigenization, let alone in endangering it. Instead, this maintenance of an ethnic-based, strength-in-diversity Nanyang approach was believed to be able to contribute eventually towards the strength of being Malayan or being Southeast Asian. It is of great irony that, just as Nantah was brought to a closure through a merger with the University of Singapore in 1980, the PAP government in its new commitment to sing the praises of the East Asian economic miracle and the Asian values discourse in the 1980s and 1990s began to embrace the non-melting pot, "back-to-ethnic-roots" approach in its cultural policy. The Nanyang school of thinking was a front runner by many leagues.

Students' critique of the superficiality of the English-educated perspective of Malayanization and a defense of the Nanyang alternative can be gleaned in the protest memorandum submitted by ten Nantah student bodies against the *WGW Report*:[50]

[50] "Youguan Nanda kecheng shencha weiyuanhui baogaoshu de beiwanglu," submitted by ten Nantah student organizations, p. 381.

> Their intention is for Nantah to mechanically absorb a large amount of students from different ethnic groups and by this it would appear to be Malayanized. We don't agree with this approach of giving people a superficial impression of Malayanization. The crux of the matter is not in whether Nantah is embracing students from various ethnic groups but in whether its existence contributed real benefit to building the nation of Malaysia. Our request is this: Nantah should really become university of the Malayan people, it should really belong to the nation and the people in terms of both spirit and substance. If Malayanization is only superficial, and "people living together harmoniously" remaining high slogans, then it would be backtracking in substance and developing into a colonial university. Such a university in our nation-building enterprise is not only superfluous, but it is actually an obstacle. We are opposed to this superficial inclusion of students from various ethnic groups and using it to façade to pretend to have attained Malayanization. However, we totally support the proposal for different ethnic students to enter Nantah. But this must be done on the fundamental principle of not damaging or reversing the founding principles of Nantah. We must not change the special ethnic character of Nantah because of this.

Nantah students and their "Nanyang-spirited" mentors from the Chinese-educated community were thus approaching Malayanization from a direction opposite to that of the English-educated PAP leadership and the WGW Committee. Both parties were committed to the process of indigenization as the larger geo-political environment had given them little choice. But their fundamental disagreement was on the approaches towards issues of ethnic identity, language and culture, especially in terms of Nantah as a means to achieve the goal of a new Malayan entity. The urgency of achieving nation-building and development in double-quick time, the high anxiety over existing communal fault lines within a pluralistic society and the polarized Cold War environment (fearful of subversion inspired, if not orchestrated, by a Communist China) — all of these put the former group at great disadvantage. Its alternative voice of an ethnic-based Nanyang approach to Malayanization was drowned out amidst accusations and fears of communalism, chauvinism and communism. "Being Malayan" thus proved to be a bridge too far and the divide between the two educational groups remained cavernous. The gap was accentuated when the *WGW Report* was released and became entrapped in suspicions about its avowed trilingual aspiration.

Position of Chinese Language: Trilingualism or Bilingualism?

The *WGW Report* was crafted when Singapore was still an integral part of Malaysia but released to the public by the Singapore government only after the exit from the Federation. Hitherto, there had been no official statements to explain this anomaly and Wang Gungwu in retrospect had expressed puzzlement and anger. He regarded the landscape of sovereignty and nationhood to have been so drastically altered that the report should have been superseded and destroyed:[51]

[51] "Wang Gungwu on the Nantah Incident: An Interview," pp. 32–33. Some recommendations were quickly implemented as reported in *Nanyang Daxue chuangxiao shizhounian jinian tekan, 1956–1966*, pp. 128–129. Several departments were reorganized, some were closed down and Malay Studies was launched as recommended. A Language Centre was also put in place. The new degree structure with honours was also ready by June 1966, although the anniversary account alerts us to the fact that the honours degree was not a new proposal and Nantah staff had tabled it for internal discussion as early as 1962. The Language Centre certainly did not function in the way that the WGW Committee had conceived of it. Rayson Huang who held the Vice-Chancellorship of Nantah from 14 September1969 to 15 September1972 has pointed out that it later became merely a venue for teaching low-level remedial English language to Nantah students and Mandarin courses for foreign students coming largely from the United States. See Rayson Huang, *A Lifetime in Academia: An Autobiography* (Hong Kong: Hong Kong University Press, 2000), p. 96.

> Given Singapore's withdrawal, it seemed to me at the time that the report should be torn up, since its main purpose had been to deal with the new political circumstance of Singapore's entry into the Federation of Malaysia. After the withdrawal, everything had changed, the report was no longer relevant in an independent Singapore. Its subject was Nantah within the Federation of Malaysia.... For some reason not altogether clear to me, the new government did not declare our report invalid and no longer relevant. Perhaps they had their reasons, I'm not Singaporean, so they were unlikely to ask my opinion. The report was submitted in May and the withdrawal happened in August. Throughout that period, the report remained unpublished. After a few days, the new independent government suddenly declared that it intended to implement the report's recommendations, but it never actually did so. If you carefully compare the report with Singapore's policies on Nantah, you'll see that its recommendations were not followed.

There is however an absence of records of Wang Gungwu and his committee members publicly protesting against the misuse of the report at the point of its release and implementation. Moreover, given the limited access to archival resources, we can only speculate on the possible basis for the PAP leadership to proceed with the *WGW Report*. To them, the geo-political dominance of Malays had not ended in August 1965. Instead the very survival of the newly independent, fragile, island state within a Archipelago that was dominated by Malaysia and Indonesia meant an even greater urgency for the embedment of Singapore and its people into the regional context. It was not by accident that the national language was to remain solely as Malay and the new national anthem "Majulah Singapura" was written in that language, even though few of its citizens were to be able to speak or read Malay and thousands of its young students were to sing the national anthem every morning during the flag-raising ceremony without knowing the meaning of its lyrics. At that point of seeking national survival, the priming of its educational system for rapid national development through English competency was also high on the agenda and the problems of Nantah thus gained even greater urgency. Having failed to restructure Nantah through the two reports of Prescott and Gwee at the turn of the 1960s, the PAP was anxious not to pass over this third opportunity provided by the *WGW Report*.

This decision to proceed with the *WGW Report* in dealing with Nantah proved to be of little value. Part of the futility could be traced to the ensnarement over trilingualism, bilingualism and the placement of Chinese language. At the broad theoretical level, the report was advocating that students from all language streams be admitted into Nantah and that they were all to apply themselves to the trilingual learning of Chinese, Malay and English. Indeed, Wang Gungwu in his later years was to emphasize this spirit of trilingualism as a line of defence:[52]

> We wanted Nantah students to be trilingual. Looking back, we were too idealistic. You can't expect everyone to operate in three languages. Students who were not so good at languages could at most be expected to know two.... However, the problem was how to fit in with the situation as it then was, both commercially (where English was probably the main language) and politically, where Malay was very strong and could not be ignored. At the time, we thought that Nantah graduates would need English for trade and industry and Malay for intellectual, cultural, political, and social purposes. But we also had great faith in Chinese. Everyone had been to a Chinese school and had a good foundation in the language, of that there could be no doubt.

However, the "devil is in the details." At the practical level of fleshing out the arguments as well as of recruitment and curriculum planning, the *WGW Report* basically narrowed down to a bilingual choice and a visible

[52] "Wang Gungwu on the Nantah Incident: An Interview," p. 33.

emphasis on the importance of acquiring only Malay and English competency. Chinese was deemed to be overly entrenched in Nantah and the existing imbalance to be corrected:[53]

> We recognise that the University still has a role to play in providing higher education to graduates of the Chinese-medium schools in Malaysia and may still be expected to provide courses taught in the Chinese medium. It is clear, however, that it is not in the interest of the graduates themselves to be proficient only in Chinese nor is it in the interest of the country for the University to continue producing graduates of that kind. We feel strongly that the graduates should have fluency in the National Language as well as in English if the University is to play its full and effective role in the country.

A departure from the notion of trilingualism as to be mastered by each and every Nantah student can also be seen in the proposed new entrance qualifications and the slate of freshman language courses:[54]

> We also recommend that entrance qualifications concerning languages be carefully and clearly defined so that students from all streams of education in the country are eligible for admission. Students admitted from the Chinese-medium stream must be required to attain fluency in the National Language or English. Students admitted from the English-medium stream should be required to attain proficiency in the National Language or Chinese. Students admitted from the Malay-medium stream should be encouraged to attain proficiency in Chinese or English. All students should be given the opportunity to study the three languages stated above.

[53] *Report of the Nanyang University Curriculum Review Committee, 1965*, p. 2.
[54] Ibid.

> The present freshmen language courses in Chinese and English required throughout the University are not satisfactory. We recommend that language courses should be carefully drawn up to meet the needs of different groups of students. Students with proficiency in Chinese should not be required to take freshman Chinese, but should be required to take suitable courses in the National Language. Students with proficiency in English should not be required to take freshman English, but should be required to take suitable courses in the National Language and may also be encouraged to take courses in Chinese. Students with proficiency in the National Language should be encouraged to take suitable course in either Chinese or English.

The fact that it was not genuinely trilingualism had contributed significantly to the uproar over the report. It was not so much an issue of idealism or realism in the expectation of language learning capability of each student. The crux of the matter was that the Chinese language had a definite place under a scheme of compulsory trilingualism but, under the above proposed framework which allowed for the voluntary option of staying just bilingual, it risked being displaced totally. As laid down above, there were three language variables and three different groups of students in the above equations, with the English medium and Malay medium students being admitted and having the option of getting away without taking up the Chinese language throughout their entire years of study at Nantah. It was thus not incorrect for the detractors to argue that Chinese would no longer be the medium of instruction for these new students and the character of the University would be fundamentally altered.

The student petition to Soon Peng Yam, President of the Singapore Chinese Chamber of Commerce, focused on this critical issue: "From this we can see that students, say, from the English-medium stream with 'proficiency' in the National Language will be admitted into the University without any prerequisite in Chinese. Likewise, students from the Malay-medium stream with 'proficiency' in English will be admitted into the University without any prerequisite in Chinese. Can Chinese language therefore be the medium of instruction to these students? Is it then not that English will be the most likely and practical if not the only medium of instruction to be able to be understood by most?" It went on to press home the point that "Chinese Language is not compulsory for the students. Can we then not take it that a student can graduate without necessarily any knowledge of Chinese language?" It asked rhetorically: "Are the above facts not sufficient proof as to clearly show that the real intent and motive of the report is to suppress the growth of Chinese Language in the State?" The memo made clear the students' stand: "We maintain that Chinese Language must remain the undisputed medium of instruction in the University and we would not raise objections to the admission of students from the other medium schools provided they possess a basic standard of Chinese Language so as to be able to understand and to follow the courses they are pursuing. We feel that for Nantah to take in students from other streams is to be achieved by raising the standard of Chinese of these students and is not to be done by changing the medium of instruction and the lowering of the standard of Chinese."[55]

The basic notion of learning more than one language was to encourage the crossing of the cultural and language divide in the hope of achieving a better mutual understanding and higher social interactions among the various language groups. Wang Gungwu and his team members were infused with this aspiration when they put forward their proposed language framework initially in name of trilingualism. Unfortunately, in practice, no bridging of the language divide was possible and the gap actually widened because the actual content amounted to an abandonment of trilingualism and adoption of a bilingual matrix. The whole exercise became entrapped by the suspicions and fear generated by the bilingual permutation that Chinese language could possibly be displaced totally for a substantive proportion of the proposed new student enrolment, with English language seizing the pole position.

[55] The above discussion is based on "Memorandum on the Present Nanyang University Crisis" submitted on 13 November 1965 by Ngee Ann College Students's Union, University Socialist Club and Singapore Polytechnic Political Society, no pagination.

Accusations of Anglicization

While the *WGW Report* did not follow the example of Gwee in passing blunt comments on the standard of English in Nantah,[56] it was anxious in pressing the university to take the learning of English much more seriously by pointing to the functional importance of English language. In urging to move beyond the command of Chinese language, it reminded Nantah that "the University should produce graduates able to guide the course of the country's *development*, and trained to administer the public services, and manage the growth of commerce and industry, and specially equipped to meet the nation's need for rapid *modernisation*. We therefore believe that particular attention must be paid to the problem of necessary language skills. It should be the aim of the University to produce graduates who are at least bi-lingual, if not tri-lingual, in the languages relevant to the *development* of the country."[57] It then went on to lay down the nexus between English and scientific learning: "Science students who in our local conditions must of necessity rely on works in the English Language in essay writing, laboratory reports and in the examinations. They should also be given every opportunity to improve their standard of English."[58] This functional value of English was then extended to the realm of commerce, business and law: "In the context of Malaysia, where English is still the commercial and legal language, the importance of the language should not be overlooked. In addition, many reference books on business subjects which the students must consult frequently are written in English."[59]

---

[56] *Report of the Nanyang University Review Committee, 1960*, p. 8. The Gwee Committee had bluntly concluded that "we found the general standard of English of students in the first and even later years to be quite inadequate, so much so that most of the students do not possess the ability to comprehend with ease the standard texts and reference material in their particular field of study. The students' deficiency in the English language has therefore hampered their work throughout their academic career."

[57] *Report of the Nanyang University Curriculum Review Committee, 1965*, p. 1. Emphasis added.

[58] Ibid., p. 25.

[59] Ibid., p. 35.

Taken as a whole, the *WGW Report* has been accused of "Anglicizing" (*yinghua* 英化) Nantah. Strictly speaking, "Anglicization" would denote a movement towards the Anglo-Saxon system, which would have included America. But in the context of discussing Nantah, the term acquired a different nuance and actually signified a shift away from the American educational system towards the British system. This was because, as the Prescott Commission had noted, Nantah "both in the manner of its foundation and in the organisation of its instruction, has followed the average pattern of the American university or that of a Chinese university with an American prototype."[60] Hence, it was not just the possible change of the medium of instruction from Chinese to English but also the proposed change of degree structure to the British-based system with a pass degree and an honours degree with classification which led to the anxiety that Nantah would be "Anglicized". Moreover, in framing the charge of "Anglicization," students would trace the roots of *WGW Report* to that by Gwee.[61] Indeed, the Gwee Report released in February 1960 encountered obstacles and its proposed reforms had been set aside partly because of an extensive outbreak of student unrest at the middle school level when another reorganization had been taking place to change the American-prototype Chinese middle

[60] *Report of the Nanyang University Commission, 1959*, p. 4.

[61] For example, the "Memorandum on the Present Nanyang University Crisis" dated as 13 November 1965 from the Ngee Ann College Students' Union, University Socialist Club, Singapore Polytechnic Political Society, no pagination, explicitly stated that the Gwee Committee had essentially been envisaging "the gradual Anglicisation of Nanyang University as can be interpreted in Sections 23 and 29 of the Report;" Lee Ting Hui, *The Open United Front*, p. 307, citing Intelligence Journal no. 6/1964 and *Barisan*, no. 69, 13 June 1964, pp. 3–4 and no. 70, 20 June, 1964, p. 2, also reminds us that a student union protest statement issued in the month of June 1964 against the Joint Liaison Committee Declaration had deprecated the Gwee Ah Leng Report for having the intention to Anglicise the university by changing the institution's medium of instruction from Chinese to English.

school system of 3-3 to the British colonial and now Malayan mainstream school system of 4-2.[62]

Student protests also pinned the "Anglicization" charge onto the *WGW Report* by arguing that the inclusion of Malay language learning was only "a cover for English language, facilitating its climb to the king's throne" and the main purpose apparently was to "reorganize Nantah into a substantive English language university." Hence, "more and more English-language students would rush into Nantah, and our saintly ethnic university would surely become the paradise of rejects from the University of Singapore" and Nantah would become "a second rate English-language university." The new degree structure was perceived as having aimed at converting Nantah into the English-language system of the University of Singapore as "the honours degree is a hoax.... a catalyst targeting at the speedy anglicization of Nantah" so that only then would the English-educated governing elite provide more funding and facilities.[63]

Students also viewed the proposed closing down of the Modern English Language and Literature Department and its substitution by a university-wide service-oriented Language Centre as a ploy to transform the entire campus into a target for the spread of English language learning, thus "Anglicizing" the whole university. It was the "critical institution to

---

62 For more details on this event in which thousands of middle school students (about a third of the total candidates) boycotted the Government Secondary Four Examination between 27 November and 1 December 1961, see Lim Kok Hua, "The Boycott of the Chinese Schools Secondary Four Examination 1961: An Analysis," unpublished B.A. Honours thesis, Department of History, National University of Singapore, 1981/82, passim, and Ong Teck Hui, "Nanyang University, 1956–1968," pp. 37–38. This unrest has also to be put within the context of the Jul 1961 PAP party split between its right and left wing factions and the formation of the Barisan Sosialis. 3-3 refers to three years each for the lower and higher levels of secondary education, while the 4-2 refers to structure of four years of secondary schooling and two years of pre-university (and later junior college) learning.

63 "Youguan Nanda kecheng shencha weiyuanhui baogaoshu de beiwanglu," submitted by ten Nantah student organizations, citing *Sin Chew Jit Poh* (Singapore), 16 September 1965, pp. 372–375.

bring about a change in the medium of instruction for Nantah and in the character of Nantah."[64]

In a similar vein, the *WGW Report's* proposal to rename the Chinese Language and Literature Department as the Chinese Studies Department was perceived as another plank of this "Anglicization" plot:[65]

> Chinese Studies departments are for those non-Chinese universities who wish to study the language, custom and culture of the Chinese people.... Nantah is a Chinese University and we have not heard of a Chinese University with a Chinese Studies Department.... We strongly object to renaming the Department, directing students to the narrow and scattered topics of local dialect characteristics, distribution and usage and thereby eventually terminating research work on Chinese language and literature. The curriculum review committee is totally bias in its treatment of the Department. They do not wish to see it exist and yet cannot order its termination. Hence, their suggestion for a Chinese Studies Department is made with the purpose that such renaming and changing the character of the Department would complement their effort at changing the character of the university. We feel that this proposed action of the report is a great insult to the Chinese Language and Literature Department, to Nantah and to the tens of thousands of people who had played a role in its launching. Nantah is a sacred ethnic university in which the Chinese Language and Literature Department has a high respected scholarly position. Any attempt to change its name is a despicable way of lowering its scholarly status and should never be allowed.

At its most strident and ideological levels, the student protest memorandum depicted their resistance against the "Anglicization" thrust of

---

[64] Ibid., pp. 382–384.

[65] Ibid., p. 380. Similar terms such as "step-by-step" and "deliberate attack" are invoked on p. 384.

the *WGW Report* as a battle between ethnic education and neo-colonialism. They viewed English as a continuation of British colonialism and believed that Malay and Indian comrades were standing together with them in the battle:[66]

> Nantah is highest rung of an ethnic education which uses Chinese as the medium of instruction. Its fate affects not only the existence of the entire Chinese education, but also that of the Malay and Indian education. The interest of the Chinese, Malay, and Indians are closely related. We stood together and helped each other during the long period of colonial rule and battled against all kinds of suppression and attacks. The presence of ethnic education today is inseparable from the long battles which the three great ethnic groups had fought together. Since, in the past we have fought such battles closely together shoulder to shoulder and like brothers, we believe that today, all three ethnic groups would never allow a group of "English language supremos" swallow our ethnic culture.

Such charges hurled against the *WGW Report* in terms of "Anglicization" versus the supposedly pure ethnic educational system actually ran contrary to the original founding principles of Nantah. Recommendations for a high usage of English had not started with Prescott, Gwee, or Wang Gungwu and their team members. Instead, the very first Vice-Chancellor of Nantah, Dr Lin Yutang, had laid down the early university policy of placing almost equal emphasis on learning both languages. He had proclaimed, "we expect our students to be bilingual in the sense that they command not only two languages — Chinese and English — but also know the contents of the Chinese and Western civilization."[67] Moreover, in its earliest entrance ex-

---

[66] Ibid., p. 384.

[67] Tan Eng Leong, "The Establishment of Nanyang University, 1953–1956," pp. 47–48, citing *The Straits Times* (Singapore), 5 October 1954.

amination, Nantah had insisted on a matriculation standard for proficiency in both English and Chinese and had admitted students with a deficiency in any of these subjects only on probation, allowing them a period of six months to catch up.[68]

It was thus incorrect for students to suggest that "The [WGW] Committee has also failed dismally to understand the history and the basic purpose of the University and the educational structure of our present schools in our country when they wrote that the University 'has so far catered only for students from the Chinese-medium schools in the country' (section 3). May we point out that it is precisely for this purpose that the University was founded."[69] This constant harping on Nantah's alleged historical mission, its exclusive service for Chinese ethnic education and how the *WGW Report* had infringed upon the founding principles was most glaring in the "Memorandum on the Nanyang Curriculum Review Report" submitted by the ten student organizations.

A closer examination of the 7 April 1953 founding principles as laid out in this same memorandum would reveal how the student protestors had missed the simultaneous goals of Nantah wanting to move beyond being exclusively Chinese. The founding principles were much more holistic and balanced: (a) to provide an opportunity for Chinese middle school graduates for further studies, (b) to train teachers for Chinese secondary schools, (c) to train professionals for the nation, (d) to meet the needs of a growing population, (e) to build bridges between East and Western culture and (f) to construct a Malayan culture.[70] The founding father of Nantah, Tan Lark Sye, also made an expansive and inclusive speech at the official opening ceremony in 1958, calling for "cultural interaction among various local races so as to promote interracial friendship and to strengthen interracial cooperation." He had categorically stated that the medium of learning at Nantah would

---

[68] Ibid., citing *The Straits Times* (Singapore), 18 November 1954.

[69] "Memorandum on the Present Nanyang University Crisis," dated as 13 November 1965, no pagination.

[70] "Youguan Nanda kecheng shencha weiyuanhui baogaoshu de beiwanglu," submitted by ten Nantah student organizations, p. 385.

be both Chinese and English, while Malay and Indian languages courses would be introduced in the future, and that the university would be open to "all brotherly races that have for generations lived here."[71] Therefore, while the need to provide further learning opportunities for Chinese secondary schools and to train teachers for the Chinese school system with increasing enrolment from the expanding population had certainly been motivations for the launching of Nantah, the founding sponsors had been acutely aware of the need to cater to the larger needs of a multi-ethnic society and to work within the reality of the socio-political environment. The desire to situate Nantah beyond the realm of Chinese ethnic education had not been absent at its founding moment.

The mindset of Nantah turning inwards and the development of paranoia over Anglicization can arguably be traced only from the point after the issue of the unfavourable Prescott Report and with the momentum building up to the reactions against the Gwee and Wang Gungwu committees. Nantah and its supporters had regarded themselves to have done their very best in building a university from scratch, based entirely on private funding from tycoons to the common folk and to make whatever necessary adjustments in accommodating the socio-political reality of the times. Yet, the uphill battles with no victory in sight in terms of securing government resources and recognition of its degrees for entry into the civil service had engendered within the Nantah mindset a defensive posture and the heroic notion of

---

71 Full speech reprinted in *Lianhe Zaobao* (Singapore), 3 June 1995, available in NUS Pan Shou Collection, pp. 100–102; Wang Ruming 王如明 (ed.), *Chen Liushi bainiandan jinian wenji* 陈六使百年诞纪念文集 (Commemorative volume on the hundredth anniversary of Tan Lark Sye's birth) (Singapore: Nantah Company/Hong Kong Nantah Alumni, 1997), pp. 199–201. Tan's speech was delivered in Hokkien rather than Mandarin and crafted by Pan Shou who was the secretary-general of early Nantah and whose administrative lapses were criticized by the Prescott Commission of 1959. For a discussion on Pan Shou and his critical relevance for the history of Nantah and Singapore, see Hong Lysa and Huang Jianli, "The Scripting of Singapore's National Heroes: Toying with Pandora's Box," in Abu Talib Ahmad and Tan Liok Ee (ed.), *New Terrains in Southeast Asian History* (Athens: Ohio University Press, 2003), pp. 232–239.

making a last stand for Chinese language education. Communist subversion and manipulation, especially through those deemed to be influenced by mainland communist China, might have contributed to this changing mind frame,[72] but such small group cadre activities had been continuously monitored and hounded by the state security apparatus and their efficacy limited. The answer laid more with how the larger Nantah community wounded by the series of unfavourable university reviews increasingly took a hardened stand in defence of ethnic education and against the tide of perceived Anglicization.

Conclusion

The impact of the *WGW Report* was dramatic enough to have an enduring influence on the lives of many participants, in particular, the chairman of the committee Wang Gungwu. As recent as the mid-1990s, an elderly citizen who had lived through that experience rudely interrupted the question-and-answer session of one of Wang's scholarly seminars to express agitated comments about the enormous damages the report had done to

---

72 The theme of communism in Nantah has invited a wide spectrum of attention. For example, apart from the Government White Paper on *Communism in the Nanyang University*, see comments in Justus M. Van Der Kroef, *Communism in Malaysia and* Singapore (The Hague: Martinus Nijhoff, 1967), ch. 2 and his "Nanyang University and the Dilemmas of Overseas Chinese Education" in *The China Quarterly*, 20 (Oct–Dec 1964): 96–127; Andrew W. Lind, *Nanyang Perspective: Chinese Students in Multiracial Singapore* (Honolulu: Hawaii University Press, 1974), pp. 121–124; Ronald McKie, *The Emergence of Malaysia* (New York, 1963), pp. 275–276, 287; Robert Elegant, *The Dragon's Seed: Peking and the Overseas Chinese* (New York: St Martin's, 1959), pp. 35, 78, 90–92, 149–152, 266, 304. The most recent substantive scholarly analysis is provided by Lee Ting Hui, *The Open United Front*. Given privileged access to security documents, including an ISD file in the Organization Series on "Nanyang University — Report of the Curriculum Review Committee (1965) — Reaction to, part 10," with more than 400 folios, Lee examines the widespread student protests against the Report in pp. 311–313 and his assessment was that "In short, the Communists were defeated by the Government in the fight over the matter of the Wang Gungwu Report."

Nantah.[73] Earlier on, prior to his arrival in Hong Kong to assume the Vice-Chancellorship of Hong Kong University on 6 August 1986, the university campus publication had zoomed in on the controversy through an article on "The Storm over the New Vice-Chancellor."[74] This pressured Wang into offering a quick interview to seven Hong Kong University students in an attempt to diffuse the issue.

In their very first question, the students asked sharply, "In what capacity did you join the committee to examine the Nantah curriculum? Were you connected with the government in any way?",[75] to which Wang deflected the suggestion of any political overtones by replying that the initiative to form the committee had come from the Singapore Education Department and Nantah as they sat down to think about the necessary educational adaptations to Singapore's merger with Malaya. He believed that he had been chosen to head it probably because he grew up in Malaya and had been teaching at the University of Malaya. He went on to emphasize:[76]

> Once we had submitted our report, we disbanded. Regarding its implementation, it seemed to me that the most obvious thing was that after Singapore's withdrawal from the Federation the report was no longer directly relevant. However, I had no authority to intervene, and I had nothing whatsoever to do with the Singapore Government. The committee had nothing to do with the People's Action Party, it had absolutely no political colouring. The reason they approached me was because I was an outsider, I had no political ties.

---

73 This incident was witnessed by the author.

74 Lee Guan-kin, "Wang Gungwu: An Oral History," p. 404, fn. 12, citing 'Xin xiaozhang de fengbo' 新校长的风波 (The Storm over the New Vice-Chancellor) in *Xueyuan* 学园 (Campus).

75 "Wang Gungwu on the Nantah Incident: An Interview," p. 31.

76 Ibid., p. 33.

Wang believed his committee had tried its best to "set great store by equality" and to secure for Nantah treatment equal to that received by the University of Singapore and the University of Malaya. In particular, he linked the equality issue with the committee's effort to look beyond the curriculum and get a comparable compensation package as well as infrastructural facilities for Nantah staff and students.[77] On the sensitive issue of whether there had been a displacement of the Chinese language to allow for the bulk of the curriculum to be taught in English, Wang did not offer a strong line of defence: "That was not the report's intention. The report saw Chinese as the principal language of instruction, but we strove for a bilingual education, this was a very difficult question. We were rather idealistic in those days, we thought that if we worked hard enough at it, we could overcome the difficulty."[78] Indeed, the preponderant tone of this rather defensive interview was one of regret:[79]

> Also, I harboured various ambitions. I was still young, inexperienced, and rather idealistic. I'd always thought that overseas Chinese had many special characteristics. Most of them were rather intelligent, culturally knowledgeable, diligent, industrious, and courageously prepared to face up to almost any difficulty, so I was full of confidence in them. As a result, we didn't only want Nantah to be equal to the other two universities, we wanted it to be better, at least in some ways. Thinking back, we were perhaps a little immature.... In some respects the report was too idealistic, too immature. Now that I'm 20 years older, I view some issues differently and am informed by different experiences.

[77] Ibid., pp. 31–32, 38. Wang argued that "The basic principle of our report was that Nantah should be equal but the Singapore Government failed totally to accept it."

[78] Ibid., p. 34.

[79] Ibid., pp. 33, 38.

Wang was also anxious to let his student interviewees know he felt regretful about Nantah's eventual closure through a merger to form the National University of Singapore. However, he pointed out that this took place long after the report and the responsibility of decision should not rest with him and his team members:[80]

> [It] was not until 15 years after 1965 that government merged Nantah with the University of Singapore. Many things happened in the meantime, none of which had anything to do with the report.... Whether the right decisions were taken in the end is a matter for Singapore to decide, it had to do with the government, or perhaps with some lobby within the government, I don't know. But what I do know is that all Nantah's workers, from the principal and the teachers down to the students, did their utmost to preserve Nantah, so I sympathized utterly and greatly regretted the decision to merge it with the University of Singapore....
>
> The merger was regrettable, but it was hardly my responsibility. The report supported Nantah, it wanted Nantah to succeed, but whether it succeeded or not, was nothing to do with me. I had no authority. Lee Kuan Yew was hardly likely to follow my advice. I say again, our report was written in the context of the Federation of Malaysia, whereas it was implemented after Singapore went independent. The responsibility for what happened belongs to them.

In a recent oral history account, Wang was even more forthright in damning "the politicization of the report, and the sacrificial role Nantah played in this whole incident" as well as in denying the ahistorical linkage between the *WGW Report* and the eventual merger and closure of Nantah:[81]

---

[80] Ibid., pp. 38–39.

[81] Lee Guan Kin, "Wang Gungwu: An Oral History," pp. 389–390.

> Most people linked the cause of the closure with the Report although the closure happened only in 1980, some 15 years after the Report came out. I am aware that some people have blamed me for the closure of the university though this seems almost illogical. I doubt that most of these people have even read the Report. How can a Report on improving the curriculum and raising the salaries of the staff to parity with the other universities cause the closure of a whole university? A report can be ignored if it is found to be unsuitable to the needs of the time and many reports are so ignored. Far from advocating its closure, the Report recommended that much more money be spent to improve standards. However, I am very sorry that Nantah, despite its great potential for development, was sacrificed in a political power struggle. The closure of Nantah reflected the tension within the Chinese community in Singapore's political scene then. Many played a role in the victimization of Nantah.

In history, changes matter as much as continuities. Hence, the long intervening years between 1965 and 1980 would make Wang's vigorous denial of close linkages more than plausible as a number of major changes had indeed taken place in between these two time markers. For example, there were the acrimonious tussle between Rayson Huang (Vice-Chancellor from April 1969 to September 1972) and the Nanyang University Guild Association, Lee Kuan Yew's anxious move to "clear the political and cultural debris" to prepare for political succession from the mid-1970s, the fallout between Hsueh Shou Sheng 薛寿生 (Vice-Chancellor from September 1972 to March 1975) and the Minister of Education Lee Chiaw Meng 李绍铭 over university reforms, Lee Chiaw Meng's sudden entry into Nantah as its Vice-Chancellor in March 1975 and his equally sudden exit by August 1976, Wu Teh Yao's 吴德耀 short acting Vice-Chancellorship from August 1976 to August 1977 and his later vocal opposition to the merger and Joint Campus Scheme from 1978 to 1980, the intense public exchange of letters between Lee Kuan Yew and members of the governing University Council over merger, Lee's abandonment of his Nantah cabinet colleagues and his switching over to an alternative Nantah parliamentary support base, as well as the issue of the 1980 Dainton Report. It was really a long journey with many more twists and turns after the release of the *WGW Report*. Wee Cho Yaw 黄祖耀, the longest serving member of the Nantah University Council, has reflected on the "germination, growth and withering of Nantah over a span of 25 years" and how it was unfortunately "besieged by a series of setbacks." Referring specifically to the years in which he chaired the Council from 1968 to 1980, he has mournfully noted that "it was a challenging period as the Council fought to gain fair treatment of the University, and to preserve its integrity and remain true to its goals. It was a losing battle. The Council was unable to save the University because of the profound changes in the socio-political environment."[82]

The ahistorical link of the *WGW Report* to the eventual Nantah closure misses the true significance of the report. Its real value lies in the way it allows us to reflect on the divisiveness of the Chinese community in terms of language on the tiny island-state of Singapore. Despite the dominance of ethnic Chinese in terms of population ratio and the extraordinary power of state machinery within the small island, the national goal of forging a sense of a single community within the ethnic Chinese sector has remained elusive and a major language fault line persisted. There are many forces and issues at play here and Nantah has certainly not been the solitary contributor to this divide. But given the overwhelming importance of educational opportunities in the minds of people and the ethnic sensitivities over language and culture, the Nantah issue has been the most heart-wrenching. The *WGW Report* was framed at a point in time when Singapore was just taking its place within the larger family of Malaysia. It was released for implementation when Singapore was expelled and forced to make its own journey. Premised on the notions of 'Being Malayan' and multilingual learning, the *WGW Report* was hopeful that the divide would be narrowed and the two

[82] Wee Cho Yaw's Foreword in Kee Pookong and Choi Kwai Keong (eds.), *A Pictorial History of Nantah* (Singapore: Chinese Heritage Centre, 2000), pp. 17–18.

Chinese sub-communities could gel to form a unified whole and, in partnership with other communal groups, would march together purposefully towards development and modernity. However, it had proven instead to be a wedge, exposing the different notions of what being 'Malayan' meant and being regarded by its detractors as a political ploy aimed at denying the space for Chinese-ethnicized education to contribute towards the nation-building enterprise.

The report and the unexpected magnitude of uproar caught all parties by surprise. Suspicions of communist subversion and manipulation hung in the air and the PAP leadership again reacted strongly with accusations, detentions without trail and deportations. Overall, it became a moment of reckoning that the language divide was then simply too big for anyone to cross. It was to be another fifteen years before the PAP leaders were to regain their momentum to push ahead with its language reform at the tertiary level by forcibly shutting down Nanyang University through a reluctant merger.

7

变革的阵痛
1960年代的南大学潮[1]

丘淑玲

1960年代是一个动荡和充满变数的时代。在政治上，新加坡经历了自治、合并到独立的曲折历程，其社会文化教育等机制也面对着一个改革、调整与适应的过程。政局的动荡与各种变革，冲击着整个社会，传统的华文教育体系无可避免地受到波及，而南洋大学——新加坡华文教育体系的最高学府，也成了这期间被改造的对象之一。对整个华社而言，这个“改造”的过程是沉重和痛苦的。在改革与维护母族教育之间，他们进退两难，南大当局更因为无法在改组南大的问题上与政府达到共识，一度陷入发展的瓶颈。身为华文教育高级知识分子的南大学生，在这场改革过渡期的拉锯战里，扮演了相当重要的角色。为了捍卫南大，他们展开一连串的抗争，抗争的高潮便是60年代中期的南大学潮。这期间的学潮，交织着捍卫民族教育的激情、对政治民主平等的诉求、对参与建国的努力被否定的抗议，全面表达了学生对现实不满的情绪。这一波学潮，对南大和新加坡政府来说，都是一个转折点。学潮平息后，学生的对

1 学者吕芳上对学潮与学运的解释是：“学潮、学生运动（学运）在定义上不易截然划分。一般而言，学运是群众运动的一种，是学生对于国家社会以群体利益作出发点，具有政治意义，与世运有影响的运动；学潮则指学校内部的风潮，与学生切身利益有关，反映的是教育问题，间接也涉及政治现状。”见吕芳上《从学生运动到运动学生——民国8年至18年》（台北：中央研究院近代史研究所，1994），页1。本文基本上以此定义为准，内容论述以学潮为主，也略涉学运。

抗势力随之瓦解，南大也开始接受改组，进入一个新的阶段。本文尝试厘清60年代南大学潮的背景及其意义，并从中检视南大生在参与建校建国的历程中所经历的挣扎和矛盾。

南大学潮的背景

时代、思潮与新加坡华校生

一代学运/学潮反映一个时代的面貌，南大学潮的产生自然也与时代、思潮、政治社会环境脱离不了关系。从宏观的角度来看，南大学潮是新加坡华校学生运动的一环，与中学时期的学运在精神上是一脉相承的。而新加坡华校学生新思想的启蒙，则可追溯到近代中国发生重大变革的20世纪初。1911年辛亥革命成功，点燃了中国内外华人的希望，新马新式教育随之揭幕并迅速扩展，[2] 大大提高了土生土长华侨新生代的文化及知识水平，也启发了他们的中国意识与民族情感。[3] 随后的五四运动，进一步提高青年学子的爱国思想及民族文化情结。由于华文教育的中国化，此阶段的华校生很自然地受到中国政治牵引。他们响应五四运动的号召，参与反日游行，抵制日货运动，[4] 也在中日战争参与一系列的"抗日救（中）国"的政治活动等等。[5] 殖民统治者渐渐察觉事态严重，随后采取措施管制华校，但也同时埋下了与华社/华校生对立的种子。在民族意识与政治现实的长期冲突下，新加坡华校生普遍上具有较高的政治敏感度和民族危机意识，以及倾向早熟、热情及敢怒敢言的性格。

---

[2] 郑良树《马来西亚华文教育发展史》（吉隆坡：马来西亚华校教师总会，1998），页161、182。

[3] 郑良树《马来西亚华文教育发展史》，页192。

[4] 崔贵强〈海峡殖民地华人对五四运动的反响〉，《南洋学报》，第20卷，第1、2合辑，页13、14。

[5] Yeo Kim Wah, *Political development in Singapore, 1945–1955* (Singapore: Singapore University Press, 1973), p. 183.

第二次世界大战后，新马人民出现空前的政治醒觉，革新求变的思潮在这片土地上翻腾。华校生的背景使得他们易于与这期间涌现的世界反殖民主义、民族主义等思潮产生共鸣，进而投入社会改革的洪流。1950年代初期，华校生已经形成了一股不可忽视的社会力量，这期间的反殖运动中，频频可见他们的身影。从1950年到1955年底在新加坡发生的十次学潮中，有八次是由华校中学生所发动的。[6] 当中最为轰动及影响深远的是1954年的513学潮。[7] 这次的学潮可说是历年来华文中学生对殖民统治不满情绪的总爆发，是战后一系列学潮的第一个高潮。[8] 这次的学潮导致华中、中正学校被暂时关闭、部分学生被捕，却也激发了全新中学生大团结的意识。华校中学生在这场学潮结束后组织了“全新华文中学生联合会”（中学联）作为他们的总领导机构。中学联的成立，象征着新加坡华校中学生组织力量的统一及壮大。据中学联于1956年所作的统计，该会会员人数曾经达到10000名，而当时新加坡十所华文中学的学生总人数是16000名。[9] 他们凭着513学潮所衍生的“513精神”，继续进行不畏强权、反抗压迫的斗争。这股精神一直到1960年代中期的南大学潮仍发挥着一定的影响力。

二战后的局势与环境的转变所带来的另一个冲击是本土意识的深化。1950年代前后，新马华人的政治认同渐渐从中国转向马来

---

[6] 甘永川〈群众运动与新加坡社会(1945–1955)〉（新加坡国立大学中文系荣誉学位毕业论文，1998），页36。

[7] 1954年5月13日，为抗议殖民地政府强制适龄学生服役，华校生抵制登记活动，向总督请求“免役”，在集体游行中与警方发生冲突，酿成暴动，是为“513事件”。甘永川〈群众运动与新加坡社会(1945–1955)〉，页37–38。

[8] 林菊英〈从政治环境的变迁看华校学潮与政府政策〉（南洋大学文学院历史学系荣誉学士论文, 1973），页2。

[9] *Pre-U Seminar: Birth of a Nation, Singapore in the 1950s* (Singapore: The Organizers, 1984), p. 94. 转引自黄建基〈1956年新加坡学潮——政治环境与华文教育政策〉（新加坡国立大学中文系荣誉学位毕业论文，1999），页45。

亚。[10] 生长在马来亚的新一代华校生，很自然地会把他们的角色与当地的前途联系起来。[11] 在这阶段，参与祖国马来亚的建设成了他们斗争的目标。而另一方面，流淌于血脉之中的中华文化传统，却是华校生无法割舍的坚持。因此，在他们心目中，理想的马来亚图像是必须以民族尊严为本：不管是那个民族的教育和文化都必须获得扶持，这是华校生"建国纲领"中的重要原则。基于对当地社会的关怀，在积极捍卫华文教育之余，他们也走入社会，参与各种赈灾、筹款等活动。50年代中期，华校生曾与工人结合，卷入大型的群众运动，如1955年4月的福利巴士大暴动以及1956年10月的新加坡大暴动等。[12] 这种参与体现出他们认同本土、关怀本土的迫切心态。华校生的积极与热情，给政治人物留下深刻的印象。《李光耀回忆录》曾提到这一点：

> 这是个生机蓬勃的世界：有那么多活跃分子，个个生龙活虎；有那么多理想主义者，他们不自私，准备为更美好的社会牺牲自己的一切。看来他们完全献身于革命事业，下定决心，一心只想推翻殖民政府，建立一个平等和公正的新世界。这给我留下深刻的印象。对他们的领袖给他们指引的方向，我越来越感到害怕。……但是我也深信，如果我驾驭不了其中一些干劲十足的年轻人，使他们为我们的事业服务，为我和我的朋友们，这些英校生所代表的事业服务，我们就永远不会成功。[13]

华校生展现的魄力与能耐，让政治人物为之动容。他们也因此成为各股政治势力都竞相拉拢的对象。在政治转型的过渡时期，学

[10] 崔贵强《新马华人国家认同的转向(1945–1959)》（新加坡：南洋学社，1989），页285–327。

[11] Yeo Kim Wah, *Political Development in Singapore 1945–1955*, p. 175.

[12] 甘永川〈群众运动与新加坡社会(1945–1955)〉，页36。

[13] 李光耀《李光耀回忆录（1923–1965）》(新加坡：联合早报，1998)，页201–202。

生运动作为群众运动的一环，标榜反殖建国的崇高目标，有其合理性及道德基础，因而容易获得共鸣。政治势力的介入，在一定程度上助长了学运的风潮，也使学运复杂化。

1950、60年代的华校学运虽然无法摆脱政治的纠缠，华校生内在的民族忧患意识依然是学运的重要推动力。这股内在的力量与外在的政治环境相互作用，逐步深化华校生对当地社会和自身民族的关怀与承担，并慢慢累积成一种集体信念，在华文教育圈子里延伸。南大开学以后，华校生这股斗志和精神得到了进一步的加强与实践。许多活跃的华校中学生进入南大以后，成了南大各学生组织的领导人。[14] 他们在动荡不安的60年代，把华校学运推入另一个高潮。

华教问题、政治现实与南大生

南洋大学的创办，标志着新马华文教育体系已臻完整，为本区域风雨飘摇的华文教育燃起新的希望。青年学子莫不受到鼓舞，踌躇满志地要为南大、为民族、为国家作出一番事业。南大开学之初，学生的热情魄力即展现无遗，以学生会为首的南大学生团体纷纷定下方针鼓励同学“向学术疆场进军”，[15] 提高研究风气。他们也积极地办活动、出版刊物，展现华校生的干劲与朝气。此刻，他们对新加坡的华文教育与政治前景是相当乐观的。[16]

---

[14] 例如中学联的领导人黄祥勇、陈国相、何华等进入南大后负责筹备学生会及担任学生会执委。

[15] 南大学生会第一届执委会提出“向学术疆场进军”的口号作为“精神建设南大”的主要部分。见〈南大学生会全年工作总结报告〉，《南洋商报》（新加坡），1958年6月4日。

[16] 南大创立后的两、三年内，从学生刊物如《大学论坛》中可发现南大生对南大问题或华文教育问题的乐观态度，如“南大的存在已不容抹煞，而学位承认，实在用不着忧虑”等言论。见《大学论坛》，1957年12月14日，第1期，第4版。

然而，新加坡的华文教育并未随着南大的开办而步入坦途。60年代，新加坡的局势空前混乱。在政治上，此间发生了影响深远的行动党和社阵的权力斗争以及新马合并事件。在教育方面，新加坡政府开始执行其统一的教育制度及偏重英文的教育政策，对华文教育产生了很大的冲击。华文教育的发展在重重的变革中渐走下坡，而华社的不安和忧虑则相对地上升。这个发展趋势刺激了南大生的民族忧患意识和使命感。他们参与保卫华教、争取民族权益的斗争之余，也积极关注这时期的政治，最后演变成与政府的对立与冲突。南大学潮的爆发，正是双方矛盾激化的反映。

概括而言，南大生与政府的冲突主要体现在华文教育课题上。在此问题上，南大生秉持华校生一贯的观点，认为民族教育应该获得充分的扶持与保护，而新加坡政府则着眼于时代的需求和发展，采取多种语言政策，属于国际语言的英语较受重视，不过政府仍强调将在统一的教育制度下平等对待四大语言源流教育。为了实现这个目标，它对各阶段教育作出了一些调整与要求，包括对华文教育进行结构性的改革。这些改革触动了南大生捍卫民族教育的敏感神经，频频向政府表达不满。

在南大问题上，政府认为南大在行政制度、师资、设备各方面有许多待改善之处，因而表示无法马上承认和资助南大。站在国家教育的立场，政府希望看到南大进行改革，诸如摒弃商人办学的传统以提高行政效率，多使用英语以吸引更多有威望的大学教授前来任教等等，以便最后发展成一所能容纳各源流教育学生的“马来亚化”大学。为了解决南大问题，政府和南大代表进行了多次谈判，但双方最终因为南大控制权的问题而僵持不下。[17]

政府对南大问题的态度获得南大学生的最高组织——学生会的深切关注。学生会赞同南大改革，惟不希望政府通过经济资助或理

17 〈南大联络委员会致陈六使函〉，《南洋商报》（新加坡），1960年11月20日。

事会来控制或改变南大本质。它认为政府应该无条件资助南大，那才是真心诚意履行平等对待四大源流教育的表现。[18] 在每份报告书出炉后或南大问题发生新的变化时，它都会发表长篇累牍的意见、建议书或备忘录公诸报端或各学会刊物表明对事情的看法和态度。到了1962年，政府与南大代表的谈判已经进入第三年，却依然未有成果，学生会开始怀疑政府“平等对待四大源流教育”的承诺及协助南大的诚意。1963年，政府对南大问题的处理仍没有具体的行动。这期间却发生了政府大规模逮捕左派分子的“二二事件”，南大生被捕、学生刊物被禁，[19] 引发学生不满的情绪。

这期间，政府对华文教育进行的另一项改革是把华文中学六年制改为与英校相同的四年制，另加两年先修班。学生必须考取中四会考文凭后才能进入先修班。政府进行这项改制的目的是要划一教育体系，使中英文教育在同样的时间内，达到同样的水平。[20] 在开始的阶段，新制度的纲要、课程等的安排不明朗，华社普遍上担忧改制会降低华校生的水准，影响他们的出路，不利于华文教育的长远发展。

为此，学生会向教育部长提呈过意见书，也召集改制问题座谈会、发表声明等，表达它的看法。它的立场是：中学应该保持六年，就算改为四年制，也不应以中四会考作为升上高级中学的标准，因为这样等于限制学生接受完整六年中学教育的权力，会对华文教育造成不良的影响，也对南大发展不利。[21] 学生会积极关注中

[18] 〈为理事会成立吁政府无条件资助南大〉（1962年5月22日），《第六届执委会报告》，页40。

[19] 《南大学生会第七届执行委员会常年工作报告书》，1964年3月31日。

[20] 《南洋商报》（新加坡），1958年11月18日。

[21] 〈为中学四年改制问题呈教育部长意见书〉、〈坚持中学六年（一）、（二）、（三）〉，收录于《南洋大学学生会第五届执行委员会常年工作报告及其他》（1962年4月）。

四改制问题，引起政府的疑虑，以致卷入中四罢考学潮。[22] 教育部长杨玉麟在1961年11月27日的立法会议中指亲共组织为了达到政治目标而鼓动罢考，也指责学生会在此问题上“想要牵连学生”，煽动中学生的情绪。[23]

中四改制争论的激化乃至发生罢考事件的这段时期，正是新加坡政治气氛紧张的时刻。其时行动党内部分裂，13名议员退党另组社会主义阵线（社阵），与行动党分庭抗礼。双方纷纷为巩固自己的影响力而展开一系列的明争暗斗，整个新加坡社会为之沸腾。华文教育问题，此时成了政治斗争的工具。在这种情况下，为华文教育抗争，很容易招致政治纠纷。然而，以学生会为首的南大生，仍坚持本身的立场，继续关注华文教育问题。另一方面，他们也不掩饰对政治的兴趣和关心。对当时一些重要的政治课题如马来西亚计划、全民投票和1963年大选，南大生都有明确的立场。在反对马来西亚计划事件中，他们批评新加坡政府出卖人民的利益；1963年大选期间，十名南大毕业生以社阵候选人的身份出来竞选。[24] 他们大多数是前学生会执委。学生会动员了上千名南大生走上街头替校友助选。他们成群结队出席社阵的群众大会，挨家挨户访问选民，并

---

[22] 此次罢考从1961年11月27日起至12月1日一共进行了五天。Lim Kok Hua, “The Boycott of The Chinese Secondary Four Examination 1961: An Analysis,” Unpublished BA Thesis (Department of History, National University of Singapore, 1981/82), p. 41.

[23] *Singapore Legislative Assembly Debates*, Vol. 15, Col. 772.

[24] 该次选举中共有15名南大生参与竞选，除了十名是社阵候选人，还有两名代表行动党，两名代表统一党，一名成为无党派候选人。十名南大毕业生社阵候选人是：谢太宝、梁关飞、王发祥、林建生、林焕文、谢醒民、蓝炽理、黄慧心、傅孙力及张庆禄，前五人为学生会前执委。见《星洲日报》（新加坡），1963年9月14日。南大毕业生候选人占社阵候选人总数的30%左右。见《马来亚劳工党斗争史（1952–1972）》（马来亚：马来亚劳工党党史工委会，2001），页274。

抨击执政党。[25] 南大生声势浩大的助选活动给政府留下非常深刻的印象，也让当局感觉到南大校园内那股左倾或反对势力的威胁。这使得南大的政治和教育问题变得更加纠缠不清。教育部长杨玉麟在大选后指出：

> 一辆又一辆的巴士车把整批南大学生载下来替社阵作宣传，虽然陈六使不止一次声称，不给南大学生搞政治，可是这一次大选，南大学生已卷入政治。[26]

基于这个忧虑，行动党在大选中获胜后，马上表示希望从速解决南大问题，使南大"不会再让人利用来作政治宣传"。[27] 这意味着政府决定采取坚决的手段解决南大问题，政府与南大生的关系已濒临决裂的边缘。

南大学潮的爆发

1963年，政府与南大关系已尖锐化。政府认为，南大问题不能解决是因为陈六使、毕业同学会及学生会从中阻挠。[28] 因此，在大选获胜后，它立刻采取行动打开这纠缠多年的死结：首先剥夺陈六使公民权，接下来逮捕南大学生及毕业生，以去除改组南大的障碍。学潮的发生正是南大生对政府强硬手段的反弹及多年来不满情绪的总爆发。1963年到1966年期间，南大生进行了无数次的罢课、

---

[25] 《马来亚劳工党斗争史（1952–1972）》，页274。PIJ 9/1963, para 101 (A)，转引自Ang Poh Kim, "Communist Manipulation of a Chinese Student Body: The Nanyang University Students' Union (1956–1964)," Unpublished BA Thesis (Department of History, Faculty of Arts & Social Sciences, National University of Singapore, 1984), p. 80.

[26] 《南洋商报》（新加坡），1963年9月24日。

[27] 同上。

[28] 同上。

游行、绝食等抗议行动，情绪一次比一次激动。其中最轰动及最具代表性的是1965年的反王赓武报告书学潮。这四年的学潮，加上之前之后的抗争、逮捕与开除行动，让南大在整个60年代，几乎都处于动荡的状态中。

1963–1964年学潮

1963年9月21日选举之后，政府的注意力开始转向南大。在政府眼中，南大是个政治与教育纠缠不清的地方。要协助南大，首先就必须把这两者分开。就在大选结束的五天后，新加坡政治部奉中央政府的命令进入南大校园逮捕五名在籍学生及另外七名毕业生。[29]在这之前，也就是大选前七个月（1963年2月2日），政府经已展开一轮"冷藏行动"，逮捕了12名在籍南大生，并吊销许多南大出版刊物。[30] 9月26日的第二轮逮捕，显然激怒了南大生。这项在凌晨进行的逮捕行动，惊醒了数百名在睡梦中的南大生。学生与警方交涉不果，引起激烈冲突，造成数十名学生受伤，另四名学生被捕。[31] 学

---

29 被逮捕的南大生为李腾喜、周增喜、颜致今、黄乙新、欧笑作；毕业生为王发祥、林建生、谢醒民（社阵落选候选人）、林世昌、陈文潘、施义开、林源德。见《南洋商报》（新加坡），1963年9月27日。

30 一如中学时代，出版活动是1960年代学生运动中的重要组成部分。在1965年改制之前，南大校内学生团体所出版的刊物达数十种，包括《大学论坛》、《社会科学研究集刊》、《政治学报》、《南大火炬》、《社会知识》、《史地》、《大学青年》、《南洋教育》、《戏剧研究》等等。其中如《大学论坛》、《政治学报》、《社会科学研究集刊》等是当时南大生针砭时弊，探讨各种教育、社会及政治课题的重要刊物。这些刊物的评论性文章，对时局有很高的敏感度，往往能够及时针对一些重要的课题，如马来亚化、国家新文化、各族团结、经济课题、社会问题、教育政策等，提出一番看法或议论。随着局势的转变，它们对政府的政策，尤其是有关华文教育和南大问题方面的决策感到不满。在外部动荡政局的推波助澜下，部分刊物流露较激昂的情绪，对当局提出尖锐的批评，这也就引起了执政者的警惕和戒备，最后展开严厉的管制。

31 《星洲日报》（新加坡），1963年9月27日。

生会发表数篇声明谴责政府的暴行，提出“血的控诉”，[32] 并紧急召集同学随时准备与政府“摊牌”。政府方面在采取了镇压行动以后，表示愿意与南大代表重开谈判。政府的强硬态度，让学生会觉得它并无诚意解决南大问题，只想控制南大。就在政府与南大代表重开谈判的第二天，也就是10月3日，学生会展开南大有史以来第一次罢课行动，以表达南大生不惜一切保卫南大、捍卫华文教育的坚定立场。学生会在“103罢课事件告师长书”和“103罢课事件告同学书”中作出这样的表白：

> “即使我们的鲜血流遍云南园，我们也决不后悔……我们欲保卫南大作为民族教育大学的本质。”[33]
>
> “摆在我们眼前只有两条道路，再也没有任何捷径可抄了，我们不是成为捍卫南大、捍卫民族教育的英勇战士，我们便堕落为扼杀南大、扼杀民族教育的帮凶或凶手！”[34]

在该次罢课中，学生会向政府提出数项要求，如放弃褫夺陈六使公民权，释放被捕南大理事及学生，保证不修改南大法、不侵犯大学主权等。[35] 不过这些要求都未被接纳，学生会于是进一步带领南大生走出校门进行抗争。

10月7日上午10时55分——政府与南大代表第四次谈判会议举行之前五分钟，学生会领导800名南大生抵达总理公署（谈判地点），向副总理杜进才请愿，是为107和平请愿事件。新加坡政府代总理杜

---

[32] 〈血的控诉〉，《第七届执委会报告》，页54、55。

[33] 〈103罢课事件告师长书〉，《第七届执委会报告》，页67。

[34] 〈103罢课事件告同学书〉，《第七届执委会报告》，页64。

[35] 〈先决条件是考验诚意的试金石——学生会致南大理事会函〉，《第七届执委会报告》，页57、58。

进才[36] 与总理公署政治秘书易润堂代为接见五名学生代表。双方会谈约一个多小时，不过并未取得具体的成果，因为政府始终坚持按照《魏雅聆报告书》[37] 改组南大，以力使南大学位"不但获得新加坡政府承认，也获得马来亚与婆罗洲地区政府的承认"。[38] 两次学潮虽然没有明显的成绩，但对南大问题谈判却造成一定程度的困扰。例如在103罢课期间，大批社团及职工会工友进入南大慰问及支持正在罢课的学生。[39] 在集会中有人批评南大谈判代表高德根出卖南大，使得高氏感到愤怒而辞职。[40] 对于学生会过激的言论与行动，南大理事会显得非常困扰与忧虑，纷纷出面要求学生会表态支持与政府谈判的南大代表。与此同时，南大校方如副校长庄竹林、文学院院长严元章等也劝告同学要安心读书，不要闹事，以免增加谈判的困难。[41]

这时候，南大校方对南大的处境与前景有了新的考量。因为新加坡在1963年9月加入马来西亚以后，政治局势就已经不同了。马来西亚中央政府对具有浓厚民族色彩的南洋大学很有戒心。当

[36] 当时的总理李光耀因事出国，所以才由副总理代为接见。见《南洋商报》（新加坡），1963年10月8日。

[37] 鉴于南大学位不受承认，南大当局曾于1959年接受以西澳大学白里斯葛为首的大学评议会审查大学的学术水准。评议会根据调查结果写成《白里斯葛报告书》，发表于1959年7月22日。《白里斯葛报告书》公布后，新加坡教育部长委派以魏雅聆为首的委员会，负责检讨审订《白里斯葛报告书》，以及大学改组的程序与范围，报告于1959年11月20日完成，被称为《魏雅聆报告书》。南大史料汇编委员会《南洋大学史料汇编》（吉隆坡：马来亚南洋大学校友会，1990），页26–27。

[38] 〈代总理杜进才对南大学生请愿书书面答复〉，《南洋商报》（新加坡），1963年10月8 日。

[39] *The Straits Times* (Singapore), 4 October 1963 & 5 October 1963;《阵线报》（新加坡），1963年10月6日，第34期，第5版。

[40] 政府与南大代表的谈判原本是秘密进行，但第二天的谈判内容却被泄漏出去。据悉，当天双方已对理事会政府代表人数问题达成协议，即政府将派出六位代表参加理事会，三位来自新加坡，三位来自马来西亚。见《南洋商报》（新加坡），1963年10月6日。

[41] *The Straits Times* (Singapore), 5 October 1963.

地的一些马来政党青年团甚至要求政府关闭南大以免它传播反国家反政府的思想。[42] 因此，为了南大的生存和长远的发展着想，南大校方必须与新加坡政府合作寻求南大的出路。经过一番的商谈，双方终于在1964年6月5日达成协议。协议的主要内容包括双方同意依《南洋大学法》及《魏雅聆报告书》改善南大，政府将给予改善后的南大与新大同样的资助，南大可继续用华语作为教学媒介语等等，而对校内活跃学生团体产生直接影响的是协议规定南大经改善后，必须成为一个纯粹的学术团体，不应受任何政党或颠覆活动的左右或影响。[43]

为了执行协议的内容，政府在1964年6月27日凌晨派出千多名军警入校逮捕了50多名南大生，[44] 并发表白皮书表示这项行动是为了要彻底“击破共产主义对南大的控制”。[45] 被捕的南大生大多是学生会及其他学生团体的领导人。这项逮捕行动再次激怒南大生，引起另一轮的学潮。学生会在6月29日召集同学绝食以抗议政府的行动。[46] 由于协议已经达成，政府对改组南大势在必行，因此不能容忍任何阻碍改组的因素存在。学生会的抗议引来了政府另一轮的惩戒。1964年7月15日，政府命令校方大规模开除及警告学生，[47] 要严厉地压制学生反抗行动。在学生会展开720游行请愿以后，[48] 校方冻

[42] 《南洋商报》（新加坡），1964年7月3日。
[43] 〈南大问题协议联合声明〉，《南洋商报》（新加坡），1964年6月6日。
[44] 《新生日报星期刊》（新加坡），1964年6月28日。警方欲逮捕的人数原本有70名。见《南洋商报》（新加坡），1964年6月29日。
[45] 〈马来西亚内政部长文告〉，《南洋商报》（新加坡），1964年6月28日。
[46] 《南大学生绝食三天告社会人士书》，1964年6月29日。
[47] 被开除的学生共103人，其中文学院有49人，理学院10人，商学院32人，先修班11人。这些学生包括6月27日被捕的学生及大逮捕后“从事煽动”者。见《南洋商报》（新加坡），1964年7月18日、1964年7月21日；《南洋大学1964年度第七次教务会议记录》，1964年7月30日。
[48] 此次游行发生于1964年7月20日，故称为720游行请愿。《南洋商报》（新加坡），1964年7月21日；《南洋大学第二届常务理事会第一次会议记录》，1964年8月18日。

结了学生会的活动，并修改学生团体条例加强管制学生活动，也开始了南大的改组工作。

1965–1966年学潮

学生会被解散后，学生活动暂时沉寂，一直到《王赓武报告书》发表后，抗争活动才卷土重来。《王赓武报告书》发表于1965年9月12日。这份报告书是南大校方为改组南大课程，特设以王赓武教授为首的委员会审查南大课程后而拟就，也称为《南洋大学课程审查委员会报告书》。报告书提出了许多建议，包括建议南大收容各源流学校学生、提升师资素质与待遇、调整院系（关闭现代语文学系、化学工程系及教育系，开办语言中心）、更改学制（将四年制改为三年制及办荣誉学位）等。[49] 报告书公布后，引起学生及一些华教人士对“英化南大”的担忧。

反《王赓武报告书》学潮是南大史上最激烈及富象征意义的学生运动。它反映了南大生对政府改组南大的强烈抗拒。这期间，南大学生最高领导机构——学生会虽已被冻结活动，但其影响力还在。它之前领导的抗争活动在经验上及思想上对南大生起着重要的影响。学生会本身的“牺牲”也成了这期间学潮的催化剂。1966年的抗议队伍就是打着“还我学生会”的旗帜，反对一连串的改制。

反《王赓武报告书》学潮始于1965年10月，也就是报告书公布后的一个月左右。该年10月5日，南大代副校长黄应荣召集文学院学生集合聆听有关《王赓武报告书》的详情演说，学生强烈反对执行报告书，演说被迫中断。[50] 次日，校方召集理学院学生聆听演讲，学生再次喧嚣反对，一名校内职员用棍子殴打学生，引起学生群起反击。警方到场维持秩序，并向空中开枪以阻止骚乱持

49 《南洋大学课程审查委员会报告书》，1965年9月12日。
50 《星洲日报》（新加坡），1965年10月7日。

续。[51] 事后许多学生团体发表声明谴责警方动武及恐吓学生，并要求校方处分行凶职员。[52] 10月26日，十大学术团体向校方提呈一份长达2万余字的备忘录，指《王赓武报告书》将会使南大成为“配角英文大学”。备忘录认为“报告书起草人似乎有心误导人们得出这样一个结论：改组后，南大将变成一间华、巫、英并重的大学。其实不然，抬出巫语，只是给英语打掩护，爬上皇座的还是英语。”[53] 10月27日，校方开除85名学生。[54] 此举触发了南大空前的大罢课。

10月28日，南大生开始罢课，要求校方拒绝《王赓武报告书》、收回开除学生的决定并撤出校园军警。“南大学生反改制反迫害行动委员会”尝试与校方交涉，要求重新考虑开除学生的决定，但不被校方接见。29日，学生转移到市区，走上街头张贴标语、分发传单，展开大游行，并向中华总商会提呈请愿书，请求主持公道。警方为阻止游行，发射催泪弹驱散学生，并逮捕了两位南大生。[55] 30日，鉴于部分被开除学生不愿离校，校方招来军警进驻校园，驱逐这些学生。30日及31日晚上，南大生展开“打游击”、驱逐军警行动，学生的反抗情绪在高涨。[56]

罢课开始时，许多南大生仍抱观望态度，少部分同学还照常上课。后来由于学生无法忍受军警在校园里的态度，最终展开全体大

---

[51] 〈新加坡警方声明〉，《星洲日报》（新加坡），1965年10月8日。

[52] 〈南大4大学生团体针对10月6日事件声明〉（物理学会、化学学会、数学学会及生物学会），《阵线报》（新加坡），1965年10月9日，第144期，第1版。

[53] 〈南大学生10团体有关课程审查委员会报告书备忘录〉，1965年10月26日，见李业霖编《南洋大学走过的历史道路》（八打灵：马来亚南洋大学校友会，2002），页372。

[54] 《星洲日报》（新加坡），1965年10月28日。

[55] 《南洋商报》（新加坡），1965年10月30日。

[56] 〈南大过去的一段历史〉，《绿洲》，1979年第5期，页9；《南大学生反王赓武报告书反迫害行动委员会驳斥警方11月1日文告》，1965年11月3日。

罢课。[57] 11月1日起至22日，学生缺席率达100%。[58] 这期间，学生四处张贴标语和悬挂布条，号召罢课，并在各学院进行纠察。学生也到市区宣传，以突破新闻封锁。11月20日，校方宣布学生必须于22日复课。[59] 学生不依。22日，军警入校园武力驱逐学生去上课，造成部分学生受伤，33人被逮捕。[60] 此时，政府发表谈话认为，南大生罢课是受少数极端份子、亲共分子所鼓动，南大问题与政府无关。[61] 鉴于校方及政府的压力，学生的意志受到动摇。12月5日，行委会召开同学大会，大会通过七项议案，要求当局保证不得迫害任何同学及拒绝接受《王赓武报告书》，并决定于12月6日暂时结束罢课行动。[62]这场大罢课共持续了39天，创下新马学运史上的记录。

罢课期间，南大生获得各大专学府学生组织、校友会、职工会及社阵的支援。新大社会主义俱乐部、新大政治学会、工艺学院学生会及义安学院学生会，曾为南大事件发表声明、参与集会，并向

---

57 〈大罢课〉，许万忠《回忆云南园》（马六甲：马六甲南大校友会，1991），页105–108。《南大学生反王赓武报告书反迫害行动委员会驳斥警方11月1日文告》指出，10月30日晚上，大队警方进入校园后闯入男生宿舍，橇开房门，把被开除学生的书籍用品等"统统洗劫干净"，过后更闯入女生宿舍。学生集合抗议并与警方周旋，遭警方放射催泪弹驱散。

58 Lee Ting Hui, *The Open United Front: The Communist Struggle In Singapore, 1954–1966* (Singapore: South Seas Society, 1996), p. 311.

59 〈南洋大学布告（大字第25号）〉，《南洋商报》（新加坡），1965年11月20日。

60 Lee Ting Hui, *The Open United Front*, p. 312；《南大生行委会告社会人士书》，1965年11月23日。

61 易润堂于1965年11月29日发表谈话时作出这样的言论。见〈驳易润堂有关南大问题谈话〉，《阵线报》（新加坡），1965年12月1日，第153期，第2版。

62 〈12月5日同学大会议决〉，《阵线报》（新加坡），1965年12月8日，第155期，第4版。

中华总商会提呈请愿书。[63] 全新27个校友会则成立“南大事件委员会”，进行连串声援行动，包括发表声明、协助罢课宣传、参加慰问集会、表演舞蹈话剧及协助筹募经费等。职工会及社阵也曾给予精神上及行动上的支持。[64] 总的来说，此次学潮引起社会人士广泛的同情与关注。更重要的是，它成功发动全校学生参与，展示了南大生的共同意志和能耐。

在此高峰期以后，学生的抗争还持续了一段时间。[65] 1966年10月29日，亲学生会的学生发动300余名学生在南大新图书馆开幕当天进行游行请愿，向李光耀总理提呈备忘录，抗议政府修改南大法令、使南大变质及压抑学生会的正常活动。[66] 两天后，南大七大学会联合召开同学大会，再次谴责校方剥夺学生组织学生会的权

[63] 义安学院学生会、新大社会主义俱乐部及工艺学院政治学会曾于1965年11月12日针对南大学潮发表一篇联合声明，并于次日（11月13日）向中华总商会主席孙炳炎提呈备忘录。分别见《义安学院学生会、工艺学院政治协会及星大社会主义俱乐部针对南大学潮联合声明》，1965年11月12日；*Memorandum On the Present Nanyang University Crisis to Mr Soon Peng Yam, The President of Chinese Chamber of Commerce*, by Ngee Ann College Student's Union, University Socialist Club and Singapore Polytechnic Political Society, 13 November 1965. 新大社会主义俱乐部及工艺学院政治学会也于10月9日及11月24日发表联合声明，谴责10月6日南大校内警卫人员对学生动武及11月22日军警对南大生动武事件。见《星大社会主义俱乐部、工艺学院政治协会针对南大10.6事件发表联合声明》，1965年10月9日；*Joint Statement From The University Socialist Club and the Polytechnic Political Society On the Nantah 22nd November Incident*, 24 November 1965.

[64] 《全星左派卅工团为南洋大学学生反改制反迫害事件告各民族各阶层同胞书》，1965年11月5日；《南洋商报》（新加坡），1965年11月13日；Lee Ting Hui, *The Open United Front*, pp. 312–313.

[65] 在这期间，除了南大，义安学院也发生反《汤寿泊报告书》学潮，六间中学（华侨、中正、德新、新民、平仪及武吉智马政府中学）则因反对唱国歌以及宣誓效忠等强制性仪式，而进行校园纠察，游行抗议。见〈南洋大学1966年学潮〉，《马来亚劳工党斗争史》，页457。

[66] 《南洋商报》（新加坡）、《星洲日报》（新加坡），1966年10月30日；《南大七学会针对十月二十九日游行请愿告同学书》，1966年10月31日。

力，并议决成立“南大学生争取大学自主、维护学生权益行动委员会”负责维护学生权益事宜。[67] 这期间，义安学院因反对《汤寿泊报告书》把他们的学院降级为“初级学院”而发生学潮。[68] 两校学生连同新大、工艺学院学生共同成立“全新学生行动阵线”，在精神及行动上互相支援。[69]“全新学生行动阵线”在成立大会上发表宣言，争取全新学联获得注册、要求恢复大学自主与学术自由、撤销入校准证的措施及要求恢复南大学生会的正常活动。[70]

11月12日，南大学生“争取大学自主、维护学生权益行动委员会”的两名委员，即陈伟英和陈锦福，被开除学籍，前者更遭新加坡政府驱逐出境。[71] 14日晚上，行委会召开抗议大会，通过数项决议，如要求政府收回驱逐陈伟英成命、要求校方恢复二陈学籍、要求校方于三天内与行委会谈商，共同解决恢复学生会问题及开除学生事件等等。[72] 恢复学生会的正常活动，已经成为历次会议的主要议题了。不过，学生进一步的行动被校方严加制止。抗议大会后，校方开除60名学生。[73] 行委会发动罢课抗议，招致校方另一轮的开除惩戒，[74] 罢课遂无法进行。[75] 新加坡政府也在18日援引1959年移民

[67] 《南大七大学会联合召开同学大会议决案》，1966年10月31日。

[68] 〈不幸的南洋大学与义安学院事件〉（社论），《星洲日报》（新加坡），1966年11月21日。

[69] 《南洋商报》（新加坡），1966年11月19日；〈南洋大学1966年学潮〉，《马来亚劳工党斗争史》，页457。这期间，南大生曾出席义安学院罢课大会。见《南洋商报》（新加坡），1966年11月16日。

[70] 〈南洋大学1966年学潮〉，《马来亚劳工党斗争史》，页457。

[71] 《星洲日报》（新加坡），1966年11月13日。

[72] 〈南洋大学1966年学潮〉，《马来亚劳工党斗争史》，页457–458。

[73] 《南洋商报》（新加坡），1966年11月16日。

[74] 校方于16日再次开除50名学生。见《南洋商报》（新加坡），1966年11月17日。

[75] 罢课行动因大批学生领袖被开除及驱逐而无法顺利展开。见《南洋商报》（新加坡），1966年11月16日。

法令，将67名被开除的南大生驱逐出境。[76] 开除及驱逐出境的强硬措施，使这次的风潮因群龙无首而宣告落幕。自此以后，南大学生运动一撅不振，再也激不起涟漪了。

1960年代的南大学生风潮，其火种在60年代初已经撒下，63年是爆发期，64、65、66年则不同程度地蔓延开来。其中以1965年的学潮最为激烈、最波澜壮阔。南大生在此次学潮中把满腔的不满，不留余地地宣泄出来，把华校生的斗争精神发挥得淋漓尽致。这除了证明华校生精神传承的脉络，也反映了一个学潮的规律，那就是学生在被压制的短时间内会产生更大的反弹。学者的研究显示，青年学生先天具有反抗性，对于现存体制常持批判态度，加上学生时期特有的道德意识，所以在政府当局采取镇压整肃时，会造成"通电"作用，使原本不活跃的学生，在第二阶段也投入对抗行动。而因为道德意识受到冒犯而投入的，往往比激进者还要多。[77] 这说法解释了为什么南大生会在政府采取连串镇压行动后，仍义无反顾地投入1965年反《王赓武报告书》学潮，使抗议行动不断扩大。不过，由于缺乏现实的条件，这种反弹无法持久。当热潮过去、环境改变，南大学潮也就随之落幕了。

南大学潮的意义

南人改革的阵痛

南大学潮，是南大动荡年代的一个鲜明标志。它对南大改制具有实际的影响和象征意义，是南大兴革史上一个重要的印记。从某

[76] 四名新大生也同时被驱逐。见《南洋商报》(新加坡)，1966年11月19日。据一名曾参与1966年学潮的南大生表示，被开除的学生曾到义安学院和义安学生讨论今后的去向。后来警方出现，发射催泪弹驱散学生。受访者与约百名学生当场被捕，过后警方通知其家人来保释，并令其必须在24小时内离开新加坡。详见《吴丽青口述历史访谈》，2002年5月13日。

[77] Seymour Martin Lipset, *Student in Revolt* (Boston: Houghton Mafflin, 1969), p. 28.

个角度来看，它标志着南大生“捍卫南大”行动的失败，政府在学潮过程中逐一去除其眼中的障碍后，得以落实改组南大的政策。南大也从此告别颠簸的1950年代和1960年代，步上改革之路。

在连串改革中，与学潮的发生有着最直接关系的是校方对学生团体的管制。学潮事件使南大在1960年代中期陷入空前混乱的局面。政府以反共、清除反国家分子的理由镇压学潮，南大学生义无反顾与政府抗争到底，让社会人士对南大产生信心危机。南大校方自然也感受到学生骚动的破坏性。这个忧虑促使他们把改组学生团体视为南大改革的重要项目。1964年学潮过后，学生会首当其冲的被解散，紧接着学生团体新管制条例颁布。在新条例下，学生团体必须遵守诸多约束性条例，如：学术团体必须冠于一院或一系的名称，发起人限于一院或一系的学生，非同院同系的同学不得参加；每一个学生参加的课外团体数目，由学生生活辅导处参照其学业成绩决定；一年级学生不得担任学术团体的职员；凡团体的集会或会议均须至少一位顾问出席指导；凡团体印发的任何印刷品或出版刊物须先经顾问之签准等。[78] 自此以后，学生团体一改学潮前的放任自由风貌，完全处于校方管制之下。

1964年至1966年学潮期间，南大各方面的改革逐步展开，政府对南大的影响也越来越大。1964年6月5日协议签订不久后，政府拨出186万元的款项给南大应付经常开支，另外也分别拨出100万元用于建筑图书馆及购置科学仪器与图书，[79] 同时也履行协议的规定资助南大新薪金制以提高南大教职员的待遇，使之与新大平等。[80] 在大学人事与行政方面，学潮期间，理事会主席陈六使、理事会执委黄亦

---

78 〈南大学生团体面临新灾难〉，《阵线报》（新加坡），1965年3月27日，第118期，第4版；〈政治学会全体执委辞职声明〉，《阵线报》（新加坡），1965年6月5日，第128期，第6版。

79 《南洋商报》（新加坡），1965年12月18日。

80 《星洲日报》（新加坡），1965年12月23日。

欢、副校长庄竹林等都相继离开南大。政府开始委派代表，参加南大理事会常务会议[81] 以及庄竹林离职后所组的临时校内行政委员会的行政工作。[82] 新加坡独立后，政府视之前订立的南大法失效，遂于1966年修改该法令。[83] 修订法令把马来西亚12州各派一名代表出任南大理事会条文删除，[84] 大学赞助人在南大理事会的角色逐渐由新加坡政府取代。1967年，政府代表卢曜出任南大副校长，负责南大行政事务，进一步加强政府对南大的影响。1968年，新加坡教育部长正式宣布承认南大学位，[85] 标志着一个改革阶段的完成，南大从此迈入另一个里程碑。

华校生抗争精神的高峰

1960年代的南大学潮，是新加坡华校生不畏强权、据理力争的抗争精神的集中表现。它是华校生自50年代“513学潮”之后的另一个高潮。学潮发生前，南大生的抗争已经开始。他们在学生会的领导下为华文教育及南大争取平等待遇而斗争。学潮是他们由“文斗”转向“武斗”的象征。这“武斗”阶段更将他们的斗志展现无疑。因为在此阶段政府已摆出不妥协的姿态，学生在强大的政治力量面前，胜数渺茫。在这种情况下，他们仍然坚持抗争了四年，直到政府连续地坚决采取逮捕、开除行动，抗争行动才罢休。

---

81 南大史料汇编委员会《南洋大学史料汇编》，页103–104。

82 《南洋商报》（新加坡），1964年7月11日。

83 《南洋大学1966–67年度第二次临时教务会议记录》，1966年11月9日，附录。

84 1966年，政府对南洋大学法第19条进行修正，把12州各派一名代表出任南大理事会条文删除，人数方面也从27人减为20人。*Nanyang University Ordinance 1959 (No. 27 of 1959) Incorporating the Amendments Effected by The Nanyang University (Amendment) Act, 1966 (No.47 of 1966) Together with the Schedules Made Thereunder* (Singapore: Nanyang University, 1970), pp. 25–26.

85 《南洋商报》（新加坡），1969年5月26日。

在一系列的学潮中，南大生缔造了新马学运史上持续最久的罢课记录——1965年39天的反《王赓武报告书》学潮。政府必须通过强硬的逮捕和镇压行动来突破学生反对势力的障碍，以落实其政策，这反映了学生的潜在力量。[86] 在南大学潮中，南大生所体现的，不仅是延续于中学时代的反殖和自强精神，它蕴含了南大生对大学理念如知识分子的批判意识、学术自由、大学自主等观念的追求，也交织着风靡当时的左倾思潮。这些信念促使他们更加义无反顾地挺身而出，对不理想的现状加以批判、反抗。

1960年代的南大学潮，虽然展现了华校生抗争的勇气，却也见证了华校学运由盛转衰。由于学生身份的流动性和过渡性，学生运动原本就具有不耐久战的局限。外部日渐强大的政治势力，加剧了华校学运的式微。随着南大学潮的结束，华校生渐渐退出新加坡学生运动的舞台。1970年代中期，其他源流学生轰轰烈烈的学生运动都难见华校生的影子。[87] 造成南大生态度改变的原因，可略分析如下：第一，60年代中期的大整肃行动（逮捕、记过、开除），在华

86 Philip G. Altbach 表示政府必须通过谈判和武力来强迫学生接受他的政策，反映了学生的潜在力量。见 Philip G. Altbach, "Students and Politics," in Seymour Martin Lipset (ed.), *Student Politics* (New York: Basic Books, 1967), p. 75.

87 1960年代中后期南大学生运动渐渐沉寂以后，学生运动中心开始转移到其他大专，如新加坡大学、义安学院及工艺学院及吉隆坡马来亚大学学生会。这期间的学潮内容倾向于对本身权益及社会民生、公义问题的关怀。

在马来西亚方面，较为轰动的有：1974年9月马大生抗议政府强行拆除该区的木屋及逮捕学生领袖的Tasik Utara事件；1974年底的马来西亚华玲(Baling)"饥饿"事件。见Hassan Karim, 'The Student Movement in Malaysia, 1967–1974', in *With the People! The Malaysian Student Movement 1967–1974* (Petaling Jaya: Institut Analisa Sosial , 1984), pp. 3–5, 14–15, 27–44.

在新加坡方面，1974年新加坡大学学生发动各大专院校反对巴士加价签名运动，发起孟加拉救灾运动，慰问、募款及发声明支持Tasik Utara 木屋居民，更在1974年10月左右介入新加坡裁员问题，导致新大学生会主席陈华彪被控以"暴动"罪名，六名学生会领袖被驱逐出境，也引发了新大罢课学潮。见 *Orientation Handbook 79/80* (Singapore: USSU, 1980), pp. 12–14.

校生心里烙下难以磨灭阴影。在四年学潮期间，约有300名学生被开除，近百名学生被捕，约200人受警告及写悔过书，[88] 学生犹如惊弓之鸟，对于学生运动早已敬而远之或意兴阑珊了。再加上改制后，校方对学生团体严厉管制，学生组织面临重组或关闭的选择，南大生主要的领导机构——学生会更被冻结达八年之久，学生士气大受打击，学生活动因群龙无首而振作不起来。第二，政府在1968年开始承认南大学位，也显示出协助南大的诚意，使南大发展渐进坦途，学生免去一层忧虑，情绪得到了安抚，抵消了抗争的意志。第三，1965年以后，新加坡国家疆界已经成形，政治权力和政治环境也渐渐地稳定下来，政府在把华文教育渐渐导向国家教育的方向之余，也成功地把国民的注意力导向国家经济的发展，人民的价值观和注意力渐渐地向个人就业、前途方面转移，导致"理想型"[89] 的号召与行动渐渐得不到支持。在日益被强调的国家利益大前提下，以及种种因政治或意识形态纠葛而显得虚实难辨的现实情况下，学生面对的顾虑和制约越来越多，50、60年代的华校生抗争模式也就逐渐走入历史。这是新加坡国家疆界形成后政治势力与华校生的影响力此消彼长的发展趋势。因此，60年代的南大学潮，可说是新加坡华校学生运动的高峰，也是它的终结。

[88] 1965年6月，20多名因不苟同新学生团体条例而对外发表声明的英文研究会、政治学会及社会科学研究会理事，被校方记小过，并被令一年内不得参加任何性质的学生团体活动。〈南大校园连续发生学会负责人被记过事件〉，《阵线报》（新加坡），1965年6月19日，第130期，第8版。1965年8月，校方曾发函给99名各学会执委，训令他们针对擅自对外发表声明而签写悔过书，不然的话将面对开除处分。开始时，一些学生拒绝从命。不过最后所有的学生都签署了悔过书。〈百余名南大生面对不准注册敕令〉，《阵线报》（新加坡），1965年9月11日，第140期，第1版；Lee Ting Hui, *The Open United Front*, pp. 309–310.

[89] 这里指的是1950、1960年代华校生不平则鸣的、较为激进的斗争行动。

“务实派”与“理想派”关系决裂的象征

南大学潮的另一个意义是象征着“务实”的新加坡政府与1950、1960年代理想型华校生关系的决裂。人民行动党政府与华校生因曾合力对抗殖民地政府，彼此有过一段互相依赖和信任的关系。这段关系却在行动党上台执政后日渐走下坡。为了顺应时代的需求，行动党在上台后，采取重视英文教育的政策，平等对待四大源流教育的承诺迟迟未能实现。华教的发展情势越来越不乐观，南大生对政府的不满也逐步升温。造成双方关系恶化的直接原因在于南大问题的处理上：南大生不满政府坚持先改组后资助南大的态度；而政府则指南大生的言论行动阻挠南大问题的解决。经过一番指责和辩论，双方成见日益加深。南大生指政府无诚意协助华文教育，政府则指南大生受马共影响进行反国家、反民族活动。双方关系由怀疑演变成敌视，60年代的学潮，正是双方关系决裂的爆发点。

行动党政府不惜与学生正面冲突，采取强硬的行动镇压南大生，显示政府已经下定决心要消除华校生的反对势力。这是人民行动党上台后第一次使用强硬方式处理华校问题。在这之前的中四罢考学潮，为了避免反对党有机可乘，行动党政府并没动用警察驱散学生。[90] 1963年9月大选过后，行动党政府取得了压倒性的胜利，采取坚决行动去除反对势力，也就成了稳固政权的一种做法。这种做法，使政府和南大生的关系蒙上了一层阴影。学生游行、示威、绝食、罢课，除了表达捍卫华文教育的决心，也在于控诉政府的严酷。他们悲愤于满腔的建国热情得不到肯定、被指不学无术和进行颠覆活动、被褫夺言论自由的权力，最后还被武力镇压。政府派遣军警入校，是对他们心中神圣的“华校”以及“大学”的侵犯，是不尊重学术机构自主权的作为。南大生认为，大学生对现实社会的批判是天经地义的事。对政府而言，南大生参加反合并民意

[90] 李光耀《李光耀回忆录(1923–1965)》，页464。

调查、替南大毕业生助选等活动已经让政治介入学府，因此无法坐视不理。政府坚决的行动，把南大生推向抗争的不归路。在学潮的声明中，学生把逮捕、殴打致伤学生的行为比喻为“昭南时代的大检证”、“法西斯式的进攻”，讽刺行动党政府把手放进“殖民地政府的肮脏手套”、与殖民地者同流合污，可见他们的强烈失望和不满。在整个对恃过程中，政府因为掌握了国家的权力和机制而处于主动一方，学生在被动地反抗之余，渐渐意识到，争取华文教育的平等待遇是一个难以实现的梦，南大被关闭，标志着这个梦想的彻底幻灭。

人民行动党政府与南大生（华校生）的关系的转变，印证了一些学者的理论。他们发现，亚洲国家独立前后的学生运动有一个明显的特征，那就是，那些当年搞民族运动的领袖在上台执政后倾向批评和压制学生运动，从前的战友都变成了“不守纪律”或反社会的力量。因为新独立的国家倾向于寻求社会秩序与稳定，类似殖民地时代的不稳定、具破坏性的学生运动被认为不适合新的政治环境。学生却感觉到这些政治领袖“出卖”了当年的革命理想。他们本身则仍会针对社会上不完善之处提出改革或其他诉求。这就形成了尚坚持崇高理想的学生与务实的执政者之间的冲突。[91] 新加坡政府与理想型的南大生或华校生的关系，正是处于类似的状态中。从某一角度来看，南大学生本身未尝不“务实”，他们要求政府扶助华文教育，给予津贴、承认学位，都是实实在在的诉求。不过这一切是建立在确保华文教育得以发扬光大的理想之上。而这一理想却是倾向单一/英语教育政策的新加坡政府所无法接受的。在政治稳定和国家利益的前提下，华校生的理想化诉求只好被割爱。

---

[91] “Student Movements in Historical Perpectivee: the Asian Case,” in Philip G. Altbach, *Higher Education in the Third World: Themes and Variations* (Singapore: Muruzen Asia, 1982), pp. 182–183.

结语

南大学潮，是南大改革的阵痛，也是新加坡迈向统一教育政策、塑造国家图像过程中的烙印。这个经历，反映了执政者对国家政策制定与执行的坚决，以及华文知识分子面对民族教育与国家建设矛盾时的焦躁心态。带着反殖的记忆、捍卫民族权益的热情来到南大的1950、1960年代的南大生，参与和见证了这个蜕变过程，并扮演着先锋的角色。他们为“保卫南大”不惜一切所展开的抗争行动，虽然无法扭转大局，却具有重要的时代意义。

8

Cartoons and Woodblock Prints about Chinese Education in Singapore, 1955–1961[1]

Lim Cheng Tju

Introduction

The recent debate in Singapore between a popular film-maker and the prime minister over the passing of what constitutes the "true essence" of Chinese culture shows just how controversial the issue of Chinese culture and education remains in the island nation. Populist director Jack Neo made a statement that the Chinese-educated Singaporeans, currently in their 40s, marked the end of Singapore's "*jing hua*," ie. the country's "true essence."[2] Singapore Prime Minister Lee Hsien Loong disagreed. At his national day rally speech for 2005, he said, "Jack Neo said the English-educated are the elite (*jing ying*), while the Chinese-educated are the true essence of the country (*jing hua*), and talked about the disappearing essence." Lee was of the view that with the rise of China, more Singaporeans have been brushing up their Mandarin, leading to an increase in appreciation and understanding of Chinese heritage and identity.[3]

[1] This paper was originally presented at the International Conference on "National Boundaries and Cultural Configuration," Nanyang Technological University, Singapore, 23–25 June 2004. I thank Huang Jianli, Lee Guan Kin, Leander Seah, Loh Kah Seng and Seng Guo Quan for their comments. The views expressed are my own.

[2] "Who's Afraid of Chinese Poetry?" *The Straits Times* (Singapore), 3 September 2005.

[3] Lee Hsien Loong, *National Day Rally Speech* (Singapore: Ministry of Information, Communications and the Arts, 2005), p. 32.

While the jury is still out on this topic of the long-term sustainability of the Chinese language and culture in 21st Century Singapore, one needs to understand that the pessimism of a "Chinese helicopter"[4] like Jack Neo has its roots in the development of Chinese education in post-Second World War Singapore. 1950s Singapore, then still under British colonial rule, was a contentious period of upheavals, trauma and setbacks for Chinese schools and students. Although Singapore was, and continues to be, a Chinese-dominated society, Chinese education was on the defensive given the antagonism displayed against it by the British[5] and, later, the Lim Yew Hock government of 1956 to 1959.[6] While the victory of the People's Action Party (PAP, the ruling party of Singapore till today) in the 1959 general elections marked a respite for the guardians of Chinese education given that the PAP was a mass-based party supported by the Chinese-educated, this shelter from the storm proved to be temporal.[7] By 1961, the left wing radicals within the PAP split from the party to form the Barisan Sosialis.[8] Chinese education once again became a political battleground for politicians and vying party interests.

[4] The reference is a derogatory term used to describe the Chinese-educated in Singapore.

[5] The postwar Ten Year Plan for education by the British was widely opposed by the Chinese-speaking community for making English the lingua franca in Singapore. John Drysdale, *Singapore: Struggle For Success* (Singapore: Times Books International, 1984), pp. 64–65.

[6] For more on the history of the political development of Singapore in 1950s and 1960s, see Yeo Kim Wah and Albert Lau, "From Colonialism to Independence, 1945–1965," in Ernest C.T. Chew and Edwin Lee (eds.), *A History of Singapore* (Singapore: Oxford University Press, 1991), pp. 117–153.

[7] The Chinese-educated was supposedly to have "found their political voice in the PAP." Saravanan Gopinathan, "Education," in Ernest C.T. Chew and Edwin Lee (eds.), *A History of Singapore* (Singapore: Oxford University Press, 1991), p. 273. But I would argue even the years 1959 and 1960 were a tempestuous period in the relationship between the PAP and the supporters of Chinese education as I will show later.

[8] For more on the formation and the early history of the Barisan Sosialis, see Seng Guo Quan, "The Barisan Sosialis and the Collapse of the Socialist Alternative in Singapore (1963–66)," Faculty of History, Historical Tripos Part II — Dissertation, Hughes Hall, University of Cambridge, UK, 2005.

The history of Chinese education in Singapore in the 1950s is outlined in books and essays like Kua Kia Soong's *A Protean Saga: The Chinese Schools of Malaysia* and S. Gopinathan's chapter on "Education" in *A History of Singapore*.[9] Kua's portrayal of the trials and tribulations faced by Chinese education in Malaya and Singapore is more a sympathetic account. Gopinathan's succinct narrative is one of the standardization efforts of the educational system in Singapore and the depoliticization of schools to serve the national needs; Chinese education and the students of the 1950s were a potentially disruptive force, opened to "exploitation by (radicals) which saw Chinese education issues as a means to power."[10]

Given such dichotomy of views, for this paper, I am interested to explore the images of Chinese education and the students as drawn by the Chinese-educated artists and cartoonists. Such an approach could possibly give us a more complex picture of the concerns of Chinese education and the students when viewed through the lens of popular media like cartoons and woodblock prints, published in books, magazines and newsletters. Cartoons and woodblock prints are useful sources of history as they did not just reflect public opinion, but they shape it as well. We can get a sense of how the Chinese-educated in the 1950s viewed the position of Chinese education vis-à-vis the British and the Lim Yew Hock government. There is also another dimension of Chinese education which these cartoons addressed and that is the position of a Chinese medium education in a Malayan society consisting of other races such as the Malays and Indians. Given that the desire and political aim of most of the people of Singapore then was to merge with

---

[9] Kua Kia Soong, *A Protean Saga: The Chinese Schools of Malaysia* (3rd edition) (Kajang, Malaysia: Dong Jiao Zhong Higher Learning Centre, 1999); Gopinathan, "Education", pp. 268–287. For comparisons, see Gwee Yee Hian, "Chinese Education in Singapore," in T.R. Doraisamy, *150 Years of Education in Singapore* (Singapore: TTC Publications Board, Teachers' Training College, 1969), pp. 82–99; Harold E. Wilson, *Social Engineering in Singapore: Education Policies and Social Change, 1819–1972* (Singapore: Singapore University Press, 1978), especially the section on "Student Power and the Mobilization of the Chinese Community," pp. 184–210.

[10] Gopinathan, "Education," p. 274.

the Federation of Malaya, Chinese-educated artists and cartoonists had to seriously think about this issue of culture and representation.

The works that I have chosen to discuss in this paper first appeared in popular publications of the 1950s — *Selection of Woodcuts and Cartoons by Singapore and Malayan Artists*, *Shidaipao* and the *University Tribune*. *Selection of Woodcuts and Cartoons by Singapore and Malayan Artists* was the first post-World War Two cartoon collection about the immediate experience of local living, focusing on issues of morality, values, Chinese education and hardships under the British colonial society.[11] Priced at one dollar per copy (an exorbitant price for a book back then), one thousand copies of the book were printed in 1955 and it sold very well.[12] *Shidaipao* was a popular current affairs and cultural magazine of the mid-1950s produced by the students of the Chinese High School, reflecting the concerns and aspirations of the Chinese-educated. The *University Tribune* was the organ of the Nanyang University Students' Union, which came in three language editions. The Chinese edition was started on 14 December 1957, with the English and the Malay (known as *Mimbar Universiti*) editions followed in 1958.

Through an analysis of selected cartoons and woodcuts printed in these three publications between 1955 and 1961, the contemporary reader can get an idea of how issues of Chinese education in the 1950s were portrayed by the Chinese educated themselves. It is also possible to discern how such concerns as depicted by the Chinese educated artists and cartoonists were perceived by others (the non Chinese-educated especially) in society then. The time frame chosen for this paper is from 1955 to 1961. 1955 is chosen as the starting point as it was the very year the Nanyang University recruited its first batch of pre-university students, a key moment in the history of

11 *Selection of Woodcuts and Cartoons by Singapore and Malayan Artists* (Singapore: Life Society Publishers, 1955). Woodcuts is another term for woodblock prints.

12 Interview with Ho Kah Leong, 7 December 2001.

Chinese education in Singapore in the 1950s.[13] The Nanyang University was then the only Chinese university in Southeast Asia and it attracted many students from the region as overseas Chinese could no longer return to China for their further studies after the mainland had turned communist in 1949.[14] 1961 was chosen as the end point for this paper as it marked the PAP-Barisan Sosialis split which further radicalized and problematized the issue of Chinese education in Singapore.

Images of Chinese Education and Nantah from *Selection of Woodcuts and Cartoons by Singapore and Malayan Artists*

Given the power of images such as cartoons and woodblock prints in 1950s Singapore when televised mass media was not prevalent, these visuals could decisively influence the masses, especially among the illiterate Chinese community, about issues of education and culture. Popular publications such as *Selection of Woodcuts and Cartoons by Singapore and Malayan Artists*, *Shidaipao* and the *University Tribune* played an important role in transmitting information and formulating opinions about the building of the Nanyang University (started in 1953) and the need to preserve Chinese education in the face of an unsupportive British colonial rule.

Both woodcuts and cartoons were well suited for books and magazines as they were easier to reproduce for print publications as compared to oil paintings or other media. Poor printing technology back then did not allow oils or watercolours to be reproduced clearly in books and magazines. There was also a market for social conscious works given the politically charged

---

[13] 1955 is also significant for two other events relating to Chinese education and involving the students — the Hock Lee bus riot and the formal registration of the Singapore Chinese Middle Schools Students' Union, a body much responsible for the politicization of Chinese education issues. However, I will not be dealing with these two events as they are not related to the works I am discussing in this paper.

[14] Kee Pookong and Choi Kwai Keong, *A Pictorial History of Nantah* (Singapore: Chinese Heritage Centre, 2000), p. 22.

mood of impending decolonization then. These cartoons and woodcuts were able to meet the public's expectation and demand.[15]

Some of the best visual expressions of Chinese education and the building of the Nanyang University (affectionately known as Nantah to its staff, students, supporters and alumni) in the 1950s appeared in *Selection of Woodcuts and Cartoons by Singapore and Malayan Artists*, a landmark book in the history of Chinese cartooning in Singapore and Malaya.

The woodcut section of *Selection of Woodcuts and Cartoons by Singapore and Malayan Artists* was selected by Ho Kah Leong while Ong Shih Cheng (pen-name: Ong Yih) selected the cartoons.[16] Both were good friends studying at the Nanyang Academy of Fine Arts who wanted to promote woodcuts and cartoons.[17] They were partly inspired by the example of the Chinese intellectual giant of the 20th Century, Lu Xun, who in the 1930s saw cartoons and woodcuts as "sister art" serving to bring about changes and improvements in society. *Selection of Woodcuts and Cartoons by Singapore and Malayan Artists* was to provide art for the masses, who might not have the time or means to view it in galleries or see it in the Chinese newspapers.

The more interesting images in the book are those on Chinese education, which mainly reflected the threats Chinese teachers and students felt from the colonial rulers and the pro-British English-educated politicians in Singapore then. In 1955, there was much discussion to introduce bilingual education in Singapore, and that took effect in 1956 when the *All-Party Report on Chinese Education* was issued by the Labour Front government. The

[15] Ong Yih, "1950s Singaporean Cartoons," in *Essays on Art* (Singapore: Pachui Art Singapore, 1991), p. 145. Ong was the other editor of *Selection of Woodcuts and Cartoons by Singapore and Malayan Artists.* For a comparison of this sort of historical approach in looking at texts, its distribution and meaning, see Gideon Reuveni, "Reading Sites as Sights for Reading. The Sale of Newspapers in Germany before 1933: Bookshops in Railway Stations, Kiosks and Street Vendors," *Social History* 27 (3) (October 2002), pp. 273–287.

[16] Interview with Ho Kah Leong, 7 December 2001.

[17] Ho is currently a fulltime artist, having retired from politics (as a former Member of Parliament for the PAP) and education (Ho returned to his alma mater, Nanyang Academy of Fine Arts, to be its principal from 1997 to 2003). Ong pursued his interest in cartooning till his death in 1993 at the age of 58.

Chinese community was not so much threatened by the idea of bilingualism or necessarily against the studying of English, but feared that this educational policy would lead to the erosion of the Chinese language. Figure 1 shows a boy giving up his Chinese book to carry an English book as carrying both in his bag will be too heavy for him. The simple yet effective cartoon was drawn by Qiu Gao Peng, an established cartoonist who drew anti-Japanese cartoons in China during the Sino-Japanese war and had contributed cartoons to *Nanyang Siang Pau* since 1950. This particular cartoon first appeared in *Chinese Students Weekly* and Ong, an ex-student of Qiu when he studied at Chung Cheng High School, asked his former art teacher for permission to reprint his cartoon in *Selection of Woodcuts and Cartoons by Singapore and Malayan Artists.*[18] Qiu's cartoon reflected his own concerns as a Chinese teacher and its comment on the difficulty of studying two languages well is still pertinent today.[19]

Perhaps the two most powerful images of Chinese education and the building of Nantah were Lee Kee Boon's woodblock print showing the construction of Nantah's Administration Block (currently housing The Chinese Heritage Centre and Nanyang Technological University's Centre for Chinese Language and Culture and Division of Chinese)[20] and Long

---

18 Interview with Qiu Gao Peng, 6 December 2001.

19 In 1997, then-Prime Minister Goh Chok Tong admitted in his National Day Rally Speech that not everyone in Singapore could meet the requirement of being bilingual. Writer Stella Kon (great granddaughter of Singapore pioneer Lim Boon Keng) wrote in *The Straits Times* (Singapore) Forum page to express the trauma of learning Chinese experienced by her generation, and for those who did badly in the language, having being stigmatized and labeled as lazy. *The Straits Times* (Singapore), 28 August 1997. Lim Boon Keng was recently held up by Minister Mentor Lee Kuan Yew as an inspiring example of the type of bi-cultural citizens Singapore needs now. But Lee also admitted that it is difficult to study two languages effectively. *The Straits Times* (Singapore), 24 June 2004. Taking into account the recent introduction of the simpler Chinese 'B' syllabus, this could amount to an admission of inadequacy of the government's bilingual system.

20 Nantah was closed down in 1980 and the premises were taken over by the Nanyang Technological Institute and later the Nanyang Technological University. Kee and Choi, *Pictorial History of Nantah*, p. 33.

Figure 1

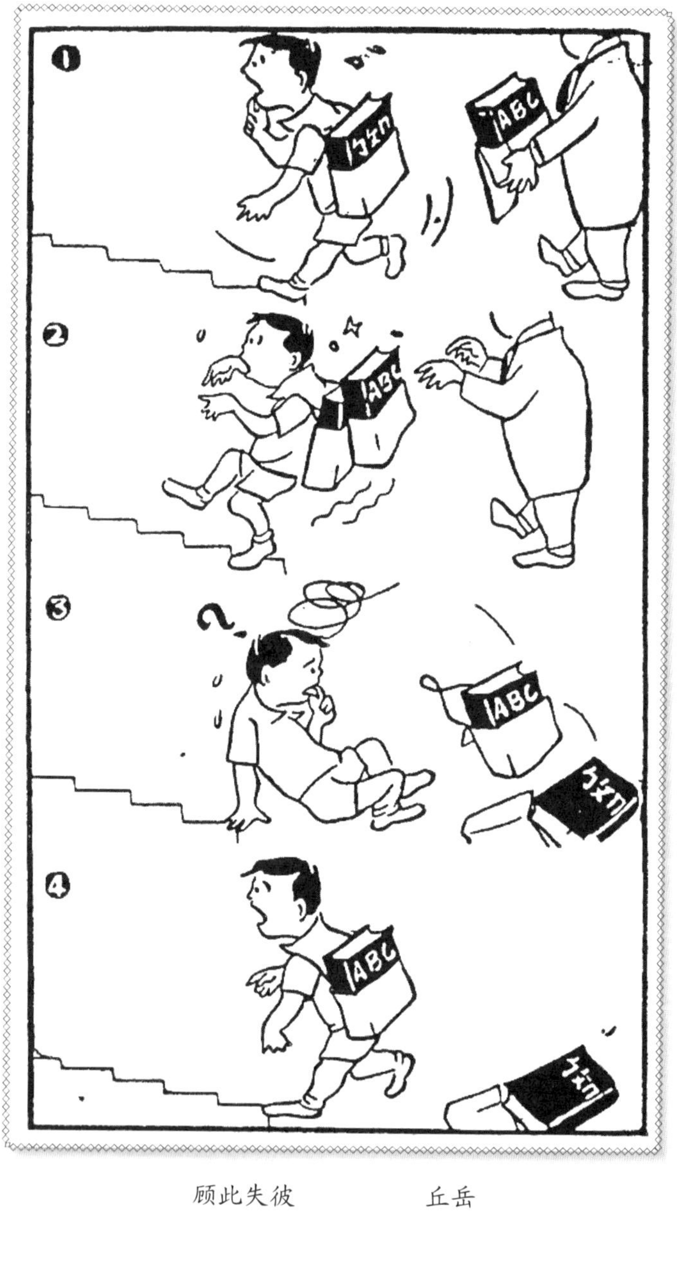

顾此失彼　　　　　　丘岳

Figure 2

华文教育的堡垒——南洋大学　　李记文

Figure 3

共撑危局　　龙亚

Ya's cartoon on the impending storm that threatened to uproot and destroy the foundations of Chinese culture and education (Figure 2 and Figure 3). Lee's print shows the scaffolding used for construction being placed in front of the Administration Block. But the image also gives the impression of the block being fortified, that it needs to be protected against outside threatening forces. Lee had originally titled his work "Blood and Sweat," to reflect the hard work the overseas Chinese community had put in to build the first Chinese university in Southeast Asia. It was a visual statement on the contributions of the people for the sake of Chinese education in Singapore and the region. However, when this image was printed in the book, the editors changed the title to "Nanyang University — Fortress of Chinese Education," politicizing the work with larger socio-political issues and concerns. By having a more forceful and even ominous title, the editors were giving the impression that Nantah was a bastion for the survival of Chinese education in Singapore. The battle lines were being drawn and fortification was to be done to save Chinese culture and education. All these were only revealed when the Singapore History Museum (SHM) and the Print Society (Singapore) organized "History Through Prints: Woodblock Prints In Singapore," an exhibition on the history of woodblock prints in Singapore that ran at the SHM from August 1998 to June 1999, and Lee was interviewed during the research process. The original title of the work was used in the 1998 woodcut show.[21]

Figure 3 is a cartoon by Long Ya, a prominent Chinese cartoonist in the 1950s who contributed widely to the newspapers. This contribution to the *Selection of Woodcuts and Cartoons by Singapore and Malayan Artists* shows a group of students and teachers trying to stabilize the pillars holding a plot of land that contains a temple compound. The temple represents Chinese education, as explicitly stated on the temple's signage. A heavy storm is brewing and the students and teachers look like they are having a hard time saving the temple. Compared to the realism of Lee's woodcut, Long Ya's portrayal is firmly rooted in exaggeration and caricature. But the topic is

---

[21] Interview with Lee Kee Boon, 21 November 2001.

no laughing matter. If Lee's image of Nantah's Administration Block is one of strength and fortification, then Long Ya's portrayal of Chinese education is one of weakness. Chinese education was under threat and even with the combined efforts of students and teachers, the stormy situation did not abate. The action in the cartoon seems to be happening at the edge of an abyss and anytime soon, the whole structure could tumble down.

The symbols used to represent Chinese education in both are interesting contrasts. Lee shows Chinese education to be like a fortress but Long Ya's representation of Chinese education is a Chinese temple, highlighting the difficult of such a traditional institution to survive in contemporary times. One reading of Long Ya's cartoon could be that he was acknowledging the need for Chinese education to be relevant in a Malayan society.

Nonetheless, both images go hand in hand in *Selection of Woodcuts and Cartoons by Singapore and Malayan Artists* to press two points to the readers, who would mainly be the Chinese speaking population. First, Chinese education was under threat from the new bilingual policy and the efforts of the Chinese community to protect and preserve Chinese education were not enough. Second, Chinese education needed to be fortified against challenges from the outside threats and that involved the whole Chinese community (like those who came together to donate to Nantah's building fund), and not just Chinese students and teachers. Taken together, the two images could be viewed by those outside the Chinese community as a rallying call to arms to defend Chinese culture and education. Thus one can postulate that to the eyes of the English educated, they smacked of Chinese chauvinism and defensiveness and, in turn, threatening to the establishment of a Malayan nation.

Cartoon Cover from *Shidaipao*

Indeed, the Chinese educated saw Chinese education as a fort that the "enemies" were trying to invade and burn down. Perhaps the most evocative image of the 1950s on this issue is a cartoon cover from the 20 September 1956 issue of *Shidaipao*, a current affairs and cultural publication produced by students of the Chinese High School. Most of the cartoons in *Shidaipao* were signed using pen names. Perhaps due to the radical anti-colonial nature of the works, I have yet to identify them nor was I able to find any artists wanting to claim ownership.

Figure 4 could be a response to the 1956 *All-Party Report on Chinese Education*, which pushed for a bilingual education policy.[22] This "invasion"

Figure 4

[22] The 1956 *All-Party Report on Chinese Education* has been cited as "the most important document on Chinese education in Singapore" at that time. Gwee, "Chinese Education," p. 93.

of Chinese schools by other languages, especially the English language, was portrayed vividly in the cartoon. The images and references used are powerful and immediate. Chinese education was once again fortified against foreign invaders such as those who wanted to introduce English as a medium of instruction in Chinese schools. The Great Wall of China was used to represent Chinese education, increasing the stakes in this battle. The cartoonist seemed to be saying that if the invasion by the foreigners was successful, and the wall was penetrated, the entire Chinese culture and civilization would collapse. This drew from the historical antecedents of the constant attempts of invasion of China by foreign invaders such as the "barbarian" Huns.

One is drawn immediately to the immense length of the wall, which stretches beyond the right horizon of the framed cartoon. While the threat was greater than before, by using the image of the Great Wall of China to represent Chinese education, the visual representation chosen by the cartoonist was also a show of strength, that the Chinese community would fight on and pour in more resources to combat those who threatened their cultural and educational interests.

In this cartoon, the pouring in of more resources to support Chinese education meant the pouring of boiling oil as a solution. The central metaphor used here is the Trojan Horse, which symbolizes the willingness of the English educated (identified by their suits and ties) in trying to trick and overcome the Chinese defenses. Soldiers were hiding inside the Trojan Horse but they were flushed out by the boiling oil poured down the ears of the horse.

The Nantah connection in the cartoon lies in the clue on the bottom right hand side of the drawing, which shows a bespectacled Chinese man in a Western suit smoking. One is reminded of Chief Minister Lim Yew Hock as Lim was constantly seen holding a cigarette in his hand in photographs. Thus the connection between the cartoon and Nantah is revealed: on 2 May 1956, just four months before this cartoon was drawn, the Labour Front Government (Lim's Party) announced that the Ministry of Education would not recognized Nantah's degrees until the government had given the university permission to grant degrees. This was a big blow and a challenge to Nantah and Chinese education in Singapore and Malaya. Although Lim and most of his Cabinet were Chinese, these "Western oriented gentlemen" were seen as traitors to the Chinese community, as hinted in the sign pasted on the wall on the left hand side of the cartoon. In May 1956, David Marshall was still the Chief Minister of Singapore and leader of the Labour Front Party, but he would soon quit his post due to the failure of the first London constitutional talks. Thus it was left to Lim, who became the Chief Minister, to implement the *All-Party Report on Chinese Education* in August 1956.[23]

This image remains powerful today, and rather humourous too. Perhaps it was unintentional, but the horse looks like it has pupils in its left eye and thus "alive". But it could not seem to take the "heat" anymore. The male character sitting on the ledge of the wall and seemingly has his left foot resting on the Chinese character "hua" (meaning Chinese) was putting his left index finger to his lips. Was he telling the male 'traitor' on the horse just below him to keep it down? The look on the male character face is almost farcical.

The cartoon is attributed to Feng, one of the more prolific cartoonists of this period. But no matter how optimistic the cartoon is in showing that the Chinese educated was able to flush out such threatening elements before the enemies breached the fort, did the artist realize that using the Trojan Horse metaphor is rather ominous? Troy would fall to the Greeks, just as Nantah would eventually fall to the demands of a new nation in 1980.

The impact of the images I discussed above is that they were publicly circulated among the Chinese community — creating and reaffirming the dangers Chinese education was in and the necessary steps needed to be taken in order to protect and save it. On the other hand, if these same images were seen by the English educated Chinese elites, the impression would be one of chauvinism. It would not just be the right wing politicians like Lim Yew Hock who felt threatened by such show of supposedly Chinese chauvinism,

[23] Lee Ting Hui, *The Open United Front: The Communist Struggle in Singapore, 1954–1966* (Singapore: South Seas Society, 1996), pp. 161 & 264.

but for the moderate socialists like Lee Kuan Yew, the Secretary-General of the PAP and later, prime minister of Singapore from 1959 to 1990, such energies were viewed as dangerous and must be tempered. Let us not forget that Lee was a member of the All-Party Committee set up in 1954 to review Chinese education[24] and was in agreement with the above-mentioned 1956 *All-Party Report on Chinese Education*. As further evidence, in December 1958, Lee made a speech in the Legislative Assembly, during the second reading of the Nanyang University Ordinance Bill, reminding the people of the significance of Singapore's geopolitical position — a Chinese port city in a Malay sea — which cannot afford to tolerate Chinese chauvinism.[25]

Pictures (and Words) in the *University Tribune* (Organ of the Nanyang University Students' Union)[26]

Given that the PAP still needed the support of the Chinese-educated and the masses in light of the upcoming 1959 general elections, it did not involve itself much with the debates concerning Chinese education and

[24] Gopinathan, "Education," p. 273.

[25] http://www.a2o.com.sg. The website, "Access to Archives Online, Singapore" was developed by the National Archives of Singapore as a one-stop portal site on heritage information. http://www.a2o.com.sg/public/html/abouta2o.jsp (accessed: 26 April 2004). Lee will still describe Singapore as such in his memoirs 40 years later: "We were a Chinese island in a Malay sea. How could we survive in such a hostile environment?" Lee Kuan Yew, *The Singapore Story: Memoirs of Lee Kuan Yew* (Singapore: Times Editions Pte Ltd and The Straits Times Press, 1998), p. 23.

[26] The history of the Nanyang University Students' Union is complicated. The Malaysian Government White Paper on *Communism in the Nanyang University* (Kuala Lumpur: Jabatan Chetak Kerajaan, 1964), published in June 1964 when Singapore was part of Malaysia, stated that the union was formed in 1957 by leaders of the Singapore Chinese Middle Schools Students' Union, proscribed in September 1956, when they entered Nantah. Two months after the white paper was released, the Nanyang University Students' Union was dissolved. In a list supplied by the Internal Security Department of Singapore, the Nanyang University Students' Union was labeled as a "front organization" in the Malayan Communist movement operative in Singapore, 1954–66. Lee Ting Hui, *The Communist Organization in Singapore, 1948–66* (Singapore: Institute of Southeast Asian Studies, 1976), p. 121.

Nantah. But as soon as the PAP came to power in May 1959, Lee Kuan Yew very quickly outlined his expectations and concerns of Nantah being too defensive of Chinese education and culture, especially in light of the Prescott Review Report on the university,[27] released just after the 1959 general elections. The students of Nantah felt the Prescott Review Report was too negative and defended the institution. The August 1959 issue of the English edition of the *University Tribune* highlighted the "Responses From All Circles on Prescott Report" on its front page, soliciting anti-Prescott Report comments from Dr Ho Kuang-Chung, Head of Department of Chinese Language and Literature at the University of Malaya, as well as from *Fajar*, the organ of the University of Malaya's Socialist Club.

Perhaps in response to such display of defensiveness on the part of the students' union, Lee, in a talk held at Nantah on 28 October 1959, reminded the staff and students:

> Let us never forget that Singapore is part of Southeast Asia; that we are in the centre of Malaysian people; that despite the fact that 80% of our population are Chinese we cannot escape from our environment.... If Nanyang (University) becomes a symbol of Chinese excellence and of the supremacy of Chinese scholarship and learning, then verily we will aggravate the position of the overseas Chinese in all other places in Southeast Asia.... If Nanyang (University) were to become symbolized as an outpost in Southeast Asia of Chinese dominance, then we will only have ourselves to blame if we find the position deepened and embittered.[28]

Lee's speech is important as it laid the party line of the new Singapore government. Lee said, "graduates must demonstrate by their words and deeds that they are graduates of a Malayan university which uses the Chinese

27 For more on the Prescott Review Report, see Lee, *Open United Front*, p. 265.

28 http://www.a2o.com.sg (accessed: 26 April 2004).

language as one of the media of instruction, and not graduates of a Chinese university which incidentally also teaches the Malay language."[29] The message was clear, that there would be limits to Chinese education in Singapore, given the fact that it could easily become an expression of chauvinism.

Opinions and images about Chinese education could be found in the Nanyang University Students' Union's organ, the *University Tribune*, which as mentioned, came in three language editions. The English and Malay editions offered translations of articles from the Chinese edition, articles from other university newsletters as well as original essays. The editors of the *University Tribune* made it a point to get their views across to all language streams and judging from the quality of Chinese to English translation, the standard of English of the Nantah undergraduates was of a high level. For example, one can compare the two versions of "On Establishing A Malayan New Culture" by Luk Tsien in the Chinese edition (30 September 1959) and English edition (March 1960) of the *University Tribune* and come to the above conclusion. Thus if one is to examine some of the articles and cartoons found in the three different language editions of the *University Tribune*, one finds the students' views expressed to be sophisticated, non-chauvinistic and pro-Malayan. Lee's fears of Nantah students being lacking in a sense of Malayan identity were unfounded.

In all three editions of the paper, discussions of Malayan culture and consciousness were held. Some examples found in the English edition of the *University Tribune*: "Writers Must Remain Part of The Living Society Around Them" by Fuen Yuen (October 1957), "Malayan Culture and the Recent Book-ban" by Chiu Po (December 1958), "The Culture of Malaya" (November 1959), "Some Thoughts on Malayan Cultural Development" by Jo Fang (November 1960). The argument made in most of these articles was that Malayan culture should be inclusive and not exclusive, and to embrace the best of Chinese, English and Malay cultures.

Such debates were to be found in the cartoons as well. Students' contributions to the *University Tribune*, whether in prose or in caricatures, are

[29] Ibid.

important primary sources in understanding the mindset of the student body of Nantah as well as the debates over what made a Malayan and the role of art in shaping a Malayan society. Figure 5 ("Is This Artistic Creation?") shows that this expression of Malayan consciousness among the Nantah undergraduates was not superficial, as it was not simply a matter of dressing up in traditional Malay clothes that makes the new man. The captions beneath the cartoon reads: "foreign product + local changes = Malayan culture?" The cartoon is saying that more effort and understanding was needed in order to achieve the Malayan ideal. Interestingly, this cartoon appeared on 29 October 1959, just a day after Lee's above-mentioned speech. While the cartoon was definitely drawn way before Lee made his pronouncements, one cannot help but to appreciate the coincidence, as if the cartoon was replying directly to Lee.

However further analysis of the cartoon reveals deeper complexities. The cartoonist seemed to be making fun of the Chinese by using the

Figure 5

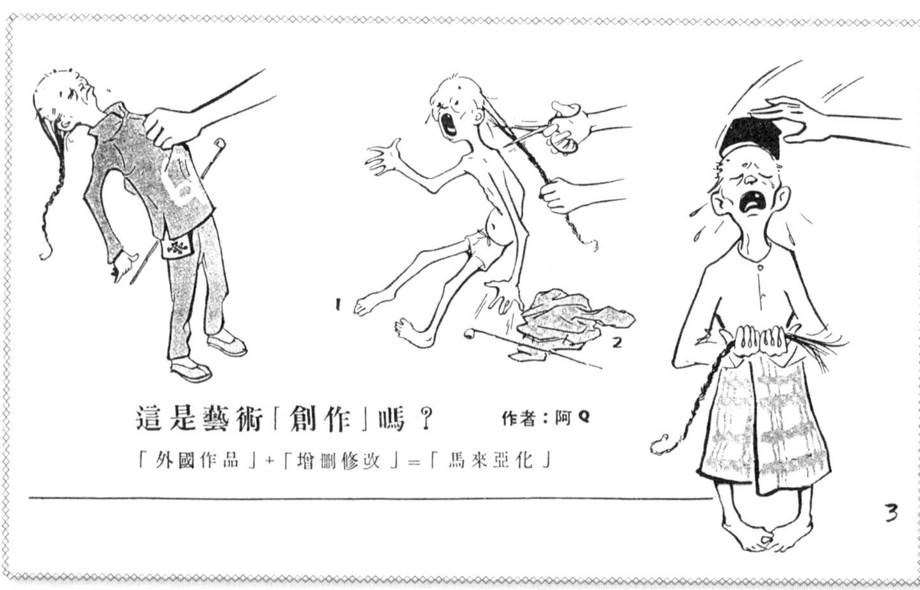

Chinaman stereotype as representation.[30] By 1959, when this cartoon was printed in the 29 October Chinese edition of the *University Tribune*, the 1911 Revolution had happened almost half a century ago and no Chinese wore a queue anymore. In fact, being "Malayanized" was seen as a terrifying experience for the Chinaman, having his queue cut off forcefully and being stripped of his clothes. He looked miserable wearing the traditional Malay clothes and holding his lock of hair, crying. So was the Chinaman being "bullied" by being forced to Malayanize? The cartoon is ambivalent of its "message" at best, and racist if one is to take an unkind view of it. Unlike the printed word which is given the space for a writer to explain and explore his ideas and opinions, a three-panel cartoon could easily be misinterpreted and be misunderstood. These shortcomings of the medium were raised in an article in the next issue of the Chinese edition of the *University Tribune* (November 1959). "Talking about Cartoons" by Zhang Tuan Yang called for more tolerance and better thought out cartoon works to be published in the future.

The above debate shows that there was a diversity of views among the student body in Nantah in the late 1950s. Therefore for one to stereotype the students as Chinese chauvinists would be an unfair portrayal. Recently, the Nanyang University Graduates Christian Fellowship published a book documenting their history and testimonies, which showed another side of Nantah students.[31] They were not anti-West, and some of them were Christians.

---

[30] For more on the Chinaman stereotype and how it was developed in the West, see John Kuo Wei Tchen, *New York before Chinatown: Orientalism and the Shaping of American Culture 1776 – 1882* (Baltimore and London: The John Hopkins University Press, 1999). Interestingly, the pen-name used by the cartoonist, Ah Q, refers to Lu Xun's *Ah Q*, which was an indictment against the feudal Chinese society of the 1920s. Thus cultural reference of the pen-name used was actually to counter the Chinaman stereotype. This further adds to the ambivalence nature of the cartoon.

[31] *Talking about Nantah's Story* (Singapore: Nanyang University Graduates Christian Fellowship, 2004).

Figure 6

One final cartoon from the *University Tribune* in 1960 illustrates my point. "The Fisherman's Policy" (Figure 6) which accompanied the front-page editorial, "On Talib's Report" in the November 1960 English edition, was a commentary on the detrimental effects of favouring English as the main language of teaching and communication, as recommended by the Talib Report of the Education Review Committee in the Federation of Malaya.[32] It would not just be the Chinese medium education that would

[32] The report was named after the then Education Minister of Malaya, Abdul Rahman Talib. The proposal of the report states: "For the sake of national unity…to eliminate communal secondary schools for the national system of assisted schools and to ensure that pupils of all races shall attend both national and national-type secondary schools." See *National Education After 44 Years*, www.johorebar.org.my (accessed: 11 October 2005).

be affected but the Malay medium education as well.[33] The fact that the students' union paid so much attention to the educational policy changes in Malaya showed that they were concerned and committed to a Malayan future for Singapore, even when the latter was not a part of Malaya yet.

However, the reality was that such visual commentaries of Chinese education in Singapore and the peninsula did not endear Chinese education and its supporters to the authorities. As we now know from his memoirs, by 1960, Lee had "made a mental note to deal with Tan (Lark Sye, chairman of the Nanyang University Council) at a later date" for going against the PAP.[34] Lee was also displeased with the Nanyang University Students' Union and the *University Tribune*'s demand for "unconditional" financial aid for the university. Lee wrote, "We were not amused, but did not say so."[35] The writing was on the wall — the honeymoon period between the new PAP government and the supporters of Chinese education in Singapore was soon to be over.[36]

---

[33] The editors of the *University Tribune* had constantly advocated the study of the Malay language in Nantah ("The Malay Course At Nanyang" in the December 1958 English edition) and as early as 1960, Ma Tak has written of "The Need of a Department of Malay Studies in Nantah" (November 1960 of the English edition), one of the recommendations Wang Gungwu made in his 1965 report on Nantah. The university authorities only set up a Malay Studies Department in 1968.

[34] Lee, *Singapore Story*, p. 332.

[35] Ibid., p. 346. To cut to the chase, the *University Tribune* and the Nayang University Students' Union were dealt with in 1963 and 1964 respectively. By the end of 1963, all three editions of the *University Tribune* were shut down when its printing license was suspended. As mentioned earlier, on 13 August 1964, the students' union was dissolved by the university authorities. Kee and Choi, *Pictorial History of Nantah*, p. 31.

[36] Opening shots were already exchanged between *Petir*, the PAP organ, and the *University Tribune* in early 1960. The 28 March 1960 issue of *Petir* accused Nantah students of being Chinese chauvinists and the *University Tribune* (Chinese edition) replied strongly in its 25 April 1960 issue. The latter, "Tantan 'Shawen zhuyi yu zisha' " (Discussing 'Chauvinism and Suicide' ") was reprinted in Li Yelin (ed.), *Nanyang Daxue zouguo de lishi daolu: Nanda cong chuangban dao bei guanbi zhongyao wenxian xuanbian* (Selected Historical Sources of Nanyang University 1953–1980) (Petaling Jaya: Nanyang University Alumni Association of Malaya, 2002), pp. 275–279.

Conclusion

By 1961, the political landscape shifted once more. The departure of left wing leaders like Lim Chin Siong and Fong Swee Suan from the PAP to form the Barisan Sosialis[37] marked another turning point for the history of Chinese education in Singapore as this event further radicalized and polarized Chinese education. That year also saw the introduction of the English 6-4 system in Chinese schools, which led to a new round of Chinese students' boycott of classes and examinations.[38]

A few conclusions could be drawn. Firstly, although the Chinese educated artists and cartoonists were, to a large extent, justified in being defensive about Chinese education and culture (given the ill treatment Chinese education received from the British and the Lim Yew Hock government) in their works, the sad fact is that such cartoons and woodblock prints would inevitably be perceived to be bordering on the xenophobic by the non Chinese-educated. Secondly, the cartoonists were concerned with the idea of constructing a multicultural Malayan identity. As shown in Figure 5, there was a conscious effort to Malayanize local culture beyond mere transplanting of dress codes and changing of physical appearances. Charges of chauvinism do not stand when we looked at these selected cartoons and woodblock prints. One can possibly argue that such accusations were a way for the authorities to diminish the influence of Chinese students in society if they were to go against the government, which was what happened from 1961 onwards.[39]

---

[37] For the context of this, see Drysdale, *Singapore: Struggle for Success*, Chapter 24: "Betrayal: The Moment of Truth," pp. 272–282.

[38] Gopinathan, "Education," p. 274; Lee, *Singapore Story*, pp. 408–409. Dennis Bloodworth, *The Tiger and the Trojan Horse* (Singapore: Times Books International, 1986), pp. 253–254.

[39] Chauvinism (or the charge of it) remains a card to be used in the battle of political wills 36 years later in 1997 when Workers' Party candidate Tang Liang Hong ran on the ticket of Chinese language and culture in the general elections. PAP accused Tang of being an "extremist" in its propaganda pamphlets.

While Singapore has moved on and a Chinese-medium education is a thing of the past, the issue of Chinese education is still a hot topic across the causeway in Malaysia — the Chinese primary schools are lobbying against the recent use of English to teach science and mathematics.[40] In Singapore, most like Jack Neo have accepted that the era has passed. What is important is how that past is being represented and expressed. In some cases, the portrayal of Chinese schools and students in the 1950s is still rather one-dimensional.[41] This is where looking at other types of print sources will be useful. As I have shown, the views expressed in the cartoons and woodblock prints about Chinese education in Singapore from 1955 to 1961 are complex and sophisticated. They are a rich source of history for researchers looking for an added dimension to the Singapore story in the 1950s and 1960s.

---

[40] "Chinese Schools Lobby against Teaching in English," *The Straits Times* (Singapore), 13 October 2005.

[41] For example, Maribeth Erb describes Nantah students of the 1950s as "not (oriented) towards a Malayanized world-view, but towards a Chinese one." She wrote, "(This) was seen to a large extent by those who were English-educated to be an impediment to the progress of developing a Singaporean identity. Indeed Chinese education at that time was, increasingly, becoming a rallying point for not only anticolonial feelings, but also highly inflammatory communist and Chinese chauvinist sentiments." As I have shown, Nantah students did possess a Malayan consciousness and charges of chauvinism do not stick. Maribeth Erb, "Moulding a Nation: Education in Early Singapore," in Chan Kwok Bun and Tong Chee Kiong (ed.), *Past Times: A Social History of Singapore* (Singapore: Times Editions, 2003), p. 30.

向永恒拷问
南洋大学的文化符号

游俊豪

假若论及新加坡有什么国家表征，除了其专属的国旗、国徽、国花万代兰和国兽狮子之外，大家可能还会不期然想到一度乔迁的鱼尾狮和新近落成的滨海艺术中心。鱼尾狮反映了新加坡要发展热情迎宾旅游文化的决心，而滨海艺术中心则显示企图成为艺术与文化枢纽的计划。两者的建筑风格与文化目标也许偶尔会引起民众讨论，但在拥有国家机关的资助与管理情况底下，它们的地位与维修倒也稳健十足。然则，曾经在新加坡岛内西部一隅建立起来的南洋大学，其经历过的轨迹却是异常颠簸而波折的，其形成的文化符号曾经激荡起族群论述与国家论述之间的冲突及磨合，至今仍未完全了断。甚至，后来在其原址开启发展计划的南洋理工大学是否就是南洋大学延续的疑问，今时今日有关各方仍然热烈讨论。从各种角度尝试诠释、解读作为教育机构的南洋大学与南洋理工大学的文化意涵，仍然未有定论。

为了方便讨论，本文会在某些地方将南洋大学简称为旧南大，而南洋理工大学为新南大。到底何谓新南大、何谓新南大的旧继承与新方向等问题，随后的部分将会讨论。这里首先要点明的背景是：南洋大学于1950年代在新加坡是作为中国以外唯一华文大专学府而创立的，是东南亚华人社会中族群动员下的成果。1980年，它与新加坡大学合并为新加坡国立大学，部分师生与物资迁入位于新加坡中南部的肯特岗校园。1981年，在旧南大原址裕廊校园成立了南洋理工学院，然后于1991年发展成为南洋理工大学，也就是所谓的新南大。从旧南大到新南大，我们看到了两股不同的力量在较劲。一种力量因为爱护旧南大心切而认为凡事必须回到发展华文教育的宗旨，而将发扬中华文化看待为终极目标。另一种力量则基于国家需要而要求新旧南大发展得更有在地社会价值，认为大学教育和文化内容是可以更新求进的。这使得新旧南大的发展成为新加坡华人族群历史的缩影。事实上，在世界各地的华人族裔里，乃至于其他移民群体内，这两种力量从来就不曾缺席，而是不断在互相激荡着和演进着。这也就是社会学探讨群体认同课题的时候所归纳的文化本质论（essentialism）和文化建构论（constructionalism）。[1] 前者认为文化本质先行于一切，群体认同与属性是由生物特质或坚韧的社会势力所决定的，因此群体文化及其他有关族群的种种构成都是不能够、不应该轻易改变的。后者则认为群体文化是在社会发展过程当中建立起来的，所以不是永久固定的，而是可以更易、改造的。

本文就以文化本质论和文化建构论作为理论架构，论析有关旧南大和新南大的文化符号问题。新旧南大之间的发展，引发和衍生了许多有关华族文化与国家教育的议题，所牵涉的部分人士与物件在时间流转里成为别具意义的典型、刻板印象或象征。即使现在距离1980年与新加坡大学的合并已经超过20年，有关南洋大学的文化象征与符号仍然流传在华人社会里，有的被经典化，有的产生变化。本文追踪有关南大物体与空间的符号变化，论述由小到大，从

[1] 群体的定义有多种，除了种族与族裔之外，指涉的还包括男性、女性、异性恋和同性恋等。集中于族群性的讨论，见 F. Anthias and N. Yuval-Davis, *Racialized Boundaries: Race, Nation, Gender, Colour and Class in Anti-racist Struggle* (London: Routledge, 1992); John Lie, "From International Migration to Transnational Diaspora," *Contemporary Sociology*, 24(4) (1995): 303–306; John Stone, "New Paradigm for Old?: Ethnic and Racial Studies on the Eve of the Millennium," *Ethnic and Racial Studies*, 32(1) (1998): 1–20.

建筑物体为开始，而以校园场域结束。[2] 首先，本文将以旧南大的牌坊与行政楼两个建筑物体的经历与处境展开论述，论析文化本质论和文化建构论如何对这两个具体物件引发不同的诠释。接着，本文将焦点扩大，放在裕廊校园这个场域，涵盖在同一校址轮替出现的南洋大学、南洋理工学院和南洋理工大学三所学府，探讨它们各别所呈现的文化符号之间的嬗变。

南大牌坊：从守望神到孤魂野鬼

旧南大的牌坊、纪念碑、行政大楼在1998年被新加坡政府指定为国家历史古迹。[3] 有者认为南大牌坊象征了“华人族群发展华文教育的决心、热忱与努力。”[4] 但是发生在牌坊身上的事故其实并没那么简单，其符号所折射出来的历史光谱也是多层而复杂的。应该说，作为一个文化符号，南大牌坊的经历反映了华文教育曾经受到华人族群的高度拥戴仰望，而后却因各种因素而被排除在经济发展与国家体系之外。南大牌坊与南洋大学校园的建构工程同步展开。牌坊于1954年开始施工，1955年建竣，上面铭刻“1955南洋大学”等大字。其构造设计是典型的中国牌坊风格，在新加坡多元种族的环境里独树一帜，特别引人注目。直到1980年旧南大历史完结之前，牌坊每年迎来许多华文源流学生入学就读，每年又送出许多毕业生投入到不同的国家与社会里工作。由于城市发展的需要，旧

[2] 有关场域(site)与政治空间的概念，本文与Hilda Kuper的看法一致。Kuper认为场域是“一个特定的社会空间，一个在社会结构与意识形态方面与他处划分界线的地方”，并指出场域是一个不同价值观念被浓缩、社会关系被约束的地方。见Hilda Kuper, “The Language of Sites in the Politics of Space,” *American Anthropologist,* 74 (3) (June 1972), p. 420.

[3] 纪宝坤、崔贵强《南洋大学历史图片集》（新加坡：华裔馆，2000），封底。

[4] Eileen Tan, “A Everlasting Spirit,” *@NTU* (50th Anniversary Commemorative Issue) (October 2005), pp. 33–34.

南大校园在1986年重新划分，一部分土地被征用来建立政府组屋，校门迁移至巴哈路作为南洋理工学院的入口。[5] 这反映了政府在国家建设与城市规划的深刻参与。[6] 政府机器的笔尺和经济发展的巨轮划过旧南大的版图，坐落在裕廊西93街的南大牌坊突然之间已经不在校园范围内，变得前面是高速公路，后面是私人住宅，而与南大校园隔绝了。

南大牌坊的象征至少经历过两层变化。用文学修辞来描述，南大牌坊开始的时候是一位教育守望神，后来变成一个国家系统外的孤魂野鬼。说它曾经是一位守望神，是因为它见证了旧南大一万多名学生的入学与毕业，看护了1955年至1980年那一代华文源流学生的理想与忧伤，在旧南大毕业生心里留下永恒的铭刻，甚至多年以后仍然召唤当年的激情与温暖。这可以在南大生的回忆文字里找到烙印。南洋大学工商管理系第八届毕业生许万忠在其文集《回忆云南园》如此书写："当年，要经过庄严的南大牌楼，才可以进入南洋路。牌楼上面，在'1955'底下，是令人热血沸腾的'南洋大学'四个大字。"[7] 2003年牌坊是否应该迁回南大的讨论当中，南洋大学第14届毕业生彭丽儿的文章流露了这样的一个讯息：当年南大学子仰望牌坊的心情就像在仰望一位守候他们的长者。她说："第一次站在

---

[5] "New Arch Marks Entrance to NTU," *The Straits Times* (Singapore), 18 May 1995.

[6] 事实上，战后新加坡的地理空间发展，多处都有政府指导规划的深刻痕迹，导致族群聚落的消失、多元种族群居在一起的政府组屋社区的冒起和商业与购物区的形成。见Ho Kong Chong, "From Port City to City-State: Forces Shaping Singapore's Built Environment," in Won Bae Kim, Mike Douglass, Sang-Chuel Choe and Kong Chong Ho (eds.), *Culture and the City in East Asia* (Oxford: Clarendon Press, 1997), pp. 217–221.

有关新加坡华人社区的地理与社会研究，见Cheng Lim-keak, *Social Change and the Chinese in Singapore: A Socio-Economic Geography with Special Reference to Bang Structure* (Singapore: Singapore University Press, 1985).

[7] 许万忠〈重游云南园〉，《回忆云南园》（马六甲：马六甲南洋大学校友会，1991），页152。

高大雄伟的南大牌坊底下，我抬头望了望，'南洋大学'四个字庄严肃穆地高高挂在牌坊上。南洋大学是前辈先贤不畏艰苦，在布满荆棘的土地上为我们开辟出来的校园。我现在就站在她的牌坊底下，在她亲切地俯视下，走进南大，开始我四年难忘的大学生活。"[8]

说到孤魂野鬼的意象，这是许多旧南大生对1986年后南大牌坊的形容与感觉。前面提及的2003年南大牌坊讨论，其缘起是南洋大学第14届毕业生陈瑞献在该年接受南洋理工大学颁发名誉文学博士荣衔。[9] 陈氏以南大第一位毕业生身份获得该荣衔后，提出五个建议：（一）恢复南大创办人陈六使先生的身份与尊严；（二）把旧南大牌坊迁到新校门；（三）重办南大的旗舰学系中文系；（四）恢复南大的人文风气；（五）复名为南洋大学。有关牌坊迁移的建议，陈氏的理由是："只有这样，这个牌坊才会垂立永久。以忠于历史的理由，让牌坊继续像孤魂野鬼那样，弃之荒郊，才是不顾历史，不爱护文物的做法。"[10] 建议的提出随后立刻在华人群体里引发讨论，为牌坊如孤魂野鬼的处境而感伤的情绪可以见诸报端。例如，1974年南大毕业的林凤英写道："看到这被人遗弃在这角落，孤单站在这小方圆的牌坊，我的眼泪掉了下来。她是那么无奈、那么无助的站在那儿，面对着面前的一条公路，经过的人匆匆一眼，不知内情的人会当她就如荒野路边，一座没有后人祭拜，没名没份的坟墓，知内情的人只能为她的沦落命运感到伤悲。"[11]

不管是否在裕廊校园内，旧南大牌坊的分量在华文源流群体的心目中从来就不曾动摇。1981年，南洋理工学院成立，牌坊的中文

---

[8] 彭丽儿〈南大牌坊的回校之路〉，《联合早报》（新加坡），2003年8月14日。

[9] 该奖项的颁发是为了要肯定陈氏多年在人文、艺术和文学方面的贡献。〈陈瑞献获颁南大名誉博士荣衔〉，《联合早报》（新加坡），2003年9月9日。

[10] 〈母亲在云端微笑——陈瑞献专访〉，《联合早报》（新加坡），2003年8月12日。

[11] 林凤英〈全看你了，徐校长〉，《联合早报》（新加坡），2003年8月19日。

字体被撤掉，换上标明新学院的英文字体。后来校地重新划分，英文校名也被换下，甚至招标欲要销毁牌坊，耐人寻思的是竟然无人问津。[12] 无人接受招标的原因并没有具体地公开出来，有的猜测是因为出自部分社会人士爱护旧南大的心理。1995年，在华裔馆（也就是前南大行政楼）的前面竖立了一个仿造旧南大牌坊的新牌坊。[13] 然而，就以华文教育符号来说，新旧牌坊之间的差异实有天渊之别。旧的牌坊是华文源流群体认同的物体，新的牌坊却没有获得多大的承认。甚至，后来在谈到搬迁旧牌坊的问题上，有人就借用了来自《西游记》故事里的譬喻，形容这两者的分别是“真假西天两牌坊”。[14]

值得注意的是有关搬迁牌坊讨论的时间背景。那是2003年8月至10月所引发的议论。那年的1月1日，华文源流出身的徐冠林教授出任南洋理工大学校长。[15] 他掌管新南大的校政，马上获得社会上受华文教育群体的拥戴与期待，并希冀2005年南洋理工大学可以复名为南洋大学。陈瑞献提出的五个建议当中，其中一个就有提到复名的问题，而迁移旧南大牌坊到新校门的建议是为了要“真正把新旧南大的历史衔接起来，让一座历史建筑重新发出生命力，世世代代感召着莘莘学子们。”显然，陈氏的论点是依据或符合文化建构论的思维逻辑的。他认为旧南大1980年覆灭之后，其元素、精神和遗产可以在复名之后以另一种形式获得某个程度的复生与发展：“我（陈氏）曾经说过：‘南大是我的母亲，她已经死了。’这是不争的史实。如果只是把“理工”两字去掉，来表示这是同一家大学，那毫无意义。但是，如果新南大由于地缘，乃至血缘的关系要跟旧

---

12 贾南大〈此南大非彼南大〉，《南洋商报》（新加坡），2002年10月20日。

13 “New Arch Marks Entrance to NTU,” *The Straits Times* (Singapore), 18 May 1995.

14 陈声桂〈真假西天两牌坊〉，《联合早报》（新加坡），2003年8月16日。

15 〈徐冠林出任南大校长〉，《联合早报》（新加坡），2002年9月11日。

南大的历史汇源，这不但可行，而且可喜。”他认为，该五项建议可以具体实现重续旧南大的精神与文化，一旦五项建议落实之后，“旧南大同学会擦干眼泪，看到他们的母亲在云端微笑。”[16]

陈瑞献有关迁移南大牌坊的建议，立刻在新加坡华人源流群体里一石激起千层浪。赞成牌坊迁往新校门的声音多于反对的声音。虽然立场与理由相反，两种声音见诸报端化成文字后都洋溢着对旧南大的缅怀与追忆之情。反对的声音近似文化本质论，认为旧南大的伤痕历史既已造成就不要修改，让受伤过的南大文化在现实里保留痂疤，让历史真相永存昭示世人。南大毕业生陈声桂说：“南大牌坊不可搬！你搬它，即是拆它！请想想看，连工人都不忍心把它拆掉，让它可以苟延残喘至今，我们作为它哺育下的儿女，怎么可以把它铲平？中外哪座名山名刹的山门是可以搬的？”[17] 周智敏认为“忠于历史，就是重视原汁原味”，说：“最不含糊、有智慧和实际意义的，就是让牌坊留在原地。”[18]

而支持南大牌坊搬迁的声音则属于文化建构论。他们认为牌坊迁往新南大是一个深具象征意义的举动，是对旧南大另一种新形势的回归，能够发挥重构复续旧南大精神的能量。就如南洋大学第19届毕业生郑英豪所说：“对旧南大生而言，让象征旧南大的牌坊重新站立在新南大的正门，恢复它应有的尊严，意义尤其重大。也只有这样，这所在旧址上建立起来的新南大，才能让旧南大生找回心灵的故乡。”在热烈讨论南大复名问题的背景下，郑氏认为陈瑞献提出搬迁牌坊和其他四个建议，都是“衔接新旧南大的重要门径”，“已经消灭的南大的薪火，即将有所延续。而这段令人难以

---

16 〈母亲在云端微笑——陈瑞献专访〉。

17 陈声桂〈真假西天两牌坊〉。

18 周智敏〈南大牌坊位置的商榷〉，《联合早报》（新加坡），2003年9月5日。

释怀的历史，也将朝一个新的方向推展。”[19] 他还说：“旧南大校友都希望南大牌坊能树立在新南大正门，承接另一段历史使命。”[20]

在认为南大历史可以重构的人们眼中，旧南大牌坊的迁移可以“将割裂的历史衔接起来”，[21] 使得“新旧南大的历史合而为一”。[22] 当年牌坊曾经守候过许多学子入学与毕业，如今他们回来关心落得孤单冷清的牌坊，希冀牌坊能够迁到新校门，而在新的站岗点上重新守望旧南大精神的重燃。这种盼望，恰恰就是华文源流群体对受挫过的华文教育有所焦虑、有所期许的心情写照。然而，南大牌坊搬迁的问题到现在还是一个悬念，牌坊符号还没有从孤魂野鬼转变回守望神。

行政楼与华裔馆：一栋建筑，不同角色

旧南大的行政楼与前述的牌坊于1998年同列为国家历史古迹。牌坊因为土地发展的重新规划而与南大校园隔离，行政楼却从以前到现在都留在校园范围内。虽然如此，旧南大行政楼在个别时段里扮演了不同的角色。同一栋建筑展示了不同的时代意义，其符号在变化着，象征意义也跟着产生变更。这座建筑物在1950年代落成，红砖绿瓦，设计参照的是中国古典的模式。它由马来西亚华人富商林连登捐赠50万元而建成，背后所代表的含义是华人社会领导人支持华文教育的热心与传统。[23] 它也曾经是为南大师生提供精神粮食的

---

[19] 郑英豪〈旧南大牌坊的象征意义〉，《联合早报》（新加坡），2003年8月14日。

[20] 郑英豪〈不废江河万古流——再谈南大牌坊〉，《联合早报》（新加坡），2003年8月20日。

[21] 刘秀天、王昭英〈南大牌坊——新旧南大的一道桥梁〉，《联合早报》（新加坡），2003年8月19日。

[22] 潘义武〈南大牌坊应移到新校门〉，《联合早报》（新加坡），2005年10月2日。

[23] 纪宝坤、崔贵强《南洋大学历史图片集》，页61。

图书馆。南洋大学首任校长林语堂于1954年从美国过来上任后，曾经批评该图书馆大而无当。[24] 然而，这座建筑也曾经作为南洋大学的行政楼，成为统辖监管这中国以外唯一一所中文大学的核心。在华文源流群体心目中，如果南洋大学是华文教育的重镇，行政楼更可以说是重镇的中心。行政楼作为华文教育堡垒的象征，常常在许多有关旧南大的文学、雕刻和漫画作品里有所描述、再现。[25]

1980年后，裕廊校园变成南洋理工学院、而后南洋理工大学的变化过程当中，当校园里其他角落的新楼与旧楼普遍采用英文来教学与研究，行政楼虽然已经不再作为学府行政办公之用，但还能维持为一座使用华文的大楼。现在该楼里有以提升海外华人研究为宗旨的华裔馆，也有使用华文教学与研究的南洋理工大学的中华语言中心文化及中文系。[26] 一方面，这象征了华文从整个校园退守到一座建筑的变易。[27] 另一方面，这也说明华文因为具有特定的实用价值而站稳一席之地。这恰恰就是新加坡发展的缩影：在由外资与国际商业驱动的经济成长当中，英语含金量高而在社会里大为昌行，华文教育长时间受挫而只能在特定的领域范围内发挥功能，期待着中国经济崛起所造成的学习华文热潮能真正席卷新加坡，让华文突

[24] 利亮时博士论文：〈陈六使与南洋大学：筚路蓝缕的办学之路（1950–1964）〉（新加坡：南洋理工大学中华语言文化中心，2004），第4章〈陈六使与林语堂的冲突〉，页92。

[25] 有关旧南大行政楼在版画和漫画里的意象及隐喻，见Lim Cheng Tju, "'Let us never forget…': Cartoons and Woodcuts about Nantah and Chinese Education in the 1950s and 1960s," "国家疆界与文化图像国际学术会议"（新加坡：南洋理工大学中华语言文化中心，2004年6月23日至25日）。该文修改后收录于本书，题目为："Cartoons and Woodblock Prints about Chinese Education in Singapore, 1955–1961."

[26] 中华语言文化中心和中文系，可以放在南洋理工大学的沿革脉络来分析。本文只集中讨论华裔馆及其建筑文本所展现的符号和意旨。

[27] 同在一个校园使用华文教学的还有新加坡南洋理工大学国立教育学院中文系和孔子学院。这两个单位并不设在华裔馆，建制系统也各有特色，应当另开文章深论。

围构成大环境里的重要流行语。也就是因为行政楼曾经是华文教育重镇的中心，构成了华文源流群体的认同，所以后来楼内改为容纳华裔馆和南洋理工大学的中华语言文化中心、中文系，一般民众都认为理所当然。如果大楼彻底改头换面，作为其他跟华族毫无关系的用途，所引发的情绪及反应可能就会迥然不同。

1995年设立的华裔馆多年来推动有关海外华人研究的出版，也有主办相关的展览活动，其宗旨是为了要增进人们对世界各地华人的认识。华裔馆每年都吸引不少的学者前来交流，也迎来许多学生与公众人士参观。值得注意的是，华裔馆主办的一些活动场合里，都有着新加坡政府官员的参与。就像在新加坡其他族群文化的发展与规划一样，政府官员在华裔馆的活动当中都对华人族群文化与历史掌握高度的诠释权。他们的谈话最近有碰触到中国崛起这样的新命题，但历来不变、重复强调的论点是华人族群问题应当放在新加坡多元种族、全球多元文化的语境中看待。他们追随文化建构论的逻辑，认为华族文化可以在国家建构当中进行修正，在国家利益和全球化冲击的大前提下，必须有所删减，同时也必须有所增添。

1995年5月16日举行的华裔馆落成典礼上，当时的新加坡卫生部部长兼新闻及艺术部长杨荣文致开幕词时，就开宗明义的说：“我们华人文化是得自于祖先的珍贵遗产。我们应该保持其正面特质，并在这些特质的基础上谋求发展。”杨部长认为“华裔馆应该就建立在旧南大行政楼，因为这具有正确的象征意义”，而“南大历史反映了这个（20）世纪中国以外的华人历史。”值得注意的是，他强调旧南大的历史发展同时拥有正面和负面的元素。根据他的诠释，正面元素是“无论在何种艰难时刻里都无所畏惧、百折不饶的南大精神”，而负面元素则是1950至1960年代“很多华人都无法在处理华人性的命题时将政治理念清楚地与文化理念区分开来”。他提出：“在如何概念化华裔馆的问题上，重要的是我们要将现代中国的政治理念和成为华人的文化理念划分。”[28] 政治中国和文化华人之间的纠葛关系，以及两者之间划分的必要，其实就是二战以后新加坡乃至整个东南亚的华人从华侨到公民的过渡期间的重要特征，激荡着政治上的矛盾与政治，也牵涉到族群文化的重新构建、重新组合，政府机制与族裔群体都在各自探索而又彼此互动着。到了1990年代，在诸多像华裔馆落成典礼这类的场合上，政府官员仍然不断提醒：华人族群文化在多元种族语境里必须恒常达至安全性的构建。对于政府和华人族群来说，这是永恒的命题。在永恒的命题当中，却又牵涉到经常变动的权衡习题，胥视国内的政治条件与国际的大环境而作出调适。

2005年，华裔馆庆祝成立十周年，同时也在建筑翻新后举行主题为“何谓海外华人？”的图片展览。新加坡内阁资政李光耀受邀出席华裔馆为庆祝成立十周年而举行的筹款晚宴。[29] 李光耀发表演讲时，认为华裔馆“应该记录和评析中国国内华人(Chinese)与海外华人离散族裔所经历的变化”，因为“这可以记载，也可以启迪”。在愈加明显的中国强大崛起的背景下，在海外华人已然经历深刻变化的语境当中，李光耀提到中华文化作出更改、调适的必要性：

> 有关过往的认识，将会帮助海外华裔观察中国国内的华人如何在改变、调整和调适他们自己的传统与习俗。中国现在的领导人必须在他们的传统、价值系统、风俗和习惯当中决定哪些应该保留、哪些应该扬弃。海外华人可以

---

28 “Speech by George Yeo, Minister for Health and Minister for Information and the Arts at the Opening of the Chinese Heritage Centre on Wednesday, 17 May 1995 at 4.00 pm” (Singapore: Ministry of Information and the Arts).

29 〈李光耀：海外华人须加强联系，维持华人社会对中国价值〉，《联合早报》（新加坡），2005年7月24日。

学习传统的华人价值与习惯如何在中国得到改进和调整，以便在未来也有实用性。[30]

显然，政府对华裔馆的要求是建立在文化建构论上，而不是立足在文化本质论的基础上。事隔十年，回到华裔馆主持《何谓海外华人？》图片展览开幕仪式的杨荣文已经改为担任新加坡外交部长。[31] 他仍然坚持华人文化需要不断建构。在演讲的时候，他将文化比喻为电脑软件，说：

中国自己，全世界华人，以及现存的重要强国都需要拥有极大的智慧来调整、适应一个正在变得更为强大、更为繁荣的中国。回到资讯科技的语言，我们必须要编写新的软件，以便21世纪的中文 (Chinese) 运作系统可以顺利地整合在全球运作系统里。我希望展览会可以指引我们向前迈进。[32]

可以说，华裔馆的文化符号是开放式的。作为海外华人研究机构，它开放给学者和民众，让他们前来获取它所典藏的讯息与资料。另一面，它也不断迎来政府官员的出席。政府官员在开放的文化系统里，主动传达文化建构论的讯息，尝试掌握文化的诠释权。

30 "Speech by Minister Mentor Lee Kuan Yew at the Chinese Heritage's 10th Anniversary Fundraising Dinner on Friday, 22 July 2005, at 7.30 pm at the Ballroom, Orchard Hotel" (Singapore: Singapore Government Press Release, Media Relations Division, Ministry of Information, Communications and the Arts).

31 曾昭鹏、曾坤顺〈杨荣文：辨识文化身份及政治认同新加坡华人已相当成功〉，《联合早报》（新加坡），2005年7月23日。

32 "Speech by George Yeo, Minister for Foreign Affairs, at the Opening of Exhibition 'Chinese, more or less' on 22 Jul 2005 at 12.15 pm" (Singapore: Singapore Government Press Release, Media Relations Division, Ministry of Information, Communications and the Arts).

裕廊校园：二道轮回

先前论及的牌坊与行政楼，由于跟旧南大有着历史渊源，所以虽然其文化符号经历多层变化，他们仍然具有一定能量，常常在特定的时候释放出来，招引华人族群与政府机关的诠释及重新诠释。这一部分要谈的是比牌坊和行政楼规模更大的场地与符号，也就是裕廊校园。这块地皮于1953年由陈六使以福建会馆主席的身份宣布捐出，作为南洋大学校园之用，当年总面积为500英亩。[33] 前述已经提及，旧南大校园因为政府规划而释出部分土地，使得牌坊流落外头，行政楼则因为机制更替而变成现在的华裔馆。这块裕廊校园见证了南洋大学的建立与关闭，也经历了由南洋理工学院到南洋理工大学的过渡。然而，无论变化如何，情牵旧南大的人们喜欢称谓这里为云南园。很多有关旧南大的记忆文字总会提起云南园，追忆这里发生过的事情和出现过的人物，蔚然成为一种特殊的可以命名为云南园文学的作品，一种集体记忆。

事实上，裕廊校园到现在为止还是记忆场域（site of memory）。此外，它在某个历史时段里曾经是抗拒场域（site of resistance）。[34] 它是记忆场域，因为它承载了这里发生过的历史，而这种会释发能量、刺激思绪的记忆，当然不仅仅属于南洋大学，也是南洋理工学院和南洋理工大学所拥有的。至2005年为止，裕廊校园总共送出10万名毕业生，当中有11000名毕业自南洋大学，6000名自南洋理工学院，8万名则自南洋理工大学。[35] 然而，有关校园的集体记忆与情

[33] 王如明编《呵这五十年：南洋大学创办五十周年纪念（1955–2005）》（新加坡：新加坡南洋大学毕业生协会，2005），页30。

[34] 抵抗场域的概念，就如Peter Jackson研究显示，有助于分析政府与民众在权力构图里的互动关系。见Peter Jackson, "Urban Ethnography," *Progress in Human Geography*, 10 (1985): 157–176.

[35] 李显龙〈整个社会都应有南大精神〉，《联合早报》（新加坡），2005年8月30日。

感在旧南大毕业生当中尤为强烈，华文源流群体内非旧南大生也有某种程度的印记及影响。即便是政府人员对这场域也有着特殊而复杂的记忆，所以一些与华人文化、教育、当今南洋理工大学有关的谈话中，都有提及旧南大的历史与精神。当然，很多时候政府与华人族群对旧南大的要求与诠释不尽相同，因此这个校园同时也是抵抗场域。当政府提出完全整合进入国家系统的要求太过急迫，而尚在摸索、求取改进的旧南大速度赶不上去，校园就会在压力下形成抵抗及反弹的场域，爱护旧南大者使用的语言就回到文化本质论，而偏离文化建构论。

南洋理工大学于2005年出版了英文《50周年纪念特刊》，其中有段文字使用三道轮回（three incarnations）这个词汇比喻陆续交替出现的三所学校——南洋大学、南洋理工学院和南洋理工大学。[36] 显然，这是根据学校编制与行政而作出的划分。寥寥数语虽然借用了宗教禅理的术语，可是没有进一步的解释。本文想指出的是，站在文化变迁与发展的角度来看，作为文化符号的裕廊校园，其实只经历过两道轮回。第一道轮回是旧南大时代，具体的时间从1953年校地的捐赠开始，而以1980年南洋大学和新加坡大学合并为结束。第二道轮回则滥觞于1981年，一直衍展到现今还未告一段落，牵涉到南洋理工学院到南洋理工大学的过渡，以及复名问题的议而未决。两道轮回所涵盖的历史资源丰富，可供挖掘之处极多，可供探讨之线索极为繁杂。为了避免分散焦点，本章节就扣住主题，以跟题旨有重要关系的文化本质论和文化建构论等概念，并以记忆场域和抵抗场域等象征，展开论述。

第一道轮回里，裕廊校园充斥着文化本质论与文化建构论的争辩与对峙。南洋大学创办的宗旨有四个：（一）为华文中学毕业生

---

[36] "Yunnan Garden — Seat of Learning," *@NTU* (50th Anniversary Commemorative Issue)(October 2005), p. 5.

提供深造机会；（二）为华文中学培养师资；（三）为马来亚（含新加坡）造就专门人才；（四）适应马来亚人口的教育需要，所宣布的特别任务有两个：（一）沟通东西文化；（二）发展马来亚文化，[37] 既照顾到华文教育体系的完整性，也认同在多元文化语境底下教育机构需要在文化领域里有所建构。然而，这段期间是一个政治与经济产生急剧而深刻变化的时代。新加坡从殖民地变成马来西亚的一部分，然后又脱离马来西亚成为独立国家。猝然而至的主权获得之后，在建国过程当中，新加坡政府面对共产主义分子的威胁的同时，不但必须取得种族间的平衡，而且也要处理经济转型带来的挑战。这需要国民教育的配合，以便确保全民忠诚与种族和谐，以及栽培人才投入以英文为通用语的经济发展当中。因此，政府要求包括南洋大学在内的教育机构符合国家利益、顺应经济发展。[38] 在华人身份从中国侨民转变到当地公民的挣扎过程，在国家建构与族群文化尚在摸索、发展当中，缺乏资源的南洋大学的改进速度跟不上时代的潮流。

不能说，南洋大学就是文化本质论的奉行者，或者是当时的流行用语所谓的中文沙文主义者。文化建构的初步尝试与努力，清楚地显示在南洋大学所实施的一些课程、研究和体制沿革上。应该说，当国家概念与国民责任迅速从中国转移至新加坡，当英文昌行于工作职场和政府部门、中文边缘化于权力与价值体系之外，华文

[37] 王如明编《呵这五十年》，页32–33。

[38] 由于殖民时代教育系统按不同语文源流而各别独立运作，源自中国和印度的民族主义又借着族群教育而渗透移民群体当中，所以国家教育的整合是独立后的重大课题。见 Harold E Wilson, *Social Engineering in Singapore: Educational Policies and Social Change, 1819–1972* (Singapore: Singapore University Press, 1978); Saravanan Gopinathan, *Towards a National System of Education in Singapore, 1945–1973* (Singapore: Oxford University Press, 1974).

有关新加坡华文教育的发展与式微，见李元瑾〈新加坡华文教育变迁下知识分子的保根心态 1957–1987〉，杨松年编《传统文化与社会变迁》（新加坡：新加坡同安会馆，1994），页47–97。

源流群体的文化焦虑是可以理解的。彷徨与不安，使得他们回归族群的核心文化里，企图寻找在这样一个新兴国家中如何安身立命的方法。本身力量的不足，外来资源与支援的匮乏，使得华文源流群体无法全力全面展开文化的更新与建构。因此，在裕廊校园可以看到华文源流分子的不满，可以听到他们对国家的诉求。学生会的一些活动和部分学生参与的运动，[39] 显示了他们坚守诠释文化、参与文化建构的权力，而抗拒政府由上而下施加的话语霸权。这些种种的激昂情绪和活动，使得第一道轮回里的裕廊校园成为抵抗场域。政府认为南大校园是“小岛中的一个小岛”，[40] 与新加坡社会里的其他构成隔绝开来，而且是一个无法改变的“根深蒂固的中文环境”，[41] 原因也就是在这里。 与此同时，随着时间的推移，校园也逐渐形成记忆场域。由于这里成为华文源流群体与政府碰撞、冲突的地方，所以有关记忆不尽然美丽。有关裕廊校园的点点滴滴，除了师生情谊与汲取知识所带来的甜美，也有教育与政治摩擦所造成的辛酸。如果用宗教禅里的说法，第一道轮回里的南洋大学可谓命运多舛、诸多磨难。

[39] 晚近对南洋大学学生会作出深入而均衡的研究的有丘淑玲硕士论文：〈南大学生会研究（1956–1964）〉（新加坡：南洋理工大学中华语言文化中心，2003）。该论文后来出版成书：丘淑玲《理想与现实：南洋大学学生会研究（1956–1964）》（新加坡：南洋理工大学中华语言文化中心、八方文化创作室，2006）。早期的研究，可见Andrew W Lind, *Nanyang Perspective: Chinese Students in Multiracial Singapore* (Hawaii: The University Press of Hawaii, 1974)，尤其是第4至5章。政府的调查报告可见 *Communism in the Nanyang University* (Kuala Lumpur: Government Print Office, 1964).

[40] 这是当时南洋大学秘书长陈祝强，于1975年南大实施英语教学的背景下，谈到社会部分人士对南大所持用的看法，而在裕廊校园普遍使用英语的目的就是要让南大毕业生更容易进入英语社会与职场，也让其他语言源流群体更理解南大。见〈陈祝强形容即将毕业南大生是新一代先驱学生，将来成败全赖自信〉，《南洋商报》（新加坡），1978年3月22日；“Nantah Urged: Step Up Bid to Recruit Top Lecturers,” *The Straits Times* (Singapore), 23 May 1978.

[41] 当时新加坡总理李光耀于1978年谈到裕廊校园实施了三年英语教学仍然碰到障碍，而作出如此的评语。见〈南大进行内部改革，继续保留两间大学〉，《星洲日报》（新加坡），1978年2月11日。

第二道轮回里，不管是南洋理工学院，还是之后的南洋理工大学，都完全整合在国家系统里。部分人士也许会认为旧南大是一所专属于华人的族群学府，可是没有人会质疑南洋理工学院和南洋理工大学是既符合也配合国家利益的教育机构。虽然坐落在同一个校园，旧南大是一个中文环境，而后两所却普遍在教学与研究上使用英语。旧南大是各种复杂因素造成的抵抗场域，但后两所却是非政治化的纯粹教育场所。由于前述的时代背景，旧南大校园成为意识形态纷争之地，而后两所则在国家、社会稳定发展的情况下得以专注栽培各种职工市场需要的人才。旧南大学位在1970年代含金量大减，许多华文源流的家长与学生转而选择了英文系统的新加坡大学。然而，后两所则不断争取到社会认同和国际肯定，它们的学位市场价值不断提高。到了2005年的全球大学调查，南洋理工大学名列世界第五十位、亚洲第七位。[42] 在第二道轮回里，裕廊校园看不到文化本质论的踪影，但文化建构论方面的工作尚需进一步的提升。这也是为什么徐冠林校长2003年上任后，陆续建立了人文与社会科学学院，而且又在里头开设中文系的原因。从理工学府到全学科、综合性大学的改制动作，某个程度上是为了要与旧南大历史衔接。[43]

值得注意的是，虽然1980年后裕廊校园不再是抵抗场域，但其作为记忆场域的角色继续存在。许多旧南大毕业生和华文源流分子仍然缅怀牌坊与行政楼，也惦念着这片校园。他们重游或首次莅临裕廊校园的时候，虽然学府已不再是旧南大，但往昔记忆会在场域

---

[42] 新加坡总理李显龙在南洋理工大学建校50周年纪念活动致词时提到这个排名。Lee Hsien Loong, “The Nantah Spirit Remains As Relevant As Ever,” *The Straits Times* (Singapore), 2 September 2005.

[43] 徐冠林〈从南洋大学到南洋理工大学：华文教育的回顾与前瞻〉，陈嘉庚国际学会学术小组编《南大精神》（新加坡：八方文化和陈嘉庚国际学会，2003），页17–20。

里轻易地重燃。这些记忆也会随着他们谋求工作、经营生活而扩散各处。不管身在世界哪个角落，他们脑海里还是有一块记忆磁场叫云南园。因为有了这些记忆的存在，才会有对南大精神的珍惜，才会有对何谓南大精神的积极讨论。[44]

2005年，新加坡总理李显龙受邀到裕廊校园，出席南洋理工大学建校50周年的庆祝活动。他在致词时将南大精神诠释为对“愿景的执著、推动社区的能力和在逆境中取得成功的毅力”。[45] 在这之前，南洋理工大学校长徐冠林于2003年上任不久后发表演讲，认为南大精神的特征是“自强不息、自力更生、力争上游、热爱文化”和“坚韧不拔”。[46] 其他许多不同背景的人也有参与讨论。不管在何谓南大精神的问题上人言人殊，不管有关南大精神的核心特质与具体表征还未有定论，南大精神就是上一道轮回的印记。华文源流群体和部分政府官员推崇和提倡南大精神，就是要让其正面元素全面得以在这一个时代复活，在新的轮回里苏醒。

而裕廊校园的第三道轮回还没有真正来到。这样说，是因为许多旧南大毕业生和华文源流分子仍然还在等待另一个新的南大时代的莅临、新的时代的具体落实。他们期待新的文化符号的形成会与第二道轮回有所不同，会有更为鲜明的前一道轮回印记。第三道轮回的一些预兆曾经浮现过。例如：1996年旧南大毕业生的名册获得迁入南洋理工大学，[47] 2003年成为综合性大学的举动，对中文系的重

---

44 南大精神课题在徐冠林上任为校长后，在复名有望的预测下，曾于2003年沸沸扬扬地重新被讨论。部分有关讨论与文章收录在陈嘉庚国际学会学术小组编《南大精神》（新加坡：八方文化和陈嘉庚国际学会，2003）。

45 李显龙〈整个社会都应有南大精神〉，《联合早报》（新加坡），2005年8月30日；Lee Hsien Loong, “The Nantah Spirit Remains As Relevant As Ever,” *The Straits Times* (Singapore), 2 September 2005; Lee Hsien Loong, “New Paths Forward,” *@NTU* (50th Anniversary Commemorative).

46 徐冠林〈从南洋大学到南洋理工大学〉，页15。

47 “Yunnan Garden — Seat of Learning,” *@NTU* (50th Anniversary Commemorative Issue)(October 2005), p. 5.

视，要创造华语学习环境的努力，[48] 以及复名为南洋大学的希望与可能性。新一道轮回是否就真的会来临，其实现在还是未卜难测。如果它真的落实，新内容与旧印记肯定都会有，而不可能是旧南大的完整再版。就如徐冠林校长所说："重建的南洋大学不可能和原来的南洋大学一样。"[49]

结语

旧南大牌坊、前南大行政楼和裕廊校园，都是构成南洋大学文化符号的重要部分。在旧南大毕业生和华文源流群体的意识里，牌坊曾经是站在南洋大学校园范围内见证学生入学与毕业的守望神，曾经是完整华文教育系统高峰的站岗人，后来变成流落外头的孤苦伶仃的野魂，被围困在城市规划与房屋发展当中。行政楼曾经是南大这一所中文学府的核心领导处之一，而后来变成华裔馆，成为一个推动海外华人研究的中心，也在某些特定的时候成为政府官员强调华人文化建构论的地方。裕廊校园，则曾经是政府和非华文语文源流群体观念里的抵抗场域、文化本质论的基地和中文沙文主义的大本营。虽然南洋大学不复存在，成为记忆场域的校园却仍然存档在政府与民众的心里。因为南大历史里曾经展现过优质元素，也就是所谓的群策群力、克己为公和坚韧不拔的能量，所以政府与民众都认同了南大精神的可贵，期待在同一个校园里有一个新时代的降临，成为一个南大精神得以充分而正面发挥作用的环境，构建一个新的文化符号。

南洋大学的文化符号从以前到现在都不是处于固定状态的。以上论述清楚指出，诸如牌坊、行政楼和校园等南大文化表征不断在

[48] 徐冠林〈从南洋大学到南洋理工大学〉，页19。

[49] 徐冠林〈从南洋大学到南洋理工大学〉，页16。另见徐冠林〈南大将在前人的基础上迈进〉，《联合早报》（新加坡），2003年7月31。

变化着，不断遭遇政治和经济力量的冲击。它们所呈现出来的符号不断在构成、解构和重构，而且让不同群体与机构从不同角度阐释及解读。这样的文化符号变化，其实就是华人移民及其他移民群体的历史缩影。对于许多移民群体来说，他们经常碰到的问题是：如何在固守传统和革新思想之间取舍，如何在变与不变之间平衡。这是一个永恒的问题。永恒在考验移民，移民也在拷问永恒。在面对族群永恒性的命题时，新的变化和新的力量在冲击着族群的文化。南洋大学文化符号的嬗变告诉我们，不管来自哪一方的文化本质论都会遇到阻难，而文化建构论则是一个永恒的思索习题。

10

南洋大学图像
新马国家疆界的虚拟与现实

李元瑾

南洋大学（简称南大）于1950年代在困境中诞生，历经60和70年代的挣扎，最终于1980年与新加坡大学合并组成今日的新加坡国立大学，后来又面对1990年代至新世纪前面几年的纷纷扰扰，至今其归属问题仍然充满争议。南大这段经历，跟远处的美国、英国、中国大陆和台湾以及近距离的印尼都有牵扯，跟二战后60多年来新马（新加坡与马来亚）两国分分合合的历史更是交织在一起。本文分四个时段，论述新马两地华人在虚拟的“马来亚国家”疆界内创办南大的艰辛（1950–1955）、新马摆脱殖民统治建构共同国家疆界阶段南大马来亚化的曲折（1955–1965）、新马之间划分国家疆界后南大新加坡化的命运（1965–1980）和南洋大学消失后跨越国家疆界之南大精神的承传（1980–）。整个过程中，新马国家疆界或疆界意识，在虚拟与现实间转换，在分分合合中强化，给南大带来一波又一波的冲击；外部大国因为意识形态和现实利益的考量而介入，内部政团和族群则因为政治和文化纠葛而干预，使南大的创办与发展面对一次又一次的阻力。南洋大学的浮沉，受到各方瞩目。南洋大学图像，在不同时段呈现不同的画面，在大国近邻、殖民地统治者、新马本土政府、马来社群、英语社群、华语社群和南大校友的心中，各有各的解读和想象。四分之一世纪后，南洋大学实体虽然消失了，但在一些人的心中，图像却转化为图腾，并超越新马国家疆界，成为全球各地校友和关怀南大者的精神依归。

马来亚国家意识的形塑与南洋大学的倡建（1950–1955）

新马人民经过第二次世界大战的洗礼，政治意识开始觉醒，摆在他们面前的，是一条争脱殖民统治，朝向自主独立的道路。马来亚国家的观念开始在各族群中酝酿，这个观念蕴含了本土化与新马一家的意义。在此氛围中创办南大的倡议，因其华族标签，立即被放置在马来亚国家的角度上审视。各方对于南大是否促进马来亚意识，或肯定，或质疑，见解不一。

对此地的华人社群来说，南大的创办与他们在马来亚安身立命有着极大的关系。战后由于政治因素，新马华人心中的第一故乡已逐渐从中国转向马来亚，为生长于斯的子孙后代提供高等教育，责无旁贷。陈六使在1950年初次提倡自办大学时，明显地流露出这种心态："自第二次大战后，吾人已认识马来亚无异于吾人之故乡，即有此一新见解，自当为吾人马来亚之子孙计，以南洋群岛吾侨之众，中学生之多，非从速办一大学于中心地点之新加坡不可"。[1] 1951年9月底新马与中国断交，本地华人回返中国无门，对本土的认同随之深化，而本族在当地的命运与前途，也就成了更迫切的问题。

实际上，1950年代初期，新马国家疆界还未形成。虽然如此，新马华人的脑海中已然浮现"马来亚国家"的图像。倡办马华大学的建议，让这图像变得更为鲜明：

---

[1] 《南洋商报》（新加坡），1950年9月10日。

> 今日华人……视此为第一故乡了；过去为中国兴学，今日转为马来亚兴学了。我们愿以马来亚为国家，“使长河入带，泰山如砺，国永宁，爰及苗裔”。于是，华人领袖倡办马华大学，这是华人决心以马来亚为国家之表现。我们希望星马两邦政府，对马华大学予以最大之同情，予以最大之支持……谁是爱护马来亚者，将考验于倡办马华大学之能否成功。[2]

在华社心中，“马来亚国家”自是一个包括了新加坡与马来亚半岛的疆土。1953年1月16日陈六使重提倡办大学的建议后，即获新马两地华文报以及华社的支持。《南洋商报》在1953年1月20日的社论表示：“创办马华大学，将为星马两邦三百多万华人所拥。”[3] 新马两地的许多华团也表态支持南大的创办。[4] 支持者认为大学的创办不仅惠及华社，而且对整个马来亚的经济、教育和文化的发展都有利。[5] 在“马来亚意识”的推动下，大学创办人拟定南大办校方针时，把发展“马来亚文化”列为大学的一大特质：

> 马来亚为华巫英印等民族和衷共济之邦，各民族间接触频繁，精神联系，感情融洽，南洋大学之特质在研究各民族文化，吸取各民族文化之精华，陶冶熔铸，使马来亚

---

2 〈我们对马来亚的正确立场〉，《南洋商报》（新加坡），1953年1月26日。

3 〈拥护陈六使先生为华文教育呼吁——积极创办马华大学〉，《南洋商报》（新加坡），1953年1月20日。

4 在新加坡方面的有：中华总商会、中华汇业总会、各帮派领袖、各校校长；在马来亚的有霹雳州客属公会、霹雳州中华大会堂、霹雳州胶商工会、槟城中华总商会、槟城华校董事协会、各中学校长、吉隆坡华校教师公会、部分马来亚政党和职工团体、雪兰莪泛马劳工党、马来亚职工总会理事会、马华公会等。

5 《星洲日报》（新加坡），1953年1月20日和1953年1月24日；《南洋商报》（新加坡），1953年1月25日。

> 文化有辉煌之成就，因此马来亚各民族之地理、历史、物产、经济、语文等科目，均为南大研究之中心。[6]

在创办人及其支持者的心里，发展各民族文化与塑造马来亚文化是没有矛盾的，马来亚文化奠基于坚实的民族文化上，因此发扬华族文化是南大理所当然的任务。陈六使在南大动土典礼上即明言："吾人已在此播下文化的种子，吾华人之文化在马来亚将与日月天地长存。"[7] 至于办怎样的大学，受到族群文化和陈嘉庚办学的影响和启发，南大创办人很自然地以中国的大学为模仿和学习的对象。陈六使一开始就提出要创办"中国式大学"，1953年2月间新大学的称谓相继改用"马华大学"和"南洋大学"之后，他仍然强调按照中国大学的格式、经验、方法和课程办学。[8]

南大创办人对民族文化的提倡以及按照中国大学办学的表述，令殖民地政府、英语社群和马来族群对南大"马来亚化"的宣言感到怀疑。[9] 加上倡办初期一些亲中国的媒体利用南大作为复兴"中华

[6] 〈创立南洋大学宣言，1953年4月7日〉，《南洋大学创校史》（新加坡：南洋文化出版社，1956），页49。

[7] 《南洋商报》（新加坡），1953年7月27日。

[8] 陈六使在1953年2月3日表示："吾人创办马华大学之计划，完全按照中国历来创办大学者，如北平之燕京大学、清华大学，及福建之厦门大学之创办计划……"；1953年2月12日表示："吾人所办之大学是按照中国历来办大学的格式……"；1953年2月20日表示："……按照中国以前办大学之传统经验及方法办理之。"；1953年3月24日表示："南洋大学创办后，将按照中国历来之课程，除文学院中文系外，其他各科皆用英文教授……"；"……欲将南洋大学办成著名之大学，如中国各著名大学然。"；"南大是以中英文为主，巫文副之。因而，它是以中国式开办。"分别见《南洋商报》（新加坡），1953年2月4日；《星洲日报》（新加坡），1953年2月13日；《星洲日报》（新加坡），1953年2月21日；《星洲日报》（新加坡），1953年3月25日；《南洋商报》（新加坡），1953年11月6日；《南洋商报》（新加坡），1959年2月17日。

[9] 在倡议阶段，创办人强调办"中国式大学"让殖民地政府意识到新大学将是一所以华文为主的大学。"Extract from Monthly Review of Chinese Affairs for March, 1953," Public Record Office, CO 1022/346.

民国”的器具，更使他们的疑虑深化。《中兴日报》的社论〈设立马华大学的意义〉就提到：“替中华民国造就一般干部人才，以为将来复国建国之需。”[10]

为了消除各方忧虑，陈六使在南大倡议不久即宣称大学“收生不分种族，马来亚各民族学生，均可报名入学就读”。[11] 在确立大学名称时，众人同意用“南洋大学”以避开政治和种族色彩，同时也可纪念先贤南来拓荒之功。[12]

尽管如此，对殖民统治者、英语社群及马来族群来说，南大的倡议在他们的脑海中早已浮现另一种图像。[13] 他们看到的是这所大学将破坏种族和谐、阻碍马来亚化的进程。或许，他们会想象：在其维护者的心中，南洋大学会是一幅弥漫中国色彩与族群意识的图腾。

在殖民地政府的眼中，正值马来亚国家即将形成之际，南大的出现会妨碍本土化的发展。殖民地政府的不满，在南大倡议四天后，首先由马大副校长薛尼肯因爵士(Sir Sydney Caine)提出：

> 马来亚设立一间华文大学，可能致成各民族间感情分裂，及分散马来亚之团结，盖倘华、巫、印各民族自行设立大学，各民族将只注重各自文化，此将使马来亚国家无从成立，华文大学之设立，将与马来亚统一的教育体系脱节。[14]

10 〈设立马华大学的意义〉，《中兴日报》（新加坡），1953年1月29日。

11 《南洋商报》（新加坡），1953年2月4日。

12 《星洲日报》（新加坡），1953年2月21日。

13 可参阅李元瑾、周兆呈〈族群分化与建国目标分歧：南洋大学创办前后的角力〉，李元瑾编《新马印华人：族群关系与国家建构》(新加坡：新加坡亚洲研究学会、Konrad-Adenauer-Stiftung, 2006)，页33–61。本文从另一角度探讨相关课题。

14 《南洋商报》（新加坡），1953年1月21日。

1953年2月16日，英国殖民部大臣致电马来亚联合邦 Gen Sir G. Templer，内容显示新马两地殖民地最高官员都认为“在马来亚政治发展的现阶段，另外为华族学生筹备一所大学，是不符合培养马来亚意识的政策，而且没顾及种族（问题）”。[15] 殖民政府的“马来亚国家”是建立在各种族融合的基础上，因此反对不利马来亚社会的稳定而又直接威胁殖民帝国利益的单一族群色彩的举动。况且在当时，中国色彩与共产主义被牵扯在一块，是殖民地政府最大的政治忧虑，他们不愿见到“在马来亚境内成立一个小北京或小南京”的情况出现。[16]

从意识形态的角度出发，英国政府担心南大成为共产主义传播的阵地，虽然承认还没有证据显示南大赞助人受到共产主义影响，但认为其可能性很大，必须严密监视。它强调鼓励一间民族大学与新加坡政府的反共政策是背道而驰的。“新加坡政府（马来亚联合邦政府亦如此）是通过发展本土效忠意识和迈向自治政府目标来对抗共产主义。这项政策是要求新加坡人民对新加坡效忠，而不是心向原籍国家。”[17] 英殖民政府的反共思维，一再与马来亚化或本土化牵连在一起。

在此问题上，二战后崛起的西方新势力——美国在1954年4月向英国建议让南大成为区域反共、灌输民主思想的机构。美国国务院认为预防南大成为敌对力量的最好办法就是为它提供友善的劝告与协助。[18] 美国的介入，让倡建中的南大成为各股势力跨越国家疆界暗中较量的舞台。这舞台的背景是冷战的格局。英美集团代表西方的阵营，他们要压制的是南大创立后可能引起的“中国效应”。

---

[15] “Telegram from The Secretary of State for the Colonies to Federation of Malaya (Gen Sir G. Templer), 16 February 1953,” Public Record Office, CO 1022/346.

[16] “The Proposal for a Chinese University, Extract from Malayan Political Intelligence Report for the Year 1953,” Public Record Office, CO 1022/346.

[17] “Nan Yang University, Singapore,” Public Record Office, CO 1022/346.

[18] “Establishment of Nan Yang University at Singapore, 26 April 1954,” Public Record Office, CO 1022/346.

至于当地的英语社群，他们对南大的创办也不放心。《海峡时报》(*The Straits Times*)在1953年1月份，发表了三篇针对华人自办大学的社论。[19] 该报的立场主要也是担心马华大学会破坏国家统一，阻碍马来亚化的形成和制造种族的不和谐。从1月到2月，该报读者纷纷来函，发表不少反对的言论。署名Hang Tani 的读者直接指出："设立马华大学将会破坏国家的统一性。"[20]

比较而言，马来领袖和马来媒体对于南大创办是否抵触马来亚意识或马来亚化政策最为担心，反应也最为强烈。他们以马来亚的"土地之子"自居，对本土意识的捍卫和外来文化的入侵敏感度很高。南大的创办被视为华人移民社群的文化与成就的象征，因此难以被接受。陈六使提出倡办南大数天后，马来亚独立党(Independence of Malaya Party)吉隆坡分部秘书亚鲁劳那丁(Fred Arulanandam)即表示："我们如果允许越来越多的小北京或小南京在马来亚境内存在，那么种族之间的摩擦将会持续下去，同时马来亚观念和生活方式的发展也更加迟缓。"[21] 紧接着，马来报章也出现类似言论。《马来前锋报》社论指出：

> 如果华人真想就读中文大学，他们可以到香港……或台湾去。若太多数华人想把马来亚看成是自己的国家和效忠的对象，却同时又视在马来亚境内建立一所中文大学为必要，那是非常可笑的事。[22]

马来社群对一所还未成形的华文大学发表如此强烈的言论，反映了他们内心对华人妨碍马来亚国家建构和扩展中华文化的疑

---

[19] 这三篇社论是 "A Chinese University" (24 January 1953), "The University Problem" (26 January 1953), "The University Debate" (31 January 1953).

[20] Hang Tani, "University and Unity," *The Straits Times* (Singapore), 14 February 1953.

[21] *The Straits Times* (Singapore), 23 January 1953.

[22] "Editorial of the Utusan Melayu dated 25 January 1953" (Kuala Lumpur: National Archives Malaysia).

惧。1953年的2月至3月间，马来政治人物和知识分子对华文大学的倡议相继表态。马来亚联合邦教育部长拿督都来星甘（Dato E.E.C. Thuraisingham）以书面答复马来议员询问时明确地表示："对于设立一所华文大学或其他任何大学之建议，如果不符合政府所宣布的产生一个统一马来亚国家的政策，联合邦政府将不表赞同。"[23] 泛马回教党（Persatuan Islam Se-Malaya）主席端哈芝阿玛梵（Tuan Haji Ahmad Fuad）质疑："华人自办大学，无疑欲将马来亚中国化，也显示他们不忠于马来亚与马来民族。"[24] 槟巫统青年团认为南大成立将造成华巫不睦，不仅让两族间的敌意死灰复燃，而且使本邦成为中国第十九省。[25] 南大的倡议，令马来人对本族文化产生危机感，开始意识到复兴马来语言、文化和发展马来学校的重要性，并向政府要求协助。[26]

无论如何，南洋大学最终突破各方阻难，于1953年发表《创立南洋大学宣言》，1954年大兴土木，1955年开办先修班，1956年正式开学。然而，英政府、马来族群和英文教育社群对南大的抗拒始终如一。尽管陈六使多番表示欢迎各族子弟进入南大，强调南大为当地培养人才，绝无政治色彩，[27] 也无法消除他们的忧虑。或许，

---

23 "Memorandum from the Member for Education, 4 March 1953," Public Record Office, CO 1022/346.

24 "A Newsletter Issue by Malayan Chinese Association (Singapore Branch) to Tan Siew Sin on 19 February 1953" (Kuala Lumpur: National Achieves Malaysia).

25 《星洲日报》（新加坡），1953年3月3日。

26 "Extract from FM SAV, 11 April 1953," Public Record Office, CO 1022/346.

27 陈六使在南大倡办初期就不断发表这类言论。例如："除绝无政治色彩外，南洋大学之宗旨，乃为协助当地政府，对政府有利益，对民众则为提高人民之知识水准，培养专门人才，建设繁荣之马来亚。"见《南洋商报》（新加坡），1953年5月7日；又如："南洋大学绝无政治色彩，无畛域观念，所收容的学生，不限于华人，而教授媒介，也不限于华文华语"，见《南洋大学执委会主席陈六使在欢宴第二届世界青年大会代表席上演词》（新加坡：南洋大学，1954），演讲日期为1954年8月22日；再如："我们为要提高当地的教育水准，使本邦能随世界潮流而进步，创办南大便成为我们的任务，这样可以大量收容本邦各民族贫家子弟，而使他们将来成为自治独立马来亚的执政人才。"见《南洋商报》（新加坡），1955年8月13日。

他们想象中的那幅南大图腾，小南京和小北京的绘织越看越逼真。各方对正在塑造的马来亚国家意识的不同诠释和辩论，随着南大倡办而浮上台面，这些分歧与争论在新马国家疆界渐渐形成后，继续在南大舞台上演。

新马走向合并与南大马来亚化历程（1955–1965）

南大创办后，新马正加速地奔向独立自主。随着马来亚在1957年独立，新马的现实疆界逐渐形成。新加坡于1959年自治后，政府便致力于与马来亚合并以取得完全独立，因而更具体地贯彻马来亚化政策，南大也成为实践政策的场域。执政党代表李炯才在南大学生庆祝新加坡自治时表示：

> 我们要争取完全独立，唯有先争取与联合邦合并……要求达到实现新马的合并，我们须用语言及行动，来表现新加坡百余万人是效忠于新加坡的，是以马来亚为我们的祖国的……我们大家要更加努力学习巫文。[28]

总理李光耀于1960年3月29日应南大政治学会邀请发表演讲时要求南大“必须教授和使用越来越多的马来语，以配合马来亚语言前途的趋势，同时使南大学生能够在马来亚社会里，扮演有用的角色”。他强调：“如果南大要成为一间民族大学，那么它就必须是一间马来亚人大学，而不是华人大学。”[29] 同年3月30日，副总理杜进才在南大大学周揭幕典礼上也提醒学生：“要意识到建立南大的

[28] 《南洋商报》（新加坡），1959年6月2日。

[29] 演讲收录于李光耀、杨玉麟《语言与政治》（新加坡：人民行动党中央编辑委员会，1960），页5–7。

气候和环境，我们是不可能在东南亚的政治土壤上栽培中国的果树的。”[30]

其实，南大开办后，便逐步将创立宣言中的马来亚化表述化为行动。1956年，南大学生会已开办巫文班，由通晓马来文的学生任教，获得校方的支持和学生热烈的回应，参加者百多人。[31] 1958年3月，大学正式设立马来文课程，供学生选读。[32] 1957年，文学院成立南洋研究所，由史学家许云樵主持，于1959年出版《南洋年刊》。

在南大开学初期至新马取得自治独立的阶段，南大学生表现出对马来亚前景的热切期盼。他们为马来亚独立和新加坡自治欢呼，在言论和行动上表现对马来亚祖国的热爱。南大学生的最高代表机构——学生会在它的成立宣言中提到：

> 南大学生会为协助南大发展成为星马各民族青年研究学术的高等学府，及各民族文化交流的领域。……南大学生会将与星马各民族青年学生组织共同争取及照顾学生利益，并把学生的力量汇合到建设国家的洪流里去。[33]

宣言展示了南大生对马来亚化和建国的热情。这股热情反映在校园的行动上，除了积极学习马来文，还包括从事马来亚研究、出版三种语文刊物和举办三大民族文娱活动。例子如：1957年6月成立社会科学研究会，进行马来亚化的研究工作；[34] 1957年创刊的学生会喉舌——《大学论坛》，于1958年12月推出中、英、巫三种语文版本；在1959年3月、4月间南大校舍落成典礼周年暨筹募学生楼

[30] 同上，页23。
[31] 《南洋商报》（新加坡），1957年12月9日。
[32] Dr Li Chuan Shou, "Syllabus Baharu Pengajian Bahasa Kebangsaan Di- Nanyang University", *Mimbar Uinersity*, 4 (March 1960), p. 3.
[33] 〈南大学生会成立宣言〉，《大学论坛》，1958年5月23日，第3期，第1版。
[34] 《南洋商报》（新加坡），1957年6月6日。

建筑基金的盛大游艺晚会，舞台上呈现以三大民族文化为主题的大型表演。[35]

1960年2月，魏雅聆报告书发表，学生会回应时表示“愿竭尽忠诚为马来亚服务，为建国事业献身”，并承认：

> 南大在过去的日子里，的确有一些非马来亚化的地方，她在一些学系的课程里偏重外国问题的教材，显示她还没有完全投身到推进马来亚建国事业的战线里。我们无必要为自己的缺点作辩护，我们认为南大改革已经开始，这些缺点也必须毫不保留地铲除。我们要强调：为了使南大的民族大学的特质得到更充分的发展，她的确应该在精神实质上做更进一步的马来亚化。[36]

然而，南大马来亚化的热情一再受到英国官员的质疑。在新马争取自主独立、建构国家疆界的时候，南大的发展是否会妨碍英国在当地的布局，以至于影响英国的利益，是英国官员心中的疑虑。受邀于1957年领导教育专家成立检讨委员会对南大进行评审、并于1959年发表报告书的评议会主席白里斯葛（Prescott），曾指南大教职员完全以中国为本位，没有真心效忠新马。[37] 在一封致殖民部长官的重要信件中，白里斯葛提出了对新马教育趋势的看法，其中包括建议英国应与美国合作以消除当地人不欢迎英国教育制度的（反殖）心态；认为必需要有一个统一的高等教育制度才能在马来亚建立团结一致的国家。[38]

---

35 〈社论〉，《大学论坛》，1959年4月8日，第7期，第1版。

36 第三届学生会执委会〈对南大改革问题的声明〉。

37 “Bill Goode to Ian J Wallace, 3 April 1959,” Public Record Office, CO 1030/567.

38 “Letter from S.L. Prescott to Sir Christopher Cox, 12 August 1959,” Public Record Office, CO 1030/567. 他本身曾建议邀请美国学者Wantman参与南大检讨委员会，但没有落实。见 “Bill Goode to Ian J Wallace, 3 April 1959,” Public Record Office, CO 1030/567.

英国是否应当协助南大曾经引起争论，英国文化协会(British Council)与马大校长薛尼肯因爵士(Sir Sidney Caine)意见分歧。1961年，英国文化协会表示愿意提供南大一些协助，但马大校长表示反对，认为南大的华文体系不利于马来亚化教育体系的发展，并怀疑这样的协助能够避免南大成为新加坡跟马来亚的统一的障碍，或成为跟英国密切联系之独立城市的绊脚石。[39] 英国文化协会官员在回复时表示对南大的发展感到乐观，认为南大已经很努力地改进以及撇清与中国的关系，南大生所持的是"华人物质主义"而非"沙文主义"，最关心的是在新马而不是在中国的就业前景；认为协助南大可以防止潜在的中国的影响，如果南大没有得到英美国家的鼓励，将会跟中国联系。[40]

上述的档案资料反映了无论是反对或同情南大的英国官员，都关心南大对新马的效忠和它的中国色彩，并思考如何通过教育途径和借助美国力量来维持英国的影响力和利益。在国际冷战大局势下，南大虽然置身于迈向独立的新加坡，却继续成为中、英、美政治影响力跨越国家疆界互相较劲的舞台。

无论如何，历史已来到殖民地时代即将告终的时刻。新马政府逐渐从英国手中接过政权，南大对承认学位与资助经费的期盼，也逐渐从殖民地政府身上转移至新马两地政府。如前所申，马来亚化的意义，除了本土化，还涵盖新马一家的构想。陈六使在南大校舍落成典礼上说："本人屡屡大胆声言，南洋大学乃新加坡与马来亚

---

39 "Letter from Sir Sydney Caine to British Council, 23 March 1961", Public Record Office, BW 146/1.

40 Nanyang University, Public Record Office, BW 146/1. 英国文化协会官员在另一封信中进一步阐释，只要南大继续存在，它将培养出一批又一批聪明、勤奋及具潜能但不受英国观念影响的学生。况且从长远来看，南大的重要性很可能会增加，因此他们的协助也就很有意义了。见"Director Commonwealth Department II to T.J. Wilshine (Information Department, Colonial Office), 30 March 1961," Public Record Office, BW 146/1.

联合邦之真正国民大学”，“明确言之：本大学乃此时此地华人大众于纳税义务之余，赠予新加坡与马来亚联合邦之崇高礼物，将为二邦政府分负高等教育责任，藉以教育其公民，俾各尽所能参与建国大业。”[41] 为了显示南大与两地政府合作的诚意，陈六使甚至建议聘请新加坡民选政府之在任首席部长为南大校长，马来亚联合邦民选政府之在任首相为名誉校长。[42]

正因为认定南大“将为二邦政府分负高等教育责任”，创办人和学生期盼两地政府能资助南大。但南大新马一家的积极态度，没有得到相应的回报。两地政府对待南大及南大内的新马学生，没能体现新马一家的精神。新加坡政府的观念是应该先照顾自己的公民，联合邦政府则把南大看成是外国大学。虚拟与现实中的国家疆界，相互矛盾，令南大人感到困惑与失望。

1958年10月，南大首次得到新加坡政府80余万元津贴。其中40万是用在资助新加坡贫寒学生的助学金，[43] 但只限新加坡学生申请。学生会为此感到遗憾，在一篇声明中表示：

> 我们认为：政府之决定只限于新加坡学生申请是令人遗憾的。实际上，南大的创校精神，是包括星马一家的。南大的同学也完全不愿意把自己区分成两家人，故南大实际上为星马所共有，而政府在联合邦未对南大津贴前应视南大为一整体给予津贴。[44]

新加坡政府在1960年发表对南大政策声明中表示：“一个国家的首要任务是为自己的公民和纳税人的儿女提供教育。不过新加

[41] 《南洋大学落成典礼主席陈六使、总督顾德爵士致词》（新加坡：南洋大学，1958）。

[42] 《南洋商报》（新加坡），1958年11月28日。

[43] 其余的是补助1959年度经常费之不敷数目。见《南洋商报》（新加坡），1958年10月31日。

[44] 《南大学生会第二届执委会常年工作报告》中有关津贴事声明。

坡政府也准备补助非新加坡学生，而数目不超过大学生总数的15巴仙。”[45] 此项宣布被视为限制联合邦学生的人数，违反了南大创校宗旨，受到南大理事会和南大生的反对。[46] 后来政府在与南大代表谈判的过程中收回了这项建议，改为愿意负担南大经费的55%。[47]

在新马一家的前提下，南大在争取新加坡政府资助时，也寄望联邦政府对南大负起责任，给于津贴及承认南大学位。南大学生会对此曾作出呼吁：

> 南大同学不仅60巴仙来自联邦，而全体南大同学中绝大多数，在过去、现在，曾再三表明愿意为星马统一整体——美丽祖国的明天而努力学习，将来学成之后，亦必将以星马整体为服务对象。基于此，公币资助南大，星马政府负有同等责任。联邦政府去年度津贴马大之款为3百60余万元，而南大尚未得自联合邦政府之资助。我们深切希望联邦政府亦以现实、公平的政策给予南大经济上之扶助。[48]

然而，联合邦政府一直以来就不同情南大，而且立场坚硬。1959年，联合邦副首相敦拉萨（Tun Razak）还表示不会承认南大学位，因为它是一所外国大学。[49] 同年11月25日，教育部长Mohamed

45 〈政府对南洋大学的政策声明〉，李光耀、杨玉麟《语言与政治》（新加坡：人民行动党中央编辑委员会，1960），页16、20、21。

46 陈六使在慰劳第一届毕业典礼工作人员宴席上表示：“关于明年起将限制外国或联邦学生15巴仙进入南大就读一事，南大现在在籍学生有60巴仙以上来自外地，本邦公民只占30多巴仙，对于此议，在近日召开的南大各地委员会代表大会上，已认为南大乃星马共创共有，收生不应加以限制。”见《南洋商报》（新加坡），1960年4月24日。

47 《南洋商报》（新加坡），1960年11月20日。

48 〈星马政府应该合力资助南大〉，《大学论坛》，第5期（社论），第1版，1958年11月26日。

49 “Sikap Persekutuan atas Ijazah Varsity Nanyang,” *Berita Harian*, 4 November 1959.

Khir Johari 重申政府没有义务承认外国大学所颁发的学位，但会就政府部门某些职位的需求，以马大学位为标准审核有关学位的水平。[50] 联合邦政府既然不承认南大学位，也就谈不上津贴了。

新马两地政府对于南大毕业生学位的承认问题持有不同的看法，[51] 但是他们对南大生的“颠覆活动”，都有共同的疑虑。联合邦政府非常关注在南大求学的马来亚学生究竟受到共产主义何种程度的影响，以及新加坡政府如何把大学内共产影响力降到最低程度，并表示两地政府将在这方面紧密合作。[52] 为了防止“南大效应”在马来亚扩张，联合邦政府除了不承认南大学位，也禁止南大学生刊物，包括《大学论坛》（学生会刊物）、《南大火炬》（英文研究会刊物）在马来亚出售。[53]

新马政府的冷漠与猜忌态度，引起一些学生的不满，在一篇反驳联合邦总理指“南大为沙文主义大学”的声明里，有下面一段话：

> 在马来亚摆脱了殖民地的统治而取得独立与星洲取得自治之后，依情理，南大本可改变其以往的被敌视之地位而获得星马政府应有的照顾……恰恰相反，南大不但得不

---

50 “Inward Telegram to Commonwealth Relations Office (From Action H.C Kuala Lumpur to Governor Sarawak, 14 May 1960),” Public Record Office, DO 35/8194.

51 新加坡政府承认南大第一届毕业生的学位，与一间被承认的大学普通学位同等，但对于未来毕业生问题则保留其态度。见《南洋商报》（新加坡），1960年2月9日。

52 联合邦保安及情报局副秘书Dato Nik Daud 致 E.M West (Office of the UK Commission) 的一封信中提到：联合邦政府代表与新加坡安理会成员开会时，新加坡总理提出讨论南大教育与颠覆活动问题。联合邦政府认为新加坡必须先准备一份内安评估报告南大学生的活动，特别是受共产影响的情形以及新加坡政府的应对。见 “Dato Nik Daud to E.M West (Office of the UK Commission), 9 October 1959,” Public Record Office, CO 1030/567.

53 《南洋商报》（新加坡），1959年10月4日；《南洋商报》（新加坡），1959年10月14日。

到星马政府的重视和应有的照顾，反而被联合邦政府指为外国大学，而不承认南大的学位。[54]

在新马合并之前，南大没能获得新马政府的积极对待。1963年9月16日马来西亚成立，新加坡在马来西亚联合邦内独立，南大终于立足于真正统一的国家疆土上。然而，踏在实实在在的马来西亚国土上，南大的处境却更为尴尬。

1961年5月马来亚首相东姑提出马来西亚建议，8月新加坡加入马来西亚的协议达成。南大校园旋即发出反对新马合并的声音，出现与新加坡政府背道而驰的国家统一观点，批评执政党丧失了反殖民主义的本质，质疑其合并动机，不满合并的条件。[55] 1962年7、8月间，南大政治学会联合其他大专生在新加坡的丹戎巴葛和牛车水进行“民意调查”，得出大多数人民反对合并的结果。[56] 在一些南大学生眼中，大马来西亚计划的推行“完全违背人民的意志和愿望，是依据英殖民当局的意旨来并凑，是殖民统治在新形式下的延续，是新殖民主义；它不能给人民带来独立、民主、和平和繁荣”。[57]

另一方面，创办人陈六使因为对执政党失望，便鼓励南大毕业生出来竞选，并呼吁公众人士像支持南大一样去支持南大毕业生候选人。[58] 他在选举前夕发表的一篇书面谈话说明了他的立场。

---

54 〈本会主席发表谈话：对联合邦总理指“南大为沙文主义大学”一事表示遗憾〉，见《南洋大学学生会第五届执行委员会常年工作报告及其他》，1962年4月。

55 《政治学报》发表多篇评论合并文章，如〈新马合并的正确道路〉，见第7期，第1版，1961年6月；〈透视大马来西亚计划〉，见第8期，第5版，1961年9月；〈从新马的真正统一看新马合并备忘录〉，见第9期，第3版，1961年12月。

56 《政治学报》，第11期，第1版，1962年7月和第12期，第16版，1962年8月。

57 〈针对伦敦协议声明〉，1963年7月18日，第七届报告书。

58 《星洲日报》（新加坡），1963年9月14日。

> 南大是本国最高学府之一，获得本国各种族人民间上中下各阶层最普遍的支持，南大的毕业生分别到世界各国深造的，都有良好的成绩，这证明南大的水准是令人满意的，但南大受到本国政府的公平待遇没有？这是众人皆知的事实，看看今天的情势，作为本国公民一分子的南大毕业生，不出来替南大争，不出来帮南大说句公道话，南大的处境将会一天难似一天了，而这也恰是大大削弱了国家的一股力量，明理的人应该知道：为南大争，便是为国家争，我之希望此次大选的南大毕业生候选人中能有人获选，这是第二个原因。[59]

南大已深深地卷入了政治漩涡。学生反对大马计划、陈六使支持毕业生竞选，都被视为“反国家”的行为，让政府对南大的一贯忧虑得到“证实”。这时候，印尼对抗的威胁正笼罩着马来西亚，当地政府对南大的警惕性也跟着提高了。[60] 1963年9月22日，新加坡政府宣布取消陈六使公民权。26日（马来西亚成立十天），中央政府发动被南大生形容为“马来西亚给南大同学带来的‘礼物’”的926大逮捕行动。[61] 新加坡政府当天发表文告，申明治安行动是对

[59] 《南洋商报》（新加坡），1963年9月19日。陈六使于1961年8月26日在南大毕业同学会新所揭幕演说时，即勉励学生参加政治，争取执政机会，维护四种语文教育真正平等。见《南洋商报》（新加坡），1961年8月27日。

[60] 根据新加坡官方资料，印尼因为反对马来西亚计划而于1963年1月23日正式宣布对抗，而且有所行动；1963年9月以后，由于马来西亚的成立已成事实，印尼的对抗行动也跟着升级，在砂劳越联合当地的秘密共产组织进行叛乱，也在新加坡展开颠覆与恐怖袭击活动。见 *Singapore: An Illustrated History, 1941–1984* (Singapore: Information Division, Ministry of Culture, 1984), pp. 225–226.

[61] 〈“926”事件声明：抗议军警血腥暴行，揭露当局恶毒阴谋〉，1963年9月28日，第七届报告书；1963年9月26日，马来西亚中央政府派遣军警进入南大，逮捕了5名在籍学生及另外7名毕业生。见《南洋商报》（新加坡），1963年9月27日。

付南大中的共产分子，而不是南大本身，非谓南大是共产党。[62] 此后一、两年，陆续发生逮捕、开除、驱逐学生等事件。其中1964年6月27日的逮捕，人数更多。[63] 中央政府即日发表有关共产党在南大颠覆行动的白皮书，阐述逮捕的原因，表示要击破共产党对南大的控制。[64] 马来西亚内政部长当天的文告也称这次行动是为了粉碎共产党利用南大作为推翻中央和新加坡政府的最后堡垒的企图，使南大“能在自由学术气氛里发挥主要的效能，造就学术水准高的毕业生，使他们能在马来西亚社会中，占据他们所应有的地位”。[65] 当时，一些马来政党青年团甚至要求政府关闭南大以免它被利用为印尼对抗马来西亚的宣传中心，以及宣传共产主义的中心。[66]

在建构马来西亚国家疆界的过程中，新、马、印三地政权，因为共产党因素和各自的利益矛盾，直接或间接地涉足南大的学术疆场。于是，二战后50、60年代，南大无可避免地卷入区域政治漩涡之中。

从倡议时被各方指责妨碍马来亚意识的培养，到新马走向合并过程中的“反国家”指责，凸显南大与当地政府矛盾对立的本质。南大由始至终被当地政府视为异体，要融入国家体系和参与马来亚化（继之为马来西亚化）进程，就必须依政府的意愿改造。负责改造南大的《白里斯葛报告书》（1959年7月22日发表）、《魏雅聆报

---

[62] 〈新加坡政府对治安行动文告〉，《星洲日报》（新加坡），1963年9月27日。

[63] 1964年6月27日，马来西亚中央政府再派遣军警入校逮捕南大学生，共逮捕41人（此为官方数据，学生会则表示有51人被捕）。见《新生日报星期刊》（新加坡），1964年6月28日。

[64] 《南洋商报星期刊》（新加坡），1964年6月28日；《南洋大学内之共产主义运动》（吉隆坡：吉隆坡政府印刷局，1964）。

[65] 〈马来西亚内政部长文告〉，《南洋商报》（新加坡），1964年6月28日。

[66] 《星洲日报》（新加坡），1964年7月2日；《南洋商报》（新加坡），1964年7月1日。

告书》（1960年2月9日发表）和《王赓武报告书》（1965年5月14日完成，延至9月11日发表）反映了政府的一个立场，即强调南大必须朝向为全国各源流学生（而非仅为华校生）服务的目标发展。[67]

南大的马来亚化历程走得颠簸和吃力。而马来西亚的成立，是南大的发展改弦易辙的转捩点。联邦首相东姑曾表示对新加坡的左派势力的担忧，马来西亚的组合就是为了制衡新加坡的左派势力。南大既被视为左倾的学府，也就成为马来西亚成立后首当其冲被改造的对象。紧跟着逮捕行动后，政府便着手筹组课程审查委员会，准备全面改组南大。这显示国家已经启动机制，准备把南大纳入国家正轨。

经历从对抗至受镇压的过程，许多南大人维护民族 / 族群文化的想望变得越来越炽热，而他们在这方面给人的印象也越来越深刻。当南大作为华文教育和华族文化堡垒的表征也越来越明晰时，一幅超越国家疆界的南洋大学图腾也在编织之中。

新马分家与南大新加坡化历程（1965–1980）

如果说新加坡并入马来西亚加速南大改造，那么新马分家则是南大彻底改革的催化剂。南大经历了1960年代中期的动荡，士气受

---

67 《白》书的建议部分，“希望目前存有的两间分别为‘华文大学’及‘英文大学’的思想将会由两间马来亚的大学思想取代之。”见《白里斯葛报告书》（新加坡政府文化部，1959），〈第九章：建议〉，第17项。《魏》书开宗明义即表示：“委员会一致认定，到了改组末期，南大应该能发展成为一所让来自马来亚各种中等学校的学生均能有机会受教育的大学。”见《南洋大学检讨委员会报告书》（新加坡政府文化部，1959年11月），〈第一章：绪言〉，第四项。《王》书在绪言中提出，“南大课程须有适当的调整，以保证国内各源流教育出身的学生都能得到南大存在的好处。”见《南洋大学课程审查委员会报告书》（新加坡：南洋大学，1965），〈绪言〉，页1。

到很大的打击，陈六使等人的离开和政府连串的肃清行动，使南大陷入混乱和狼狈的局面。此时，南大处于群龙无首及有待整顿的状况。旧格局已经打破，新局面有待建立，而这“新”的图像，随着新加坡的独立，已由原本的“马来亚/马来西亚化”变为“新加坡化”。新马国家疆界的变迁，再次给南大带来冲击。这个转变，奠定了它后半部历史的基调。

独立后，南大的新加坡化表现在好几个层面，最显著的是理事会和学生结构的本地化，以及教学人员的“本地化”和“校友化”；最令南大人动魄惊心的是教学媒介语的“英语化”，最后的演变竟是整个南大的“去南大化”，从一间华文大学变成英文大学，再从“南洋大学”演化为“新加坡国立大学”的组成部分。面对南大图像的变化，分布在不同国家的南大校友，莫不深感痛惜和遗憾，其中新马两国受到的冲击最大。不过，相形之下，马来西亚的南大校友及关心华文教育的人士，其反应与反对之强烈，远远超越南大所在国——新加坡。

新马分家后，南大在政治意涵上纯属新加坡，新加坡政府旋即宣布之前所订立的南洋大学法无效，必须作适当的修正。1966年11月1日，南洋大学修正案内容公布（1967年10月23日实施）。修正后的南大法，删除了新马各州赞助人出任理事会理事的条文，理事会人数从原有的27人改为20人，任期由两年改为四年。于是，商人在理事会的影响力逐渐被新加坡政府取代，而过去联合邦的赞助人不再是理事会的成员。[68] 这是南大领导层新加坡化的梗概，民办与马来（西）亚色彩正在消退。

除了领导层，南大教职员和学生也有新加坡化的趋势。1968年5月间，新加坡政府终于承认南大学位，实现对南大的承诺。教育部长王邦文在南大第九届毕业典礼上宣布此消息时，有这么一段话：

---

[68] 南大史料汇编委员会《南洋大学史料汇编》（吉隆坡：马来亚南洋大学校友会，1990），页37。

> 南大改组后的一个方针是南大教职员的组成应该以当地公民或永久居民为主干，为核心，这个核心应该有决定大学发展策略的作用。只有本地公民或永久居民才能较为深刻地了解，以及照顾国家的需要与难题……如果南大要成为名副其实的一间国家大学，那么它的决策机构必须掌握在本地的公民或永久居民的手上。[69]

在新加坡化政策下，返校服务的校友日益增多。在1970年代，南大专任教学人员已有69名校友，占全体153名专任教学人员之45%。在12位系主任中，新加坡公民或居民占七位，四位来自海外，一位来自马来西亚。[70] 南大校友回校服务人数剧增在一定程度上反映了南大毕业生的学术表现，以及对母校的向心力。但教学人员的“校友化”或“南大化”的特色也引起一些争论，黄丽松校长曾经表示，希望南大不应该是南大的南大，而是新加坡的南大，认为南大应该多聘请一些新大毕业生和小部分海外知名学者来加强教师阵容。[71]

在教职员逐渐校友化的当儿，南大校园内的学生结构也出现本土化的现象。1965年改制后，南大废除先修班，联邦学生入学比例减少。根据统计，新加坡和马来亚学生的比例，在1960年是37.2%对55.8%；到了1970年新加坡学生增至75.1%，马来西亚学生只有23.1%。[72] 这种转变受到关注，槟城南大校友会认为新马除政治国度独立外，其他各方面都保持深切的关系，而南大是属于新马社会人士共有的，门户必须继续开放，容纳更多联邦华校生。[73]

新加坡政府以本国利益为依归。为了国家教育和行政效率，于1974年指示南大与新大共同设立一个统一招生委员会，统筹处理南

---

[69] 《南洋商报》（新加坡），1970年5月31日。
[70] 《南洋商报》（新加坡），1971年8月27日。
[71] 《南洋商报》（新加坡），1972年9月5日。
[72] 《星洲日报》（新加坡），1970年8月19日。
[73] 《南洋商报》（新加坡），1969年9月29日。

大与新大新生入学事宜，并且拟定一份新的招生条规，以取代两大学的现行招生章则。这是继南大法修订后，另一项将南大新加坡化的重要政策。当时，教育部政务部长蔡崇语还解说：

> 世界上每个国家的大学，新生入学资格，毫无例外，都以该国的教育制度为根据，其他国家的学生要来深造，一定得符合这些规定。这份拟定中的招生条规势难兼顾外国学生的资格。但由于南大特殊的历史，政府同意做一些特别的安排，准许非新加坡学生可报考新加坡教育部主持的高级中学文凭考试，以确保新生入学标准完全一致。[74]

上述措施，引起马来西亚华人的强烈反弹。马来西亚南大校友会认为此举将“断送千万学子进入南大深造的机会”，“是对联邦华校生的一项沉重的挫折，是对全马华人支持南大信念的严重打击，违背当初创校宗旨”。[75] 董教总等大马文教团体在致新加坡驻马专员的备忘录中对此突变表示遗憾，指出“虽时移境异，南大主权易人，惟南大之创办宗旨不容忽视！……学术是无国界的，大学亦没有严格国界藩篱，实际上，为了敦谊睦邻，促进文化交流与区域合作，通常各国大学都有保留一定学额给外国学生”。[76]

董教总、校友会或函请南大收回决定、或会见校长商谈对策，[77] 但得到的答复是：“南大停止在大马招生，乃新加坡政府的决定，南大无法改变。”[78] 南大已纳入国家体系，不再是当年自食其力的民办大学了。尽管新马两地关系深远，但国家疆界的划分不免改变南大的学术板块。

---

[74] 《星洲日报》（新加坡），1973年11月16日。
[75] 《星洲日报》（新加坡），1974年1月31日。
[76] 《星洲日报》（新加坡），1974年3月21日。
[77] 《星洲日报》（新加坡），1974年2月1日、1974年3月18日。
[78] 《星洲日报》（新加坡），1974年3月17日。

上述政策，直至1970年代末才转变。1978年3月，南大宣布放宽大马学生的限制。[79] 同年12月，宣布增加大马新生名额，于1979年4月为大马学生举行入学考试。[80] 南大这个转变是为了解决当时越来越严重的生源问题。独立后，新加坡华校学生人数下降，70年代的情况更加严重，[81] 引发南大生源危机。而70年代中期后，南大内部体制不稳定，外部与新大竞争，许多华校学生为了就业现实，舍弃南大选择新大。[82] 1975年大学联合招生后，华校生申请新大为第一选择的有29%，1976年增至36%，到了1977年已有58%。[83] 在这种情况下，南大当局不得不另辟蹊径以扩大生源，而一衣带水的马来西亚华校生很自然地成为争取的对象。只是这时候，新加坡两所大学合并的日子逼近了。

另一方面，独立后新加坡华文教育"新加坡化"的一大特色就是"英语化"。当地华校小学和华校中学，面对学生人数锐减的困境，不断地自我革新，加强英文教学，结果是华校色彩的层层剥落，最后与其他源流合并。作为华文教育的最高学府，南大也遭遇同样的命运。当南大被纳入国家教育体系，朝向全国性大学发展后，就经历"由华入英"的历程，虽则南大当局一再保证南大不会变质，成为英文大学。[84]

---

[79] 《星洲日报》（新加坡），1978年3月18日。

[80] 《星洲日报》（新加坡），1978年12月20日。

[81] 1966年，小一新生有33%入华校，1976年只有14%。见《南洋商报》（新加坡），1977年8月24日。

[82] 1975年经济研究中心的调查报告显示，南大毕业生就业率有73%。虽然他们在政府部门没被歧视，但在私人机构，他们的薪水跟新大毕业生则有很大差距。见《南洋商报》（新加坡），1977年8月24日。1977年的报告则显示，南大毕业生的就业率只有70%，比新大差；他们找工作的时间也长、薪水低。见《星洲日报》（新加坡），1978年4月28日。

[83] 《星洲日报》（新加坡），1978年8月24日。

[84] 理事会主席黄祖耀在第五届会员大会上重申南大宗旨永远不变，基本上是华文大学，澄清社会人士对南大渐渐英化的疑虑，重申南大作为华文教育系统中的最高学府的地位不变。见《南洋商报》（新加坡），1971年5月1日；马来亚南大校友会《会讯》，第1期，1971年5月15日。

南大进入70年代后除了增加实用性课程，[85] 便是加强英语教学。在这过程中，马来文和英文的地位此消彼长。1968年成立的马来语文学系，[86] 因为“不符合效益”而于1972年被停办。[87] 相反的，英语的地位则不断提升。在第15届（1974年）的毕业典礼上，教育部长李昭铭强调南大应发展成为一间全国性大学，不能再像过去突出“华文大学”的特征，导致英校生或其他源流学生裹足不前；认为绝大多数南大师生都了解广泛采用英语教学的需要，抽样调查480名新、旧同学的结果显示，89.6%的旧生和80.4%的新生认为大部分课程可进行英文教学；希望南大理事与行政当局能有过人的智勇，面对现实问题，包括敏感的语文问题。[88] 随后校长薛寿生也向校友重申南大的目标是成为全国性大学，加强学生的语文能力是当前急务，“为配合国家语文政策，此后英语在教学与研究上将更普遍应用，并且准备由1975/76学年起，尽量增收非华文源流的学生。”[89]

1975年是南大改革的重要时段，3月李昭铭出任南大校长，该年度南大人事学制课程进行彻底改革，[90] 开始普遍采用英语教学以及招收各源流学生。[91] 第17届（1976年）毕业典礼上，李昭铭称，

---

85 南大于1970年12月成立“南洋大学发展策划委员会”，负责研讨南大往后十年的发展计划。在这一计划下，南大将开办许多实用性的新学科，如：实用物理学、实用数学、统计学、电脑、美术、音乐及实用心理课程。见《南洋商报》（新加坡），1972年4月28日。

86 《南洋商报》（新加坡），1967年9月16日、1967年10月14日。

87 该系被停办的具体理由是此科系与马大重叠、学生不多、没有就业机会、每名学生的费用超出所教学生比例等。见《南洋商报》（新加坡），1972年1月16日。

88 《南洋商报》（新加坡），1974年7月28日。

89 《南洋商报》（新加坡），1974年11月1日。

90 《星洲日报》（新加坡），1975年7月2日。

91 《星洲日报》（新加坡），1975年7月1日。南大突然改变媒介语——教学与考试，使学生感到不安，后来南大当局宣布学生可选择用中文或英文作答。见《星洲日报》（新加坡），1975年9月30日。

南大应积极地吸收其他源流学生，更广泛地采用英语为教学媒介语，以提高南大学生的素质和毕业生的就业机会。[92] 就在南大准备大事改革的当儿，李昭铭突然告假，吴德耀教授出任代校长职。[93] 1977年8月14日起，吴德耀任期届满，南大暂不设校长职，[94] 由南大理事会的一特任委员会[95] 代替执行及处理大学的事务。11月，该特任委员会委员林和合宣读南大毕业同学会发送给校友的书面报告书披露，南大各系（除中文系外）使用英文教学和考试作答的普遍性高达95%。[96]

1977年12月，李光耀总理在新大政治学会演讲会上，强调政府有责任确保南大的改组事在必成，以免南大浪费更多的时间。[97] 这意味着政府将采取更"有效"的方法使南大"改组成功"。1978年2月10日，李光耀在南大历史学会主办的演讲会上指出："从内部把南大改革成为用英语媒介的大学所遭遇到的最大障碍，在于南大校园是根深蒂固的华语环境。英语的应用不容易在这种环境建立起来。"他认为学生必需全面浸入英语环境才能掌握英文。[98] 演讲会后不到一个月（1978年3月4日），南大理事会和新大理事会即发表联合声明，宣布从1978年起，在新大的武吉知马校园设立

[92] 《南洋商报》（新加坡），1976年8月15日。
[93] 《星洲日报》（新加坡），1976年8月17日。
[94] 《南洋商报星期刊》，1977年8月14日。
[95] 南大理事会于1977年8月23日宣布南大将由南大理事会的一特任委员会管理，并委任一负责人执行特委会决策。特委会成员：黄祖耀、关世强（执行委员会委员及新大校长）、刘景煊（执行委员会委员及财政委员会主席，新大理事会理事）、林和合（理事会理事）。召开会议后通过一些政策纲领，包括与新大建立更密切的合作，统一大学的行政、财政、教职员任聘、师资与学生交换等各方面的交流；开办新加坡所需课程，淘汰与所需人才无关的课程；与新大实行共同课程、考试及学位。见《南洋商报》（新加坡），1977年8月24日。
[96] 《星洲日报》（新加坡），1977年11月28日。
[97] 《星洲日报》（新加坡），1977年12月29日。
[98] 《星洲日报》（新加坡），1978年2月11日。

联合校园，开办共同课程。[99] 在这个计划下，南大的学生将迁往联合校园上课。

马来亚南大校友为此迁移深表痛心，认为“南大已面目全非，彻底变为一间英文大学，违背了南大创办的宗旨与精神”。[100] 新加坡南大毕业生协会则把这一变动形容为“巨大的，也是痛苦的，但却是无可避免的”，并希望它是个“置之于死地而后生”的办法。[101] 但这办法最终却没能使南大起死回生。联合校园计划推行两年后，南大最终格于形势，选择与新大合并。[102] 合并后，南大原本的校园设立了理工学院，称“南洋理工学院”，将成为1992年之前建立的“南洋理工大学”的核心。[103] 南大的“新加坡化”，竟是一个“去南大化”的过程。

南大建校于动荡年代，其宗旨之一是为国家栽培建国人才。25年后，却因“国家不需要两间大学”[104] 而与新大合并，这是个

---

[99] 《星洲日报》（新加坡），1978年3月5日。

[100] 《星洲日报》（新加坡），1978年3月27日

[101] 《星洲日报》（新加坡），1978年3月8日。

[102] 1980年3月7日，新加坡总理李光耀致函南大理事会主席黄祖耀，提出南大今后命运问题。他基于南大师资缺乏、难以聘请高资格的师资以及学生宁愿选择进入新大而不愿进入南大已经越来越明显的理由，并在丹顿报告书的基础上，建议南大、新大进行合并。李光耀首次列出三项选择，让理事会做出决定：（一）新大和南大合并为一间国立大学，一个校园；（二）合并为国立大学，但保持两个校园；（三）在联合校园的三年过渡期届满，让南大重新开办。见〈李光耀与黄祖耀来往信件〉，《星洲日报》（新加坡），1980年3月11日。经过一番争论，南大理事会于1980年4月5日发表文告，决定接受李光耀的建议，把南大和新大合并成为“新加坡国立大学”。见《新明日报》（新加坡），1980年4月6日。

[103] 《星洲日报》（新加坡），1980年4月6日；《新明日报》（新加坡），1980年4月6日。

[104] 此建议是于1979年底由丹顿爵士提出。他于1979年10月17日至19日访问新加坡后，向新加坡政府提出《新加坡大学教育初步报告书》（也称为《丹顿报告书》）。报告书指出：“维持两间大学的论点，不论是设在两个校园或一个校园（一种荒谬的提议），是极端没有说服力的。而赞成只在肯特岗建立一间单一的强大大学的论点，却强而有力。”见《南洋商报》（新加坡），1980年3月16日。

既吊诡又无奈的结局。在新加坡领导人看来，南大的体制与象征，始终与新加坡国家格格不入。他们认为南大要彻底新加坡化，唯有跟英文源流统一。李光耀在给黄祖耀的信中提到："经过事后的认识，我们达到这样的结论——我们犯下了决定性的错误，就是没有从60年代起就为南大和新大实行统一考试，就像政府为华文和英文源流学校主办统一考试那样。"[105] 在回复连瀛洲的信中，李光耀表示，保持南大象征对新加坡是有价值的，但"不幸的是，鼓起对中华文化和传统深感自豪的那些理想，没能作为建立毕业生经得起市场考验的大学教育的实际现实"。[106]

南大与新大合并的提议，再次凝聚了新马两地华人的目光。新马虽然分家，国家疆界划分清楚，但是对马来西亚华人来说，南大是他们的文化圣地。马来西亚华社与南大校友反对合并的声浪，掩盖新加坡冷静的、无奈的回响。"南大"这个光圈，折射出两地人民渐见差异的教育观点。

新加坡南大理事会黄祖耀、林继民、连瀛洲和陈共存给李光耀的信，都提出各种建议改革南大，以保存南大，这包括采用美国大学制度、新大与南大相辅并存、在南大开办适当而又不同于新大的课程和学系等。但最后理事会还是妥协了，以联合校园的绝大多数南大学生选择合并以及南大在当时情况下很难吸收到优秀的学生和师资等为理由，决定接受总理的合并建议。[107]

---

105 〈李光耀与黄祖耀来往信件〉，李业霖编《南洋大学走过的历史道路》（八打蒋：马来亚南洋大学校友会，2002），页556–557。

106 〈李光耀与连瀛洲来往信件〉，李业霖编《南洋大学走过的历史道路》，页570。

107 〈黄祖耀致李光耀函〉（1980年3月18日），《南洋商报》（新加坡），1980年3月21日；〈林继民复李光耀函〉（1980年3月14日），《南洋商报》（新加坡），1980年3月25日；〈连瀛洲致李光耀函〉（1980年3月24日），《星洲日报》（新加坡），1980年4月3日；〈陈共存致李光耀函〉（1980年3月29日），《星洲日报》（新加坡），1980年4月4日。

当时新加坡已有一批南大毕业生出来从政，他们都支持合并。担任教育部高级政务部长的蔡崇语认为南大与新大合并将能对国家高等教育事业做出更大的贡献，并劝请大家不该感情用事。[108] 南大出生的11名新加坡国会议员也一致支持合并，认为这是彻底解决南大问题的途径。[109] 南大毕业生协会复函总理则谓，南大理事会的选择合情合理，希望南洋理工大学能够依时实现，让南大为国家社会的发展作进一步的贡献。[110] 根据媒体报道，对于南大理事会的选择，文教界喻为"明智的决定"，民间团体也表示支持。[111]

新加坡公开表示反对合并者为数甚少，南大研究院院长吴德耀教授立场最为鲜明。他指责访问新加坡三天后即作出定论的丹顿报告书有轻率之嫌，认为丹顿不了解南大过去的历史与发展，也无法理解人民创办南大的热心。[112] 他在〈南大前途备忘录〉中提到赞成南大保持独立学府的重要理由：

> 南大可以造就适合这个基本上属于亚洲人的社会、华族人口占总人口的78%的新加坡各方面和各层次的需求。随着日本崛起为经济强国，而中国在本世纪也可能成为政、经强国，南大可以造就毕业生，以应付他日之需……因此南大可以扮演与新大相辅相成的角色，一个应东方之需，另一个应西方之需。[113]

虽然如此，当合并已成事实后，吴德耀还是以冷静和积极的态度看待未来的发展，并在一份声明中对拟议中的"南洋理工大

108 《星洲日报》（新加坡），1980年3月14日。
109 《星洲日报》（新加坡），1980年4月6日。
110 《星洲日报》（新加坡），1980年4月24日。
111 《南洋商报》（新加坡），1980年4月8日；《星洲日报》（新加坡），1980年4月9日。
112 《南洋商报星期刊》（新加坡），1980年3月16日。吴德耀接受记者吴俊刚访问。
113 《南洋商报》（新加坡），1980年3月17日。

学”提出自己的看法，包括新大学的名称、气质、规模、环境和课程等。[114]

当时，学生会也发表声明，质疑《丹顿报告书》的草率和不客观。[115] 报章也有一些微弱的反对声音，自称蓝园的读者发表的评论（报章标题：〈南大前途：第四个选择〉），其用词算是比较尖锐了，他感叹：

> 众所周知，南大自从1975年接受一位政府部长出任校长，大刀阔斧改教学媒介语为英语开始，已经结束了它的“历史的任务”。换言之，它已不再是一间华文大学，而是不折不扣的一间国民型大学。但当时，大家谈的大体上只是教学媒介语的问题，现在看来这完全是一个错觉。事实是，改了之后，南大仍然朝着死亡之路迈进。[116]

反观马来西亚华人，不满的声浪此起彼伏。马来西亚南大校友和华社，从民族文化教育根基与情感、区域发展需求的角度出发，强烈反对南大与新大合并。他们以集体名义提出抗议，形成一股舆论的力量。在得悉李光耀提出包括合并的三建议后，马来西亚南大校友会即发表对南大前途的看法，认为解决南大问题应对症下药：

> 我们看不出为什么非采取合并途径不可，如果“在两个校园里开办一间大学，把联合大学的重要科系安置在南大校园里”是“正确的办法”，为什么不可以在“两间大学，两个校园”的情况下作出类似调整呢？”……（该文作者认为要解决南大的问题）必须首先平等对待两间大学，让南大与新大各自设立重点不同的学院与学系；停

---

114 《星洲日报》（新加坡），1980年4月17日；《南洋商报》（新加坡），1980年4月17日和18日。

115 《星洲日报》（新加坡），1980年4月4日。

116 蓝园〈南大前途：第四个选择〉，《南洋商报》（新加坡），1980年3月14日。

> 止联合校园与统一招生，让南大学生回到云南园上课，恢复南大朝气蓬勃的气息，尽量排除非学术性的干预，让南大有一位学有专长的资深校长在独立自主的基础上发挥其特质。[117]

为了"抢救"南大，马来西亚华团奔走呼告。九位工商文教团体代表结伴来新加坡拜会南大理事会主席黄祖耀，进一步了解南大的最新发展以及建议合并的背景，过后还发表声明（1980年3月26日），表达马来西亚华社对此事的震惊和反对合并；认同黄祖耀的建议，让两间大学相辅相成。[118]

但是他们无法挽狂澜于既倒，南大新大合并势在必行。雪州董联会对此深感愤慨，发表措辞强烈的指责：

> 冰冻三尺，非一日之寒，如今南大被并入新大，这是不愿看到南大存在的人蓄意给她安排的命运，并非南大本身不争气，不能应付新的挑战……可是让南大在一些蓄意制造的困境中，在一些似是而非的理论中，在短视的功利主义中，被扼杀，被并吞，则不是我们所能同意的！即使是感情用事而希望保存南大，尚是对历史及传统的尊重，若基于个人的恩怨而置南大于死地，则将被看成是历史及传统的罪人。[119]

华教界人士直指南大的存亡是人为的政治。[120] 马来西亚各大华团也纷纷发表声明抗议，认为南大理事会在南大存亡绝续这样重大的问题上未深入研究就轻易放弃保卫南大的责任，是一项极不恰当

[117] 《南洋商报》（新加坡），1980年3月19日。
[118] 《南洋商报》（新加坡），1980年3月27日。
[119] 《星洲日报》（新加坡），1980年4月10日。
[120] 沈慕羽称李光耀为高明的政治医生，只要他愿意便可把南大救活。《星洲日报》（新加坡），1980年4月15日。

的决定，历史将会作出批判；他们质疑南大新大“合并”的说法，认为这是道道地地的“吞并”。[121] 马南大校友会更于会员大会上，通过提案强烈谴责新加坡政府强制将南大并入新大，并对南大理事会轻易接受这安排表示极度的愤慨与遗憾。[122]

南大是新马两国华人的心血与骄傲，是他们的精神图腾。但是在合并事件发生前后，两地华团与校友的反应却有明显的不同。李光耀观察到这点，他在回忆录里指出：

> 大部分说华语的家长和学生接受了南大从华文转为英文大学是势所难免的事实。最情绪化的反应来自南大校友。在新加坡的校友纵使没有公开支持，也能够了解这种改变是大势所趋。在马来西亚的校友却依然愤愤不平，把它看做一种叛逆行为，痛心疾首地猛加谴责。[123]

马来西亚华人更在乎这所“外国大学”的存亡，国家疆界已模糊了。这种反差是新马历史分道扬镳的结果。殖民地时代，两地华人共同为维护华文教育、发展华人文化而努力，南洋大学就是这样创办起来的。新马分家后，新加坡的英语优势环境导致华文教育走向衰微，华校一间间倒闭；而马来西亚华人则秉承护教传统，继续发展华文教育，增办一所所华校。1980年的合并抉择，对于亲身经历70年代华校小学生跌势凌厉、华校或关闭或变质的新加坡华文教育者而言，其冲击力已经减轻了；相反的，对于一路为华文教育奋斗的马来西亚华人来说，这是一个极大的震荡。发展民族教育的宗旨，对新加坡华人而言已渐成保守观念，但对马来西亚华人来说则是坚定不移的信念。

---

121 《星洲日报》（新加坡），1980年4月24日。

122 《星洲日报》（新加坡），1980年4月28日。

123 李光耀《李光耀回忆录（1965–2000）》（新加坡：联合早报，2000），页176。

1980年8月15日，南大举行第21届，也是最后一届毕业典礼。《海峡时报》当天刊登了一则以〈一个梦想的终结〉(It's the End of a Dream)为标题的报道，借用“21”数字的含义（代表憧憬、自立、成年）隐喻对南大“英年早逝”的惋惜。[124] 生命在这风华正茂的年龄嘎然而止，很难不叫人扼腕叹息。但超越四分之一世纪的经营与磨难，并不是一场空。南洋大学虽然丧失了形体，却留下了历久不散的精神象征，一幅永垂不朽的南大图腾。

南大精神：跨越时空的文化图腾（1980–　）

1980年南洋大学走进了历史，南大生对母校的牵念却是时间越久越浓郁。岁月匆匆又经历25年，历史巨轮碾过80年代和90年代，再度过21世纪前面五年，来到人们纪念创校50周年[125] 的时刻。没有南洋大学的25年，“南大”不曾被遗忘，而“南大精神”更是受到前所未有的瞩目。“南大精神”凝聚先辈创校经验与南大生的刻苦奋斗历程，经过千锤百炼，化为校友们团结友爱、自强不息、热爱母校、关心华文教育、推动中华文化、献身社会国家……的支柱和推动力。因为“南大精神”，校友们无时无刻想着为母校做点什么。于是，这25年来，各地南大校友会为团结彼此而努力，为南大校友名册是否从新加坡国立大学转入南洋理工大学而挣扎，为复办/续办南大而奔波，为南洋理工大学的简称改为“南大”或抗拒或雀跃，为复名/正名而意见分歧，还有牌坊搬迁的争辩和南大史编写的议论……这种种都是热爱母校的表现。

---

[124] *The Straits Times* (Singapore), 15 August 1980.

[125] 南洋大学于1955年创校的说法具争议性。实际上，南大早在1953年定名、发表〈创立南洋大学宣言〉，并取得“南洋大学有限公司”的法人地位；1955年开办先修班，1956年正式开学。南大牌坊在1955年落成，刻上1955年，给人1955年创校的印象。笔者认为1953年的说法比较有根据。

南洋大学自倡办始，“南大精神”已在形塑之中，其内涵也随着大学的发展而更为丰富与深化。1954年，吴德耀教授即以学者的身份在《南洋商报》发表一篇论文，题为〈南洋大学应有的精神〉，强调在狭隘的国家主义与土著民族意识兴起的环境中，南大应反映华教发展的精神与发扬华人文化的精神，同时不忘沟通中西文化与发展马来亚文化。[126] 1958年，第一届南大学生会的会务方针强调“精神建设南大”，指出“全校同学正在创造着南大的传统精神”，呼吁同学“要树立刻苦勤学，团结友爱的南大精神”。[127] 无论如何，在南洋大学时代，“南大精神”一词，还是少听少见。

“南大精神”一词的普及，要等到南大形体消失之后。在“后南大”时代，南大人与华文教育者，以它为精神支柱，继续为理想而奋斗。在许多人的心中，南洋大学是永恒的、不朽的，校友依然君的新诗〈南园一梦25年〉，在悲凉中流露了希望：

说什么都是枉然的
如果冬季已来临
风奔雪飞，自然的
你必枯萎、凋零
但是种子已随风播散，我的爱
你就睡一季黑甜甜的长冬吧
雪融之后，大雁掠空而过
那时，再撑开软软的泥土，探出你的头来[128]

---

[126] 《南洋商报》（新加坡），1954年2月28日。
[127] 《南洋商报》（新加坡），1958年6月4日。
[128] 此诗在新加坡华文报章发表后，马来西亚南大校友会在1982年出版的《纪念南大创校25周年特刊》首先转载，加拿大南大校友会在1990年5月出版的《回忆云南园》再转载，槟城南大校友会在1990年11月出版的《1990年南大之夜》又再转载。

拿督许平等局绅在〈永恒的彗星〉一文中透射了强烈的信念：

> 南大确实是一颗彗星，它只是在人类视线中暂时消失，在浩瀚的宇宙中却永远存在，终有一天会重新出现，更光辉、更灿烂。[129]

因为爱与期盼，校友及其关心者为不存在的南洋大学继续付出，于是，编织了另一个25年的南园之梦。梦里，有南大之夜、南大的续办、南大的复名、牌坊的迁移……南大精神也随之茁长，成为一种力量象征，一种文化图腾。

1980年代，新马的南大校友会开始了跨越两国疆界的“南大之夜”。第一届“南大之夜”在1981年8月间举行，即南大从云南园消失的第二年，各地校友会聚集在吉隆坡，当下决定为母校出版《纪念南大创校25周年特刊》。[130] 这以后，“南大之夜”轮流在槟城、马六甲、吉隆坡、新加坡等地主办。仅是80年代，就举办了7届。校友们借这种聚会方式，团结校友、为母校做事，发扬友爱和爱校的“南大精神”。

1990年代，“南大之夜”继续举办，如何发扬南大精神继续成为共同话题。第八和第九届的地点分别在槟城和新加坡，但是1992年它就开始跨出新马国家疆界，在加拿大多伦多举行，成为第一届全球南大校友联欢会。出席的校友，除了加拿大，还有来自美国、英国、香港、台湾、澳门、汶莱、马来西亚和新加坡。这以后，各地轮流举办，不限于新马。1993年（第二届）在砂劳越美里，1994年（第三届）在印尼巴厘岛，1995年（第四届）回返新

129 《南洋商报》（马来西亚），1982年8月27日。

130 《南洋商报》（马来西亚），1981年7月31日。特刊于1982年出版，内容丰富，厚达200余页。编者在〈我们的话〉中说：“我们坚信，虽然南大已不存在了，但南大所肩负的发展民族教育的精神，将永垂不朽，永远铭刻在新马人民的心版上。”

加坡云南园，1996年（第五届）在吉隆坡、1997年（第六届）在香港、2000年（第七届）在温哥华、2002年（第八届）在马来西亚沙巴州、2004年（第九届）在槟城。2006年（第十届）在澳洲墨尔本举行。

1990年代初期发生两件事，使南大校友们的梦变得更为真实。1991年7月，南洋理工学院晋升为南洋理工大学，带来了新旧南大历史衔接的契机，此其一。1992年6月多伦多的全球联欢会，名作家韩素英一席话，引发了复办南大的梦想，此其二。前者由政府和大学主催，后者在校友群中自发性地开展。两件事的发展又互相交叠、互相推动，而续办和复名的念头也随之萌生。当时，许多校友都期盼着母校像神话中的火凤凰，在灰烬中重生。

1991年7月，南洋理工大学正式成为一所大学。新加坡政府肯定南大精神，并呼吁南大校友资助新大学。6月20日，新闻及艺术部长杨荣文在国大演讲时表示希望旧南大的精神会在南洋理工大学重现，因为这种热爱团体的精神是国家宝贵的资产，它是需要多年的时间才能培养出来的。[131] 政府国会教育委员会主席翁执中在国会中提出，将南洋大学的校友名册从新加坡国立大学迁出，转入南洋理工大学，以衔接历史，让南大校友协助新大学的发展，让新大学的学生不会忘记南大精神，那是新加坡历史的珍贵部分。[132] 对于新加坡政府的建议，新马南大校友大都表示反对。新加坡南大毕业生协会发表声明，认为南大与新大只存在一丝地缘的关系，其他毫无牵连，但表示乐意协助筹款，也不介意新大学简称“南大”。[133] 吉隆坡南大校友会甚至表明他们不会因为“理大”改为“南大”便承认

[131] 新加坡南大毕业生协会在一份声明中为此特表感激。见《联合早报》（新加坡），1991年6月22日。

[132] *The Straits Times* (Singapore), 21 July 1991.

[133] 《联合早报》（新加坡），1991年6月22日。

南洋理工大学为母校，也没有义务为这所外国大学筹款。[134] 槟城南大校友会副会长蔡亚汉还质疑新加坡政府的动机。[135] 对马来西亚校友而言，南洋大学是跨越国家疆界的文化共土，也是无可替代的。

迁册事件暂告一段落，总理吴作栋表示尊重南大校友的抉择，并接受南大毕业生协会的一些建议，包括将南洋理工大学的简称改为“南大”，以及保留旧南大校园内的美景和具有历史价值的建筑。[136] 这以后，政府继续释放善意，再三肯定“南大精神”，赞扬南大生对母校的感情。1991年11月5日，新马1500名南大校友正在新加坡举行第九届“南大之夜”，报章刊登了资政李光耀鼓励民间办校，重振校友热爱母校的校风，并以南大为例，反照当地英文学院与大学校友对母校的冷漠，马来西亚校友特为文评论，新加坡《联合早报》予以转载。[137] 新加坡政府的态度，使许多南大校友受到某种程度的鼓舞。

与此同时，全球南大校友正在掀起复办南大的热潮。1992年6月，来自世界各地400多名南大校友参加在多伦多举行的第一届全球南大校友联欢会。台上挂着新加坡800多名校友赠送的横批祝联，题词为“南大精神，永垂不朽”。大会上名作家韩素英提议在加拿大复办南大，激起了校友们的热烈回应。马来西亚《南洋商报》（1992年7月4日）社评〈南大复办反应积极〉赞说：“用以发扬和延续南大精神的各种建议先后有校友提出，唯最具体化的莫过于名作家兼前南大讲师韩素英女士所建议的复办南大概念。”在接下来几届全球南大校友联欢会上，“复办南大”都是重要议题。

---

134 《联合早报》（新加坡），1991年6月26日。
135 《南洋商报》（马来西亚），1991年9月30日。
136 《联合早报》（新加坡），1991年6月24日。
137 《联合早报》（新加坡），1991年12月3日。

马来西亚的南大校友和华教人士对复办南大之事最为积极。他们热切地讨论复办地点，有些人赞成在加拿大，更多人认为在东南亚比较适合，但碍于马来西亚政府的华文教育政策，多数人选择新加坡南大原址。[138] 一些人甚至提出新加坡政府须弥补错误，“扮演‘解铃人就是系铃人’的角色”，认为“李光耀应还南大原貌”。[139] 1992年8月间，新马南大校友会召开两次联席会议，决定改“复办”为“续办”。9月间，马来西亚、槟城、霹雳、马六甲、新山和砂劳越六个南洋大学校友会，联合发表声明，恳请新加坡政府从国大撤出南大，以续办南洋大学。[140] 之后，马来西亚校友会的呼吁没有间断，1993年4月出版的《南洋大学全球校友联欢会特刊》，转载了1993年3月份之前新马华文报章对复办南大的评论与报道，22篇中有21篇是源自马来西亚的华文报。

新加坡方面，政府和社会领袖则继续肯定南大精神，后者还提出南大复名的可能性。1993年1月间，李光耀给台湾媒体的答语“如果南大精神完全丧失，我们就有麻烦了”顿成名句，多次被新马校友引用。[141] 5月底，新闻与艺术部长杨荣文准将在华族文化节开幕仪式演讲时再度强调保留和继承南大精神的重要。[142] 6月初，前南大理事会主席黄祖耀则向华文报记者表示赞许杨荣文的说法，认为复办南大不太可能，但可以考虑恢复南洋大学的原名，以发扬南大精神。[143]

---

138 《联合早报》（新加坡），1992年7月3日；《南洋商报》（马来西亚），1992年7月4日、7月10日。

139 《南洋商报》（马来西亚），1992年7月4日及7月16日；*The Straits Times* (Singapore), 17 July 1992.

140 《星洲日报》（马来西亚），1992年9月17日；《南洋商报》（马来西亚），1992年12月27日。

141 *The Straits Times* (Singapore), 30 January 1993；《联合早报》（新加坡），1993年1月30日；《南洋商报》（马来西亚），1993年4月1日。

142 《联合早报》（新加坡），1993年5月30日。

143 《联合早报》（新加坡），1993年6月6日。

南大校友受到来自新加坡的鼓舞，复办/续办南大的信心因而加强，复名的构想也萌生了。[144] 1993年6月7日在砂劳越美里举办的第二届全球南大校友联欢会上，复办南大是交流会的主题，代表们表达了“以南大精神促南大重生”的普遍意愿。各地校友会领袖还举行闭门会议寻求共识，过后由南大校友联合会发表声明，全力支持黄祖耀复名的建议。[145] 不过，复名之事并不顺利，南洋理工大学校长詹道存旋即表态。他解释南洋理工大学基本上是一所理工大学，不可能改名为南洋大学，但应该简称“南大”；表示很愿意跟南大建立密切关系，将提供各种方便欢迎1995年全球南大校友联欢会在云南园举行。[146] 南大校友没气馁，继续探讨复办南大的可能性。1994年6月第三届全球南大校友联欢会在印尼巴厘岛举办，与会南大校友千多人，大会主题突出“发扬南大精神”，复办南大还是重要课题。马来亚南大校友会会长林源德致词时表示复办之事困难重重，但该会不放弃继续探讨实现理想的可能性。[147]

1995年6月间，“南大精神”弥漫整个狮城（新加坡）。6000多名南大校友集聚云南园，参加南洋大学创校40周年纪念暨第四届南大全球校友会联欢会。“扩大校友联系，体现南大精神”是大会的主题。[148] 创校40周年纪念特刊的16篇献辞中，有15篇谈到“南大精神”。新加坡南大毕业生协会会长谢万森和马来亚南大校友会会

---

144 《联合早报》（新加坡），1993年5月30日、5月31日（社论）；《南洋商报》（马来西亚），1993年6月8日；1993年6月在美里举行的“全球南大同学交流会”上，一些代表认为杨李二人的谈话，给他们的印象是距离复办南大的理想已不会太远。

145 《南洋商报》(马来西亚)，1993年6月8日；《联合早报》（新加坡），1993年6月8日。

146 《联合早报》（新加坡），1993年6月23日。

147 《星洲日报》（马来西亚），1994年12月17日。

148 6月3日的交流会，主题即“加强校友联系，体现南大精神”；同日的座谈会则以“发扬南大校友精神，面向亚太世纪”为题。大会、交流会和座谈会主题分别见纪念特刊〈工委会的话〉和《联合早报》（新加坡）1995年6月4日新加坡新闻版两则报道。

长林源德都在各自的献词中认同新旧大学历史的衔接、新大学简称“南大”，以及在云南园里发扬南大精神。[149]《联合早报》的新闻、言论、交流、议论街等各版纷纷以“南大精神”为题，热烈报道和讨论。[150]

6月3日晚宴上，总理吴作栋在演讲中表示支持南大毕业生的名册从国大迁移到南洋理工大学，以及将“理大”改称“南大”，以衔接历史。他肯定和感谢南大生对国家的贡献，赞扬南大校友对母校的热爱，并以毕业生总数不过12000名，晚宴竟有6000名出席为“一种非凡的表现”。世界各地南大校友会会长在吴作栋离开晚宴后，举行联席会议，会后13个南大校友会发表联合声明，表示迁册回南大是顺理成章的事，校友将重新建立对现南大的归属感，并对吴作栋的肯定南大感到鼓舞。[151]

至此，“复办南大”的声音逐渐转弱，代之以“续办南大”，而复名的声音再度响起。1996年6月1日，第五届南洋大学全球校友联欢会在吉隆坡举行，参与者约1600人，大会主题是“加强校友联系，致力续办南大，迎接亚太世纪”。南洋理工大学校长詹道存在

---

149 〈献辞〉，《南洋大学创校四十周年纪念暨全球南大校友联欢会记念特刊》（新加坡南大毕业生协会，1955），页4–21。

150 报道和讨论的题目大都冠以“南大精神”，包括〈“留得青山在，不怕没柴烧”，黄祖耀呼吁南大校友致力发扬南大精神〉（要闻）、〈从积极观点看南大精神〉（交流）、〈南大精神是中华文化在云南园的具体表现〉（新闻）、〈南大校友讨论如何发扬南大精神迎接亚太世纪〉（新闻）、〈南大校友怀旧纳新，南大精神方能永存〉（言论）、〈为“南大精神”下定义〉（交流）、〈“南大精神”是无我、无畏精神〉（交流）、〈一个新的开始，南大精神后继有人〉（议论街）、〈气氛感人、节目精彩、秩序井然，“南大之夜”充分体现南大精神〉（新闻）、〈南大精神的体现与延续〉（言论）、〈南大精神体现于南大生身上〉（交流）、〈把南大精神纳入高等教育体系中〉（言论）等等。文章依序见《联合早报》（新加坡），1995年6月1日、1995年6月3日、1995年6月4日、1995年6月4日、1995年6月5日、1995年6月6日、1995年6月8日、1995年6月10日、1995年6月12日、1995年6月17日、1995年6月17日、1995年7月1日。

151 见《联合早报》（新加坡）1995年6月4日新加坡新闻版另两则报道。

致词时说，南大精神是“自强不息、力求上进”，这八个字完整地留在校内的花园斜坡上；希望南大校友能本着南大精神，协助现南大。当天下午的交流会上，各地代表围绕着“续办南大”发言，美、加、欧、澳、日、港、泰、印、汶、新、马各州校友会领导人举行联席会议，建议拟定一份“续办南大建议书，提交新加坡政府”。1998年5月26日，马来西亚六校友会将“续办南大建议书”提呈给新加坡总理吴作栋，内容包括南大精神、教学媒介语、开办中文系等学系，以及为南洋大学正名等。同年8月26日，新加坡潘受获颁南洋理工大学名誉文学博士学位，致答谢词时呼吁政府与大学尽早为南大复名。[152] 南大正名或复名之说，于20、21世纪交替前后数年，逐步推向高潮。

21世纪前面四年半，南洋理工大学两位校长詹道存和徐冠林相继推动“复名”之事。在本世纪前面两届，即第七届（2000年6月）和第八届（2002年6月）全球校友联欢会分别在温哥华和马来西亚沙巴举行，南大精神再度焕发。校长詹道存两次致词时一再提到复名的可能性。[153] 2003年1月，徐冠林出任南洋理工大学新校长，明确地表示将以重建南洋大学为工作重点之一。从此，他致力于衔接新旧南大、发扬南大精神和南大复名的活动。他发表公开演讲，联系各地南大校友，举办校内学生校友寻访历史足迹的“传承之路”活动，以期引导舆论、说服校友、教育学生。他的努力激起了相当大的回响。

---

152 《联合早报》（新加坡），1998年8月27日。

153 他在温哥华致词时确认大学重视马南大校友提呈给新加坡总理的“续办南洋大学的建议书”，并逐步加以落实；劝慰校友不要着急，“南洋理工大学”改名为“南洋大学”是有可能的，而且现南大毕业生也继承了南大精神。见http://www.nantahalumni.org.sg/news-2000-1706.htm。他在沙巴的演讲词中，除了呼吁南大与各有关团体加强联系，使后南大生继承南大精神，也再度表达了南洋大学不久后复名成功的期盼。见《联合早报》（新加坡），2002年6月10日。

新世纪的前面几年，南大课题引起新马两地的关注，一些相关的活动还同步进行着。显著例子如南大史计划，新加坡南大中华语言文化中心与马来亚南大校友会分别展开了南大史资料的收集与编辑、研究与学术会议。再如以南大为主题的重要演讲会 / 座谈会，于2003年第三季先后在新马两地举行。2003年7月26日，新加坡陈嘉庚国际学会与陈嘉庚基金邀请南大校长徐冠林发表公开演讲，讲题是：〈从南洋大学到南洋理工大学：华文教育的回顾与前瞻〉。一周后，马来西亚南方学院与陶德书香楼配合“南洋大学历史回顾展”，联办“南大精神与民族教育”座谈会，邀请新马从事南大历史研究的两位校友李元瑾与李业霖发表演说。前者以〈南大精神：新马两地华人共有的历史遗产〉为题，论述了这份跨越新马疆界的共同精神财富。两天的出席者都非常踊跃，吸引了不少新马两地南大校友和关心华文教育者参与，再次呈现了跨越新马国家疆界的南大图像。[154]

不过，对于南大的许多问题，校友们的看法不一。新世纪的前面几年，特别是2003年，南大精神、历史衔接、牌坊迁移和南大复名，成为各地校友热烈讨论和争辩的课题。南大精神的提倡是一致的，惟许多校友们从不同角度阐释其意义与内涵。至于南大历史究竟只有25年？还是50年？南大牌坊应否搬到南洋理工大学正门？还是继续孤独地留在原地？南洋理工大学是否复名或改名为南

---

[154] 新马两地数份华文报章分别报道两天的演说。本文所提的演讲辞都收录于陈嘉庚国际学会学术小组编辑，由八方文化企业公司出版（2003年）的《南大精神》一书。

洋大学？都引起争议。[155] 争辩过程显现两种背道而驰的看法。一种是选择让一切保留原状，让25年历史、原地的牌坊、原有的南洋大学，泣诉南大的坎坷命运，让悲情化为一股无形力量，甚至怀疑提倡50年历史、迁移牌坊和热衷复名的动机。另一种看法是，衔接历史，重建南大，让过去的努力继续发展，让南大精神得以传承与发扬。无论立场和观点如何，很少人会质疑南大校友及参与讨论者对南大的爱护之心，虽不免流露“爱之反倒害之”的焦虑。

观察新加坡校友和关注南大人士的言论，显然比较倾向于支持历史衔接、牌坊搬迁和南大复名的立场。一切正朝向乐观的方向发展，直到2004年7月12日，在南洋理工大学毕业典礼上，事情出现让人惊讶的戏剧化转变。背负压力的徐冠林校长，突然宣布南大复名需等待大学发展为第一流大学之后再议。晴天霹雳，许多校友的期

155 陈嘉庚国际学会学术小组，以《南大精神》为题，选择了2003年刊登在华文报章上的有关南大精神、历史衔接、牌坊迁移和南大复名的言论和学人讲稿40余篇，汇集成册，于2003年12月由八方文化企业公司出版。实际上，除了收入《南大精神》的40余篇，当时华文报章和南大校友网站，还有许许多多相关文章。以新加坡《联合早报》来说，仅标题出现“复名”的还有好几篇，例如：2003年1月18日的〈南洋大学的正名与南大精神〉、1月21日的〈南大复名应乐观其成〉、2月19日的〈南大复名，何必冠上“国立”？〉、8月29日的〈南大复名的几点建议〉、12月14日的〈从南大复名展望马国华教前景〉（《星洲日报》特稿），再如2004年2月5日的〈南大复名〉（节录《海峡时报》）、2月7日的〈从鞭炮解禁到南大复名〉、6月28日的〈南大复名〉、6月29日的〈对南大复名不必沉默〉；谈论牌坊的例如：2003年8月14日的〈让南大牌坊有重生的机会〉、8月14日的〈南大牌坊的回校之路〉、9月5日的〈南大牌坊位置的商榷〉、10月2日的〈南大牌坊应该移到新校门〉。至于校友网页，也是不胜枚举，可上网浏览，此处仅举2003年者数例，论复名如傅文义的〈正名国立南洋大学〉（2003年1月25日）和〈正名复名南洋大学的讨论会〉（2003年2月24日）；论牌坊如署名牌坊的〈牌坊的申诉〉（2003年8月28日）和刘利成的〈历史的真实与牌坊的迁移〉（2003年12月10日）等。2005年6月，霹雳文艺研究会出版了《南大历史只有一部》，也收集了40多篇文章，以2003年和2004年撰写的为主，侧重在南大精神、南大历史、南大复名，其中又以南大复名的篇章占多数。全书共174页，由岳衡主编。

待顿成了缥缈的梦幻，紧接着是新马两地报章和南大校友网站，发出了惋惜、不解、失望、嘲讽……的回响。

一切归于平淡。南大校友怀抱不同的心情继续举办全球联欢会。2004年12月，槟城举行的第九届全球南洋大学校友联欢会，约800名校友参加。重要人物的演讲稿，不再出现“复办”、“续办”、“复名”等词汇，但仍然强调“南大精神”。槟州首席部长许子根勉励校友本着南大精神站稳岗位，包括制造新生代以传承薪火，同时号召遍布各地的12000名校友重新加温南大精神。[156] 2005年，因为复名受挫，全球校友再聚云南园共同纪念母校创校50周年的构想落空，却于6月18日在各地同步举行纪念联欢晚会（当中也有反对者）。在新加坡，千余人出席由南大毕业生协会主办的晚会，校友们以歌声助兴。或许，许其明校友的〈水调歌头〉（苏东坡词），最能表达南大生内心的感触。前两句“明月几时有，把酒问青天”，抒发他们心中疑问；而后两句“但愿人长久，千里共婵娟”，传达各地南大人共同思念。

时空疆界模糊了，校友心中的南大图腾依旧明晰。

结语

南洋大学创办时，新马华人在虚拟的“马来亚国家”疆界内共襄义举。随着南大的发展，新马也于1950年代分别自治与独立，60年代先合并后分家，从此分道扬镳。两地的国家疆界或疆界意识，从不十分明确到因分分合合而不断强化，在政府层面和民间层面也出现现实与虚拟的矛盾，南大交织其中，成为映射新马间似有

[156] 他建议成立南洋大学基金，以南大精神来号召新马两地及东南亚校友与他们的新生代，继续为文化传承和母语教育努力，让南大精神继续发扬光大，传承后代。大会也与韩江学院联办“南大历史回顾展”，并出版《南大真精神》，其序言〈永恒的南大精神〉道：“南大短暂的光辉已逝，却给后人永恒的南大精神。”

还无的国家疆界的器具。从50年代初南大的创办被殖民地政府、回教党和巫青团想象为“小北京”的出现，以及被其他语群质疑妨碍马来亚意识的塑造而引起反弹；到1959年马来亚副首相敦拉萨视南大为外国大学，两地政府对承认南大首届毕业生持不同态度；到新加坡政府于1960年首次发表对南大政策声明只津贴外地学生15%的经费，1974年又停止南大在马来西亚招生而引起该地民间的抗议，都是例证。然而，南大在新马两地华社与南大生的心目中，始终是一块跨越国家疆界的文化版图，甚至形成一幅文化图腾。南大70年代后期的变质和1980年的关闭，引起两边的焦虑和悲愤，而马来西亚方面的反应尤为剧烈。南大失去形体之后，“南大精神”成为校友的心灵支柱。80年代，新马南大校友会开始了跨越两国疆界的“南大之夜”；1992年开始再跨出新马疆界，定期在亚洲、美洲和澳洲举办全球南大校友欢会。往后十余年，南大的复办与复名、南大牌坊的迁移、南大历史的书写等，成为各地南大校友共同关注的课题。在现代国家疆界异常明确甚至因疆界意识而交恶的背景下，南洋大学却因文化纽带的作用而成为新马华人，甚至全球校友之间的文化共土，突破了现实的国家疆界。而南大精神，在南大人的心中，已是一幅跨越时空的精神图腾。

作者简介

（按中文姓名汉语拼音排序）

何启良 (HO Khai Leong)

美国俄亥俄州立大学政治学博士。现任新加坡南洋理工大学人文与社会科学学院副教授。其教学、研究专长为新加坡、马来西亚华人社会与政治政策研究等。目前从事有关新加坡和马来西亚政治治理、新马文化思想史等研究课题。英文著作有：*The Politics of Policy-making in Singapore*；中文编著有：《政治动员与官僚参与：大马华人政治述论》、《文化马华》、《马来西亚华人史新编》（共三册）（合编）、《马来西亚华人思想与人物：匡政与流变（政治篇）》（编著）。

黄坚立 (HUANG Jianli)

澳大利亚国立大学博士。现为新加坡国立大学历史系副教授、中国研究课程召集人。主要研究领域涵盖1920至1940年代的中华民国史，目前研究课题关注抗战时期（1937–1945）国民政府迁都重庆后重庆市内的镇、保、甲之地方治理。另一个主要研究领域是新加坡华社研究。著有*The Politics of Depoliticization in Republican China: Guomindang Policy Towards Student Political Activism, 1927–1949*；合编《海外华人研究的大视野与新方向：王赓武教授论文集》、《华人世界秩序的权力与认同》；并在*Modern Asian Studies, Journal of Chinese Oversea, Journal of Southeast Asian Studies, Journal of Oriental Studies, East Asian History*等刊物上发表学术论文。

黄康显 (WONG Hong-hin, Owen)

笔名黄傲云。1970年获英国剑桥大学哲学博士学位。资深教授，美国纽约世界日报主笔。曾长期居于英国及新加坡等地，并担任过新加坡南洋大学历史系副教授、英国剑桥大学邱吉尔学院院士、香港大学高级讲师等职，自1982年开始连任多届香港英文笔会（国际笔会香港分会）会长。著作有《香江岁月》、《旅港中国作家的香港背景小说》、《香港文学的发展与评价》、《中国作家与南洋》和《香港最后的探戈》等等。

黄庭康 (WONG Ting-Hong)

美国威斯康辛大学哲学博士。现职台湾中央研究院社会学研究所。研究领域主要是教育社会学、历史社会学及比较教育。曾在 *British Journal of Sociology of Education, Comparative Education Review, Journal of Historical Sociology* 等国际性学术期刊发表关于香港及新加坡华文教育的文章。专书 *Hegemonies Compared: State Formation and Chinese School Politics in Postwar Singapore and Hong Kong* 于2002年由美国Routledge出版社出版，并于同年获得台湾中央研究院年轻学者研究著作奖。目前继续研究台湾、香港及新加坡等华人社会的教育问题。

利亮时 (LEE Leong Sze)

新加坡南洋理工大学中华语言文化中心博士。曾任南洋理工大学中华语言文化中心副研究员。现为台湾国立高雄师范大学客家文化研究所助理教授。研究兴趣包括新马华人人物、东南亚华文教育、东南亚政治与族群关系、新马和台湾客家族群与聚落等。主要著作有《马来西亚华文教育的嬗变(1945–1970)》。

李元瑾 (LEE Guan Kin)

见封底折页。

林增如 (LIM Cheng Tju)

2003年获新加坡国立大学历史系硕士学位。曾在新加坡一所初级学院担任历史老师，现任职于新加坡教育部。研究以新加坡木刻和漫画历史为主，论文在 *Southeast Asian Journal of Social Science, Journal of Popular Culture, International Journal of Comic Art, Print Quarterly* 等刊物上发表。

丘淑玲 (KHE Su Lin)

马来亚大学中文系毕业，2003年获南洋理工大学文学硕士学位，随后在南洋理工大学中华语言文化中心任南洋大学历史计划研究助理。现任新加坡南洋女子中学华文教师。著有《理想与现实：南洋大学学生会研究(1956–1964)》。

游俊豪 (YOW Cheun Hoe)

新加坡国立大学东亚研究所博士。现为南洋理工大学中文系助理教授。学术兴趣在于华人研究，主要课题包括中国侨乡、东南亚华文教育、南洋大学历史。文章发表在 *Modern Asian Studies*, 以及《新马印华人：族群关系与国家建构》（李元瑾主编，中、英文两种版本）, *Ensuring Interests: Dynamics of China-Taiwan Relations and Southeast Asia* (Ho Khai Leong and Hou Kok Chung eds.), *Chinese Transnational Networks* (Tan Chee Beng ed.), *Beyond Chinatown: New Chinese Migration and the Global Expansion of China* (Mette Thuno ed.) 等书中。

周兆呈 (ZHOU Zhaocheng)

新加坡南洋理工大学博士。现为新加坡《联合早报》助理编辑主任，时评专栏作家；新加坡南洋理工大学当代中国硕士课程兼职讲师、新加坡亚洲研究学会理事、澳门科技大学可持续发展研究所客座研究员。著有《两岸三地点到为止——站在新加坡观察中港台》，编有《百年基·千秋业——新加坡中华总商会百年纪念特刊》等。

南大图像

历史河流中的省视

阅览 八方 共享文化

八方文化创作室

主　　编	李元瑾
企划编辑	潘国驹
责任编辑	王淑娟　劉峻碣
丛书标志篆刻	何梅田
封面设计	何秀云
排　　版	李丽芳
出　　版	南洋理工大学中华语言文化中心 12 Nanyang Drive, Singapore 637721 www.ntu.edu.sg/CCLC/Research 八方文化创作室 5 Toh Tuck Link, Singapore 596224 www.globalpublishing.com.sg
发　　行	八方文化创作室
联　　络	65-64665775 支线 258 chpub@wspc.com
印　　刷	World Scientific Printers (S) Pte Ltd
初　　版	2007年7月
国际书号	978-981-4139 76-2 (pbk)
版权所有	南洋理工大学中华语言文化中心

特别介绍

阅览八方 共享文

香港、台湾、马来西亚读者可以该地货币购书，
我们的书籍也以美元定价。请参考本公司网上书店。

《人也·女也》
孙爱玲著
ISBN 978-981-4139-69-4

《郭宝崑全集：第六卷评论》
陈鸣鸾主编
ISBN 978 981-4139-65-6

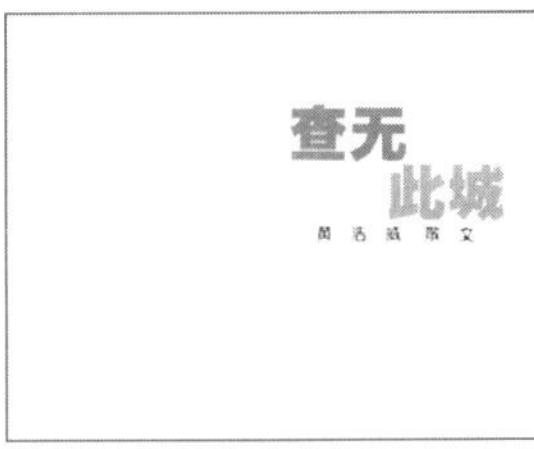

《查无此城》
黄浩威著
ISBN 978-981-4139-64-9

《陈省身与中国数学》
吴文俊　葛墨林主编
ISBN 978 981-4139-72-4

推荐网站：全球华人专业人士网络
www.networkchinese.com

■

欢迎浏览本公司网上书店查阅其他书刊及优惠配套
www.globalpublishing.com.sg

八方文化创作室，简称八方文化，以世界科技出版公司为后盾，致力于推动新加坡的中文出版，并且放眼全球华裔的人文舞台。我们的重心在于介绍世界各地华人学者及作家的言论与著作，同时也积极推动各类艺术与文化活动。八方文化期望以出版良心作信念，以高素质为诉求，为各地中文读者开启多一扇东西文化的窗户，共同努力营造一个富有质感和充满活力的人文空间。

世界科技出版公司总部及海外分公司

总部（新加坡）
World Scientific Publishing Co. Pte. Ltd
5 Toh Tuck Link
SINGAPORE 596224

新泽西
27 Warren Street
Suite 401-402, Hackensack
NJ 07601, USA

伦敦
57 Shelton Street
Covent Garden, London
WC2H 9HE, ENGLAND

北京
中国北京大学数学科学学院
理科2号楼2526W室
邮编100871

上海
中国上海滩国际大厦
黄浦路99号2003室
邮编200080

香港
九龙中央邮箱72482
香港

台北
台湾省台北市10091
罗斯福路四段
162号8楼

真奈
No. 16, South West Boag Road
T. Nagar, Chennai 600 017
INDIA

南洋人文丛书

南洋大学历史研究系列

理想与现实：南洋大学学生会研究（1956–1964）

丘淑玲著，2006年，344页，ISBN 981-4139-52-1

国家疆界与文化图像系列

性别与疆界

熊贤关主编

2006年，317页

ISBN 981-4139-58-0

语言的多视角考察

谭慧敏主编

2007年，198页

ISBN 978-981-4139-62-5

汉语文走向世界

谭慧敏主编

2006年，364页

ISBN 981-4139-61-0

超越疆界

全球化·现代性·本土文化

柯思仁　宋耕主编

2007年，283页

ISBN 978-981-4139-70-0

南洋理工大学的中华语言文化中心成立于1994年，主要研究中华语言和文化，以及与区域华人社会有关之课题，具体研究范围包括东南亚华语与方言、东南亚华文文学、东南亚华人历史与民俗、文化传统与华族社会等。本中心出版有国际学术期刊《南大语言文化学报》，以及学术丛书《南大语言文化丛书》及《南洋人文丛书》。

中華語言文化中心
Centre for Chinese Language and Culture

南洋理工大学 · 人文与社会科学学院
中华语言文化中心

地址： Centre for Chinese Language and Culture
12 Nanyang Drive
Singapore 637721
电话： (65) 6790 6301
传真： (65) 6792 2334
电邮： D-CCLC@ntu.edu.sg
网址： www.ntu.edu.sg/CCLC/Research